21 世纪高职高专能力本位型系列规划教材·财务会计系列

统计基础理论与实务

主　编　康燕燕　刘红英
副主编　何胜红　韩克嘉　裴小妮

内 容 简 介

本书适应高等职业教育的特点，编者在分析社会经济发展对统计数据分析能力的要求，总结统计教学经验的基础上编写了本书。在编写过程中注重培养统计分析能力。

本书包括了解统计学、统计数据的收集、统计数据的整理、总量指标与相对指标分析、数据分布特征描述、抽样推断分析、时间数列分析、统计指数分析、相关与回归分析共9章内容。每章均设置了知识目标、技能目标、引导案例和职业能力训练，以强化对知识的掌握与技能的培养。

本书可作为高等职业教育经济管理类专业的教学教材使用，也可供其他相关专业、社会经济工作者等阅读参考。

图书在版编目(CIP)数据

统计基础理论与实务/康燕燕，刘红英主编. —北京：北京大学出版社，2013.7

(21世纪高职高专能力本位型系列规划教材·财务会计系列)

ISBN 978-7-301-22862-3

Ⅰ. ①统… Ⅱ. ①康…②刘… Ⅲ. ①统计学—高等职业教育—教材 Ⅳ. ①C8

中国版本图书馆 CIP 数据核字(2013)第 162506 号

书　　　名：	统计基础理论与实务
著作责任者：	康燕燕　刘红英　主编
责任编辑：	李　辉
标准书号：	ISBN 978-7-301-22862-3/F·3682
出版发行：	北京大学出版社
地　　　址：	北京市海淀区成府路 205 号　100871
网　　　址：	http://www.pup.cn　新浪官方微博：@北京大学出版社
电子信箱：	pup_6@163.com
电　　　话：	邮购部 62752015　发行部 62750672　编辑部 62750667　出版部 62754962
印　　　刷　者：	北京虎彩文化传播有限公司
经　　　销　者：	新华书店
	787 毫米×1092 毫米　16 开本　16.75 印张　384 千字
	2013 年 7 月第 1 版　2018 年 7 月第 3 次印刷
定　　　价：	34.00 元

未经许可，不得以任何方式复制或抄袭本书之部分或全部内容。

版权所有，侵权必究

举报电话：010-62752024　电子信箱：fd@pup.pku.edu.cn

前　言

进入 21 世纪以来，我国高等职业教育快速发展，作为一种培养技术应用型人才的高等教育形式，高等职业教育已经成为我国高等教育事业的重要组成部分。

统计学是一门方法论和应用性学科，是一种定量认识问题的工具。在当今的社会经济活动中，统计学已经成为不可或缺的工具，几乎所有的学科都要应用统计学研究和分析数据，因而统计学与几乎所有的学科领域都有着或多或少的联系。统计是获得信息的手段和源泉，具有反馈信息、提供咨询、实施监督、支持决策的作用。掌握实用的统计知识，在日常经济生活和管理活动中运用统计知识，对于学习、研究、生活都具有重要意义。

编者在编写本书的过程中，遵循"突出应用，培养能力"的原则，使本书具有以下鲜明特色：

（1）强化高等职业实践教学，体系构架更趋合理。突出学习目标及技能目标，引入工作生活中通俗易懂的统计案例，提高学生学习的积极性。

（2）采用最新的统计数据与统计案例，内容贴近生活。强化学生对统计在工作生活中的重要性的认识，将统计理论与实际有机结合，培养学生对统计知识的应用能力。

（3）采用 Excel 软件实现相关统计分析工作，突出现代信息技术的应用。利用计算机软件实现统计分析工作，培养学生的现代信息技术能力，提高学生运用统计知识分析问题和解决问题的能力。

（4）采用知识框架图实现知识内容的概括，内容层次清晰。学生可以通过每章知识框架图清晰地看出知识点，方便学生对知识的理解与掌握。

（5）采用理论知识与技能实训双重训练，强化对知识的理解与把握。通过职业能力训练帮助学生掌握统计基础理论知识，注重对学生统计技能的培养。

本书由广州科技贸易职业学院康燕燕、广州铁路职业技术学院刘红英担任主编，由东莞职业技术学院何胜红、广州科技贸易职业学院韩克嘉和裴小妮担任副主编。具体编写分工如下：第 3、6、9 章由康燕燕编写，本书的结构体系及统稿定稿工作也由康燕燕完成；第 2、5 章由康燕燕、刘红英共同编写；第 1、7 章由何胜红编写；第 4 章由韩克嘉编写；第 8 章由裴小妮编写。

在编写本书的过程中，编者参阅了大量与统计相关的统计研究论文及统计书籍，在此对这些作者表示诚挚的谢意。此外，北京大学出版社编辑对本书的编写与出版给予了热情的支持，在此一并表示感谢。

由于编者水平有限，书中难免有不足与疏漏之处，恳请同行、各教学单位及广大读者提出宝贵意见和建议。

编　者
2013 年 3 月

目 录

第1章 了解统计学 1

1.1 统计概述 2
- 1.1.1 统计的含义 2
- 1.1.2 统计学的研究对象与特点 3

1.2 统计工作过程与研究方法 4
- 1.2.1 统计工作过程 4
- 1.2.2 统计研究方法 5

1.3 统计中的基本概念 5
- 1.3.1 统计总体与总体单位 5
- 1.3.2 标志与指标 6

知识框架 10
职业能力训练 10

第2章 统计数据的收集 15

2.1 统计调查 16
- 2.1.1 统计调查的概念和作用 16
- 2.1.2 统计调查的要求 16
- 2.1.3 统计调查的分类 17

2.2 统计调查方案与问卷设计 18
- 2.2.1 统计调查方案 18
- 2.2.2 统计调查问卷设计 21

2.3 统计调查方式 28
- 2.3.1 统计报表 28
- 2.3.2 普查 30
- 2.3.3 抽样调查 31
- 2.3.4 重点调查 32
- 2.3.5 典型调查 32

2.4 统计调查方法 33
- 2.4.1 传统调查法 33
- 2.4.2 网络调查法 34

知识框架 36
职业能力训练 37

第3章 统计数据的整理 41

3.1 统计整理的意义和内容 42
- 3.1.1 统计整理的意义 42
- 3.1.2 统计整理的内容 43

3.2 统计分组 44
- 3.2.1 统计分组的意义 44
- 3.2.2 统计分组的作用 44
- 3.2.3 统计分组的种类 46
- 3.2.4 统计分组的原则 48
- 3.2.5 分组标志选择 48
- 3.2.6 统计分组的方法 48

3.3 分配数列 51
- 3.3.1 分配数列的概念 51
- 3.3.2 分配数列的种类 51
- 3.3.3 变量数列的编制 52
- 3.3.4 累计次数分布 57
- 3.3.5 次数分布的主要类型 58

3.4 统计图表 59
- 3.4.1 统计表 59
- 3.4.2 统计图 62

3.5 Excel在统计整理中的运用 65
- 3.5.1 应用频数分布函数进行分组并计算频数分布 65
- 3.5.2 应用直方图分析工具分组并计算频率分布和绘制直方图 68
- 3.5.3 应用Excel绘制统计图 70

知识框架 76
职业能力训练 77

第4章 总量指标与相对指标分析 83

4.1 总量指标分析 84
- 4.1.1 总量指标的概念与作用 84
- 4.1.2 总量指标的种类和计算 85
- 4.1.3 总量指标应用中注意的问题 86

4.2 相对指标分析 86
- 4.2.1 相对指标的概念和作用 86

  4.2.2 相对指标的种类和计算 86
 4.3 Excel 在总量指标与相对
   指标计算中的应用 92
  4.3.1 应用 Excel 计算总量
    指标 92
  4.3.2 应用 Excel 计算相对
    指标 94
 知识框架 96
 职业能力训练 96

第 5 章 数据分布特征描述 102

 5.1 总体分布集中趋势的测定 103
  5.1.1 平均指标的概念、
    作用及种类 103
  5.1.2 平均指标的计算 104
  5.1.3 平均指标的应用中
    应注意的问题 113
 5.2 测定总体分布离散程度 115
  5.2.1 标志变异指标的概念和
    作用 115
  5.2.2 标志变异指标的计算 115
 5.3 Excel 在数据分布特征分析中的
   应用 120
  5.3.1 应用 Excel 进行集中
    趋势分析 120
  5.3.2 离散程度描述 122
  5.3.3 描述统计工具应用 125
 知识框架 127
 职业能力训练 128

第 6 章 抽样推断分析 134

 6.1 抽样推断 135
  6.1.1 抽样推断的含义、
    特点及作用 135
  6.1.2 抽样的基本概念 136
  6.1.3 抽样的组织形式 138
 6.2 抽样误差 139
  6.2.1 抽样误差的概念 139
  6.2.2 抽样平均误差 140
  6.2.3 抽样极限误差 142

 6.3 抽样估计的方法 143
  6.3.1 点估计 143
  6.3.2 区间估计 143
 6.4 确定样本容量 145
  6.4.1 影响样本容量的
    主要因素 145
  6.4.2 必要样本容量的
    计算公式 146
  6.4.3 计算必要样本容量
    应注意的问题 146
 6.5 参数假设检验 147
  6.5.1 假设检验的含义 147
  6.5.2 假设检验的步骤 147
  6.5.3 假设检验中的两类
    错误 148
  6.5.4 总体平均数和总体
    成数检验 148
 6.6 Excel 在抽样推断分析中的
   应用 150
  6.6.1 应用 Excel 进行总体
    平均数区间估计 150
  6.6.2 应用 Excel 进行
    假设检验 152
 知识框架 155
 职业能力训练 156

第 7 章 时间数列分析 161

 7.1 时间数列 162
  7.1.1 时间数列的概念 162
  7.1.2 时间数列的种类 162
  7.1.3 时间数列的编制原则 164
 7.2 分析时间数列水平指标 164
  7.2.1 发展水平 165
  7.2.2 平均发展水平 165
  7.2.3 增长量 169
  7.2.4 平均增长量 170
 7.3 分析时间数列速度指标 171
  7.3.1 发展速度 171
  7.3.2 平均发展速度 172
  7.3.3 增长速度 173
  7.3.4 平均增长速度 174

7.4 分析时间数列趋势 175
    7.4.1 影响时间数列的主要因素 175
    7.4.2 长期趋势分析 176
    7.4.3 季节变动分析 179
7.5 Excel 在动态数列分析中的应用 180
    7.5.1 应用 Excel 进行水平分析和速度分析 180
    7.5.2 应用 Excel 进行长期趋势分析 183
    7.5.3 应用 Excel 进行季节变动分析 184
知识框架 188
职业能力训练 189

第 8 章 统计指数分析 195

8.1 统计指数 196
    8.1.1 统计指数的概念 196
    8.1.2 统计指数的作用 197
    8.1.3 统计指数的种类 197
8.2 综合指数 198
    8.2.1 综合指数的含义 198
    8.2.2 数量指标综合指数的编制 199
    8.2.3 质量指标综合指数的编制 202
8.3 平均数指数 204
    8.3.1 平均数指数的含义 204
    8.3.2 加权算术平均数指数的编制 204
    8.3.3 加权调和平均数指数的编制 205
8.4 指数体系与因素分析 208
    8.4.1 指数体系 208
    8.4.2 因素分析 209
8.5 应用 Excel 进行因素分析 215
知识框架 219
职业能力训练 220

第 9 章 相关与回归分析 225

9.1 相关分析 226
    9.1.1 相关关系的概念 227
    9.1.2 相关关系的种类 227
    9.1.3 相关分析的主要内容 228
    9.1.4 简单相关分析 229
9.2 回归分析 231
    9.2.1 回归分析的概念 231
    9.2.2 相关分析与回归分析的区别与联系 232
    9.2.3 一元线性回归模型 232
    9.2.4 估计标准误差 233
9.3 Excel 在相关与回归分析中的应用 234
    9.3.1 应用 Excel 进行相关分析 235
    9.3.2 应用 Excel 进行回归分析 239
知识框架 243
职业能力训练 244

附表 1 正态分布概率表 251
附表 2 标准正态分布表 253
附表 3 t 分布临界值表 254
参考文献 255

第 1 章

了解统计学

LIAOJIE TONGJIXUE

【知识目标】

- 理解统计学的研究对象特点和方法
- 理解统计总体、总体单位的含义，标志和标志分类
- 理解指标的含义

【技能目标】

- 能识别统计总体、总体单位
- 能识别标志、指标

**【引导案例】**

政府工作报告

——2012年3月5日在第十一届全国人民代表大会第五次会议上（节选）

国务院总理　温家宝

各位代表：

现在，我代表国务院，向大会报告政府工作，请各位代表审议，并请全国政协委员提出意见。

一、2011年工作回顾

过去的一年，面对复杂多变的国际政治经济环境和艰巨繁重的国内改革发展任务，全国各族人民在中国共产党领导下，同心同德，团结奋进，改革开放和社会主义现代化建设取得新的重大成就。国内生产总值47.2万亿元，比上年增长9.2%；公共财政收入10.37万亿元，增长24.8%；粮食产量57 121万吨，再创历史新高；城镇新增就业1 221万人，城镇居民人均可支配收入和农村居民人均纯收入实际增长8.4%和11.4%。我们巩固和扩大了应对国际金融危机冲击成果，实现了"十二五"时期良好开局。

一年来，我们主要做了以下工作：

……

（资料来源：中华人民共和国中央人民政府网站）

政府工作报告中的这些数据是怎么得来的呢？这些数据能说明什么？为什么政府工作报告开篇就公布这些数据呢？

类似以上的这些问题，通过学习本门课程，就可以得到解答。

1.1 统计概述

1.1.1 统计的含义

统计一词有3种含义，即统计工作、统计资料和统计学。

1. 统计工作

统计工作即统计实践，是指统计的业务活动，是对社会经济现象的数量方面进行统计设计、统计调查、整理及统计分析预测等统计实践活动的总称，其成果表现为统计资料。

2. 统计资料

统计资料是在统计工作过程中所取得的各项数字资料及与之相关的其他资料的总称。统计资料常常以统计图表、统计公报、统计年鉴和统计分析报告等形式表现。

3. 统计学

统计学是在大量统计工作实践的基础上逐渐形成和发展起来的统计理论和方法，是阐述如何搜集、整理、分析和解释数据的一门科学。统计学应用广泛，包括本书所阐述的社会经济统计学和其他各种专业统计学，如生物统计学、医学统计学、教育统计学、工程统计学、商业统计学等。

【特别提示】

统计的3种含义是相互联系的。统计工作是统计的实践过程；统计资料是统计工作的成果；统计学是统计工作的理论指导，它来源于实践，又高于实践。三者是理论与实践辩证统一的关系，如图1.1所示。

图 1.1　统计的 3 种含义的关系

1.1.2　统计学的研究对象与特点

统计学是一门方法科学，它既可以用来研究自然现象，也可以用来研究社会经济现象，本书侧重研究社会经济现象，故称社会经济统计学。社会经济统计学的研究对象是社会经济现象总体的数量特征和数量关系，以及通过这些数量方面反映出来的社会经济现象发展变化的规律。

统计学的研究对象通常具有如下特点。

1. 数量性

人们可以从很多方面研究社会经济现象，统计是从数量方面，依据数据来研究社会经济现象总体的数量特征、数量关系和数量界限，反映现象在一定时空条件下的数量表现，认识现象的发展趋势及其变化的规律性。数据是统计的语言，统计运用各种数据对社会经济现象进行综合反映。例如，统计公报中发表的大量统计数据反映了我国的经济环境和经济运行态势。

【知识拓展】

中华人民共和国国家统计局（以下简称国家统计局）发表的 2011 年国民经济和社会发展公报显示：2011 年全年国内生产总值 471 564 亿元，比上年增长 9.2%。其中，第一产业增加值 47 712 亿元，增长 4.5%；第二产业增加值 220 592 亿元，增长 10.6%；第三产业增加值 203 260 亿元，增长 8.9%。全年居民消费价格比上年上涨 5.4%，其中食品价格上涨 11.8%；固定资产投资价格上涨 6.6%；工业生产者出厂价格上涨 6.0%；工业生产者购进价格上涨 9.1%；农产品生产价格上涨 16.5%。年末全国就业人员 76 420 万人，其中城镇就业人员 35 914 万人；全年城镇新增就业 1 221 万人。2011 年年末国家外汇储备 31 811 亿美元，比上年末增加 3 338 亿美元。全年公共财政收入 103 740 亿元，比上年增加 20 639 亿元，增长 24.8%，其中税收收入 89 720 亿元，增加 16 510 亿元，增长 22.6%。

2. 总体性

社会经济统计的研究对象是社会经济现象总体，而不是个体。例如，2012 年国家统计局发布的报告显示，2012 年 12 月我国食品价格总水平比上一年同月上涨 4.2%。这个数据反映的是众多食品价格总的平均变动水平，而不是指哪一种具体食品的价格变动情况。在这里，统计研究的对象关注的是食品总体的价格变动情况，而不是个别食品的价格变动。从总体上研究客观现象的数量方面，是统计学区别于其他学科的一个主要特点。

3. 变异性

统计研究对象的变异性是指总体各单位的特征表现存在着差异。例如，研究一个地区居民家庭的收入水平，就是因为各个家庭的收入有高有低，参差不齐，这样才有必要研究该地区的人均收入水平及其分布状况。统计学研究同类现象总体的数量特征，它的前提就在于这个特征在总体各单位的具体表现各不相同，而且这种差异并不是由某种固定的原因事先给定的。如果各单位不存在这些差异也就不需要进行统计；如果各单位之间的差异可以按已知条件事先推定，也就不再需要统计方法。从总体各单位变异中归纳概括出它们的共同的数量特征，这就是统计学的特点。

4. 具体性

统计学所研究对象的数量是具体事物的数量方面，而不像数学那样脱离具体事物只研究某一抽象的数量关系，这就是社会经济统计学的具体性。具体性是统计学不同于数学的重要特点。统计学是研究客观事物在具体时间、地点、条件下的数量表现。例如，2012 年我国原油产量达到 2.05 亿吨，天然气产量 1 060 多亿立方米，粮食总产量为 58 957 吨。这些数据是在 2012 年我国具体时间条件下的原油、天然气和粮食的产量，不是抽象的数据。

5. 社会性

社会经济统计学通过研究大量社会经济现象总体的数量，来认识人类社会活动的条件、过程和结果，反映物质资料的占有、分配、交换关系及其他的社会关系，从而使社会经济统计学具有社会性的内涵。社会经济统计活动的社会性，是社会经济统计学区别于自然科学技术统计的主要特征之一。

1.2 统计工作过程与研究方法

1.2.1 统计工作过程

统计工作过程可以分为图 1.2 所示的 4 个步骤。

图 1.2 统计工作过程

1. 统计设计

统计设计是根据统计工作的任务和目的，结合统计研究对象的特点，对统计指标体系的设计、搜集和整理资料的方法、相关组织工作及人员安排等所进行的整体规划。统计设计的结果表现为统计调查方案，即全面安排，制定出可行方案，指导工作，明确调查范围、单位、期限等。

统计设计在统计工作中具有决定性的作用。只有事先进行设计，才能使统计总体范围、统计指标的口径和计算方法、统计分类分组的标准前后统一，使统计工作的质量得到保证。

2. 统计调查

统计调查是根据统计调查方案的要求，进行统计资料搜集的工作过程。这是认识客观事物的起点，是统计分析的基础，是统计活动由定量认识转化为定性认识的起点。统计资料主要通过统计调查获得，统计调查搜集资料的质量高低，直接关系到统计整理与分析结果的正确与否。

3. 统计整理

统计整理根据统计研究的目的，对统计调查搜集到的资料进行科学的分类、汇总，使之系统化、条理化，从而清晰地反映研究对象特征，为统计分析提供基础。统计整理是统计工作的中间环节，它是统计调查的深入和继续，也是统计分析的基础和前提，起着承前启后的作用。统计整理的结果表现为各类统计图表。

4. 统计分析

统计分析使用各种统计方法对整理好的资料进行分析研究，计算各种分析指标，揭示社会经济现象的数量特征和发展规律，为统计资料使用者进行决策或预测提供科学依据。统计分析的结果表现为各类统计报告、统计年鉴等。

统计分析是统计工作的最后阶段，是统计研究的决定性环节。有了科学的统计分析结论，才能充分发挥统计的信息、咨询和监督 3 项基本职能。

1.2.2 统计研究方法

根据统计研究对象的性质、特点及统计研究任务，统计学构建了专门的统计研究方法。这些方法包括大量观察法、统计分组法、综合分析法、统计模型法等，见表1-1。

表1-1 统计的4种重要研究方法

统计方法	说　明	示　例
大量观察法	大量观察法是指对所研究总体中的全部或足够多的单位进行调查研究，使其中非本质的偶然因素互相抵消或者削弱，以显示研究对象总体的一般特征或规律性的研究方法。由于社会经济现象的复杂性和总体性，必须对总体进行大量观察和分析，研究其内在联系，才能发现现象中的规律	例如，就单个家庭来说，新生婴儿的性别可能是男，也可能是女，似乎没有什么规律。但是如果对大量家庭的新生婴儿性别进行观察，就会发现新生婴儿中男孩多于女孩，新生男女婴儿性别比例为107∶100，这是人类社会的一个规律，古今中外这一比例都大致相同
统计分组法	统计分组法是指根据事物内在的性质和统计研究任务的要求，将现象总体按不同类型或不同性质划分成若干组成部分的一种研究方法。构成总体的各个部分既有共性又有个性，因此，除了进行总体研究外，还必须对总体的各个组成部分进行分析研究。采用统计分组法将研究对象按某一特征进行分组后，再进行结构对比分析，能够使认识得以深化	例如，研究大学生的消费情况，除了大学生整体的消费情况外，还可以运用统计分组法，按照性别分组，来考察男女大学生的消费特点的异同；或按年级进行分组，考察不同年级的大学生的消费状况
综合分析法	综合分析法是指运用各种统计综合指标来反映和研究社会经济现象总体的一般特征和数量关系的研究方法。在统计分析阶段广泛采用多种统计方法和指标体系说明社会现象的综合数量特征	常使用的综合分析法有综合指标、时间数列分析法、统计指数法、因素分析法、相关分析法等。例如，企业利用统计指数分析方法分析工业产品原材料指出总额变动中产量、单位产品原材料消耗量以及单位原材料单价这3个影响因素各自的影响程度
统计模型法	统计模型法是根据一定的经济理论和假定条件，用数学方程模拟现实经济现象相互关系的一种研究方法。利用这种方法可对客观现象和过程中存在的数量关系进行比较完整和近似的描述，从而简化了客观存在的复杂的其他关系，以便利用模型对所关心的现象变化进行数量上的评估和预测	例如，企业为了研究广告费用与企业销售量之间的关系，根据大量数据进行相关分析并建立了二者之间的统计模型，为企业管理决策提供依据

此外，统计学还运用动态分析法、指数分析法、抽样推断法、相关分析法、统计预测法等。这一系列方法的有机结合，构成了统计特有的研究方法体系。

1.3 统计中的基本概念

1.3.1 统计总体与总体单位

1. 总体

总体是客观存在的、在同一性质基础上结合起来的许多个别单位的整体。例如，研究大学全体学生的英语学习成绩时，各院系的所有学生构成统计总体；再如，研究我国工业企业情况，全国所有工业企业就构成一个总体，它们都是客观存在的，每个工业企业都具有从事工业生产活动这一共同的基本经济职能，而商店、学校等其他单位就不具有这种性质，不属于这个总体范畴。

总体具有大量性、同质性、变异性等特点。

1）大量性

总体的大量性是指构成总体的总体单位数量全部或足够多，不能只是个别或者少数个体。因为统计研究的目的是要揭示现象的发展变化规律，而个别或者少数个体很难显示出现象的规律性，只有把大量个别现象汇总起来才能表现出其发展规律性。

2）同质性

总体具有同质性，即构成总体的所有总体单位至少在某方面具有相同的性质。这是形成总体的基础。例如，要调查我国的工业企业的生产情况，全国的工业企业就构成一个总体，尽管这些企业规模大小、组织形式、产品的名称和产量等各不相同，但它们都有一个共同的经济职能，就是从事工业生产活动。

3）变异性

总体的变异性是客观存在的，即构成总体的所有总体单位除了某一共同的性质之外，还必然存在许多个体差异。正因为存在着个体差异，才需要进行统计研究，来揭示这些差异中存在的规律。

总体可分为无限总体和有限总体。统计总体中包含的单位数是无限的，构成无限总体。例如，测定某地区的大气质量优劣程度，空气就是一个无限总体；宇宙中星球的个数、海洋鱼类都是无限总体。总体中包含的单位数是有限的，称为有限总体。例如，2010 年第六次人口普查显示全国总人口为 1 370 536 875 人，大学里一共有 25 个系，这些都是有限总体。

2．总体单位

总体单位是构成总体的各个个体，它是各项统计资料最原始的承担者。总体单位是构成总体的基础，要了解总体的数量特征，就必须要从总体单位一个个调查登记开始。例如，研究大学全体学生的英语学习成绩时，每一个学生构成总体单位。再如，要调查全国工业企业的情况，则全国每一个工业企业就是总体单位。

3．总体和总体单位的相互关系

总体和总体单位是相对而言的，随着统计研究的目的不同而有所变化。同一事物在一种情况下是总体，但在另一种情况下可以是总体单位。例如，要调查广州市各辖区人口数时，广州市为统计总体；但当要调查全国各城市人口时，广州市又成了总体单位。

1.3.2 标志与指标

1．标志

1）标志的含义

标志是说明总体中各单位属性或特征的名称。每个总体单位可以有许多属性和特征，因而可以有多个标志。例如，某企业中每一位职工作为总体单位考察时，有性别、民族、年龄、工资等属性和特征，这些都是标志。

标志表现是某一标志在各单位所表现的具体属性或数量特征。例如，某职工性别标志的表现为"男"，民族标志的表现为"汉"，年龄标志表现为"32 岁"，工资标志表现为"3 500 元"。如果标志表现为数值，则可称为标志值，"32 岁"、"3 500 元"即为标志值。

2）标志的分类

标志可以从以下不同角度分类，见表 1-2。

表 1-2　标志的分类

标　准	类　别	特　点	示　例
按标志的性质不同	品质标志	说明总体单位品质、属性的名称，一般用文字表示	人的性别、民族、企业经济类型等
	数量标志	说明总体单位数量特征的名称，一般用数字表示	人的年龄、体重、企业产量等
按标志的变异情况	不变标志	在同一总体中各个总体单位上表现都一样。任何一个总体中的总体单位间至少要有一个共同不变标志，结合成一个整体，才能构成总体的客观依据	在女子学校中，学生的性别标志表现都相同，所以性别是不变标志
	可变标志	在一个总体中，当一个标志在各个单位的具体表现有可能不同时，即可称为可变标志	在女子学校中，学生的年龄这个标志的表现就不同，所以年龄就是可变标志

其中，数量标志中的可变的数量标志称为变量（后面将提到的可变的指标也可称为变量），可变的数量标志表现则称为变量值。变量可进行表 1-3 所示的分类。

表 1-3　变量的分类

标　准	类　别	特　点	示　例
按变量值是否连续	离散变量	离散变量的取值可以按计数的方法一一列举，通常取整数	职工人数、企业个数、设备数等
	连续变量	连续变量是指在一定区间内可以任意取值的变量	身高、体重、利润、成本等
按变量所受因素影响不同	确定变量	受确定性因素影响的变量	产品总成本的变化受产量和单位成本两个因素的影响
	随机变量	受随机因素影响的变量。对总体变量的认识方法比较复杂，要对社会经济统计现象做更深入分析	农作物增产的数量并不是推广良种就完全确定，除此之外，还受到土质好坏、施肥量等其他随机因素的影响

2．指标

指标是统计指标的简称，是综合反映统计总体特征的概念和数值。它表明某一客观事物在具体时间、地点条件下的规模和水平，如一个国家在某一特定时点（时间、地点）的人口总数、国土面积、从业职工人数等。

统计指标具有 3 个特点。

（1）数量性。统计指标都是用数值来表现，如 2010 年我国粮食产量 54 641 万吨。

（2）综合性。统计指标是对总体单位某一特征进行调查、登记并加以汇总整理而得到的数据，是构成总体全部单位的综合结果，而不是说明个别总体单位的数量特征。

（3）具体性。统计指标是说明总体某一特征或属性的质与量的统一，在一定时间、地点、条件下的数量表现和数量关系。

统计指标由指标名称和指标数值两部分组成。指标名称是社会经济现象某一特征的概念，反映其内容所属的范畴，表明现象的质；指标数值是社会经济现象某一特征具体数值的综合结果，对现象特征从数量上加以说明，表明现象的量。指标名称和指标数值的有机结合，辩证统一地反映了客观现象的质与量。

1）统计指标的分类

按照不同的标准，指标可以进行以下的分类，见表1-4。

表1-4 统计指标的分类

标 准	类 别	特 点	示 例
按其反映的特征不同	数量指标	反映现象总体规模大小、数量多少等特征的总量指标，一般用绝对数表示	职工人数、国民生产总值、企业个数等
	质量指标	反映现象总体的相对水平或工作质量等特征的统计指标，一般用相对数或平均数表示	商品价格、平均工资、劳动生产率等
按其数值表现形式不同	总量指标	总量指标（或称绝对指标）是说明现象规模、水平或工作总量的指标	工资总额、产品产量、班级人数等
	相对指标	两个有联系的指标相对比的结果，说明现象总体的结构、发展速度等	产品的合格率、发展速度等
	平均指标	根据总体某些数量标志值计算的，说明总体一般水平的统计指标	平均工资、劳动生产率等

2）统计指标与标志的联系与区别

统计指标与标志的区别在于统计指标是说明总体特征的，而标志是说明总体单位特征的；标志有品质标志和数量标志之分，标志表现有文字形式的，也有数字形式的，而统计指标无论数量指标还是质量指标，都是以指标名称和数值组合来表示的。

两者的联系之一是统计指标的数值是由总体单位的标志值汇总而来的，如某市工业企业职工总人数是由其所属的各工业企业职工人数汇总而来。其二，统计指标与标志之间存在着一定的转换关系，随着统计研究目的的不同，原来的统计总体若转换为总体单位，则其相应的统计指标变成了数量指标值，反之亦然。

3）统计指标体系

单个统计指标只能反映社会经济现象某一方面的特征。为了全面地说明现象的发展过程和它的全貌，就需要一整套统计指标。统计指标体系就是由若干个相互联系、相互补充的统计指标所组成的整体。例如，为了综合反映企业经济效益状况，就要设计由总资产贡献率、资本保值增值率、资产负债率、流动资产周转率、成本费用利润率、产品销售率、全员劳动生产率7项指标组成的指标群，这个指标群就构成了企业经济效益指标体系。

统计指标体系可以分成基本统计指标体系和专题统计指标体系两类。基本统计指标体系是反映国民经济和社会发展基本情况的指标体系。它包括社会指标体系、经济指标体系和科技指标体系等。专题统计指标体系是针对某一社会或经济问题而设计的指标体系，如企业经济效益指标体系、物价指标体系等。

企业业绩评价指标体系

企业业绩评价指标由财务业绩定量评价指标和管理业绩定性评价指标两大体系构成。确定各项具体指标之后，再分别分配以不同的权重，使之成为一个完整的指标体系。

1. 财务业绩定量评价指标

财务业绩定量评价指标依据各项指标的功能作用划分为基本指标和修正指标。其中，基本指标反映企业一定期间财务业绩的主要方面，并得出企业财务业绩定量评价的基本结果。修正指标是根据财务指标的差异性和互补性，对基本指标的评价结果做进一步的补充和矫正。

(1) 企业盈利能力指标，包括净资产收益率、总资产报酬率两个基本指标和营业利润率、盈余现金保障倍数、成本费用利润率、资本收益率4个修正指标。

(2) 企业资产质量指标，包括总资产周转率、应收账款周转率两个基本指标和不良资产比率、流动资产周转率、资产现金回收率3个修正指标。

(3) 企业债务风险指标，包括资产负债率、已获利息倍数两个基本指标和速动比率、现金流动负债比率、带息负债比率、或有负债比率4个修正指标。

(4) 企业经营增长指标，包括营业收入增长率、资本保值增值率两个基本指标和营业利润增长率、总资产增长率、技术投入率3个修正指标。

2. 管理业绩定性评价指标

管理业绩定性评价指标包括企业发展战略的确立与执行、经营决策、发展创新、风险控制、基础管理、人力资源、行业影响、社会贡献8个方面的指标。

【统计实例】

2012年全国机场生产统计公报

2012年全国运输机场主要生产情况如下：

一、通航城市和机场

2012年，我国境内民用航空（颁证）机场共有183个（不含香港和澳门，下同），其中定期航班通航机场180个，定期航班通航城市178个。

2012年定期航班新通航的城市有黑龙江加格达奇、江苏扬州和泰州、贵州遵义，同时，昆明长水机场完成迁建，四川攀枝花机场、新疆且末机场停航。

二、主要生产指标

2012年我国机场吞吐量各项指标保持平稳增长势头，全年完成旅客吞吐量67 977.2万人次，比上年增长9.5%。其中，国内航线完成62 378.8万人次，比上年增长9.2%（其中内地至香港、澳门和台湾地区航线为2 271.8万人次，比上年增长13.4%）；国际航线完成5598.4万人次，比上年增长13.4%。

全年完成货邮吞吐量1 199.4万吨，比上年增长3.6%。其中，国内航线完成784.9万吨，比上年增长4.6%（其中内地至香港、澳门和台湾地区航线为73.4万吨，比上年增长5.8%）；国际航线完成414.5万吨，比上年增长1.7%。

全年完成飞机起降架次660.3万架次，比上年增长10.4%。其中：运输架次为566.5万架次，比上年增长9.9%。起降架次中：国内航线611.5万架次，比上年增长10.6%（其中内地至香港、澳门和台湾地区航线为17.4万架次，比上年增长13.1%）；国际航线48.8万架次，比上年增长8.1%。（注：国内、港澳台、国际航线分类按客货流向进行划分）。

三、旅客吞吐量分布

所有通航机场中，年旅客吞吐量在100万人次以上的有57个，比上年增加4个，完成旅客吞吐量占全部机场旅客吞吐量的95.3%；年旅客吞吐量在1 000万人次以上的为21个，与上年持平，完成旅客吞吐量占全部机场旅客吞吐量的74.0%；北京、上海和广州三大城市机场旅客吞吐量占全部机场旅客吞吐量的30.7%。全国各地区旅客吞吐量的分布情况是：华北地区占17.6%，东北地区占6.3%，华东地区占29.2%，中南地区占24.1%，西南地区占14.9%，西北地区占5.4%，新疆地区占2.5%。

四、机场货邮吞吐量分布

各机场中，年货邮吞吐量在10 000吨以上的有49个，比上年增加2个，完成货邮吞吐量占全部机场货邮吞吐量的98.5%；北京、上海和广州三大城市机场货邮吞吐量占全部机场货邮吞吐量的53.5%。全国各地区货邮吞吐量的分布情况是：华北地区占18.1%，东北地区占3.6%，华东地区占41.7%，中南地区占23.4%，西南地区占9.8%，西北地区占2.2%，新疆地区占1.2%。

（数据来源：中国国家统计局网站）

知识框架

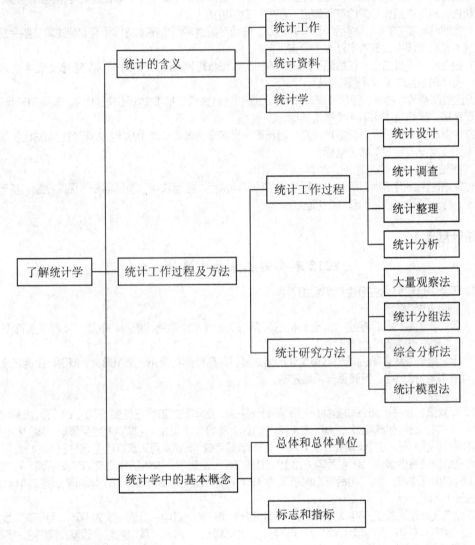

职业能力训练

一、填空题

1. 统计学的研究对象是_____。
2. 一个完整的统计工作过程包括_____、_____、_____和_____4个阶段。
3. 统计指标主要_____和_____两部分构成。
4. 变量按标志值是否连续，可分为_____和_____。
5. 统计工作与统计资料是_____关系，统计工作与统计学是_____的关系。
6. 说明总体数量特征的是_____，说明总体单位属性的特征的是_____。
7. 在对大学生兼职情况的调查中，总体是_____，总体单位是_____。

8. 统计指标按其反映的特征不同，可以分为_____和_____两种。
9. 统计指标体系可以分成_____和_____两类。
10. 标志按性质不同，可分为_____和_____。

二、判断题

1. 男性是品质标志。   （   ）
2. 人口的平均寿命是数量标志。   （   ）
3. 全国人口数量是统计总体。   （   ）
4. 标志不能用数值表示，而指标都可以用数值表示。   （   ）
5. 数量标志可以用数值表示，质量指标不能用数值表示。   （   ）

三、单项选择题

1. 统计学的研究对象是（   ）。
   A．社会经济现象   B．社会经济现象的规律性
   C．社会经济统计活动过程   D．社会经济现象总体的数量方面
2. 要了解我市高等学校教学设备的完好情况，则统计研究的总体单位是（   ）。
   A．我市高等学校   B．我市高校的全部教学设备
   C．我市高校中的每一台教学设备 D．我市高校的教学设备完好率
3. 下列调查中，属于数量标志的是（   ）。
   A．性别   B．工资
   C．文化程度   D．职务
4. 变量是指（   ）。
   A．可变的数量标志   B．可变的品质标志
   C．可变的数量标志值   D．可变的属性变异
5. 某单位职工的平均年龄为36岁，这是（   ）。
   A．数量标志   B．数量指标
   C．变量   D．变量值
6. 一个统计总体（   ）。
   A．只能有一个标志   B．只能有一个指标
   C．可以有多个标志   D．可以有多个指标
7. 构成总体，必须同时具备（   ）。
   A．同质性、大量性与差异性   B．总体性、同质性与差异性
   C．社会性、同质性与差异性   D．总体性、数量性与同质性
8. 在全国人口普查中（   ）。
   A．男性是品质标志   B．人的年龄是变量
   C．人口的平均寿命是数量标志 D．全国的人口数是统计指标
9. 下列指标中，属于质量指标的是（   ）。
   A．总产值   B．合格率
   C．总成本   D．人口数

10. 指标是说明总体特征的,标志是说明总体单位特征的,所以(   )。
    A. 标志和指标之间的关系是固定不变的
    B. 标志和指标都只能用数值表示
    C. 标志和指标之间的关系是可以变化的
    D. 只有指标才可以用数值表示

四、多项选择题

1. 统计的含义一般有(   )。
   A. 统计工作   B. 统计资料
   C. 统计会议   D. 统计报刊
   E. 统计学

2. 一个完整的统计工作过程包括的阶段有(   )。
   A. 统计设计   B. 统计调查
   C. 统计整理   D. 统计预测
   E. 统计分析

3. 要了解100户养猪专业户的生产情况,则数量标志有(   )。
   A. 养猪专业户的户数   B. 每一个养猪户的收入
   C. 100户养猪户的养猪头数   D. 每一养猪户的养猪头数
   E. 100户养猪户的总收入

4. 在下列标志中,属于品质标志的有(   )。
   A. 健康状况   B. 性别
   C. 工龄   D. 职称
   E. 文化程度

5. 以我市工业企业为总体,则统计指标有(   )。
   A. 我市工业总产值   B. 我市工业劳动生产率
   C. 我市工人工资总额   D. 我市工业企业数
   E. 该市某工业企业职工人数

6. 指标是说明总体特征的,标志是说明总体单位特征的,则(   )。
   A. 数量指标可以用数值表示   B. 质量指标不能用数值表示
   C. 质量指标可以用数值表示   D. 品质标志不能用数值表示
   E. 品质标志和质量指标都可以用数值表示

7. 总体和总体单位之间的关系是(   )。
   A. 总体和总体单位是可以变换的   B. 总体可能转化为总体单位
   C. 总体单位可以转化为总体   D. 总体和总体单位是固定不变的
   E. 只能是总体转化为总体单位

8. 下列变量中,属于连续变量的有(   )。
   A. 棉花产量   B. 棉花播种面积
   C. 植棉专业户数   D. 单位面积棉花产量
   E. 农业科研所数

9. 在全国人口普查中（　　）。
   A．全国人口数是统计总体　　　　B．每一个公民是总体单位
   C．人的年龄是变量　　　　　　　D．性别是品质标志
   E．人口平均寿命是统计指标
10. 统计学的研究对象通常具有（　　）特点。
    A．数量性　　　　　　　　　　　B．总体性
    C．变异性　　　　　　　　　　　D．具体性
    E．社会性

五、简答题

1．什么是统计？如何理解统计的研究对象？
2．试举例说明总体和总体单位之间的关系。
3．试举例说明标志和指标之间的关系。

六、技能实训

1．请阅读以下材料，回答问题。

2010年第六次全国人口普查主要数据：全国总人口为1 370 536 875人，同2000年第五次全国人口普查的1 265 825 048人相比，十年共增加73 899 804人，增长5.84%，年平均增长率为0.57%。性别构成上，男性人口为686 852 572人，占51.27%；女性人口为652 872 280人，占48.73%。民族构成上，汉族人口为1 225 932 641人，占91.51%；各少数民族人口为113 792 211人，占8.49%。年龄构成上，0~14岁人口为222 459 737人，占16.60%；15~59岁人口为939 616 410人，占70.14%；60岁及以上人口为177 648 705人，占13.26%，其中65岁及以上人口为118 831 709人，占8.87%。平均年龄为42岁。

根据以上资料，请回答以下问题：
（1）人口普查的总体和总体单位是什么？
（2）资料中出现的标志有哪些？请指出其类型。
（3）资料中出现的指标有哪些？请指出其类型。

2．请阅读以下材料，回答问题。

一生一世的统计数字

一个人赤条条来到世界，离开的时候，也带不走多少东西。但是，一个人的一生给地球留下了什么？又创造了什么？

人平均寿命78.5岁，共240 750万秒。

人的一生心跳25亿次。

一生呼吸约10亿次。

一生眨眼4亿次。

一生吃掉的东西：4头牛，15头猪，21只羊，1 200只鸡，13 000只鸡蛋（未出生的鸡）；5 000多只苹果，1万多个胡萝卜；3吨面包，630千克巧克力；2吨葡萄酒，11吨啤酒（全球随时都有4 500万名醉鬼）；18吨牛奶，75 000杯茶；相当于装满一个浴缸的罐头豆子。一生总共吃约50吨食物。当然，这是指世界各地人们的平均数。考虑到很多穷人食物不多的，富人应该吃得更多。

一生呕吐约150次。

一生大便 3 吨（消耗 4 000 多卷卫生纸）。
一生放屁约 36 立方米，烧起来火很大，压缩一下可以爆炸。
头发每个发囊长出的头发，一生超过 9 米。
男人每个胡子毛囊，一生长出胡子超过 9 米。
一生每个手指甲生长约 3 米。
一生流泪 60 千克，可以洗澡了，不一定都是哭。
一生看病 300 多次，吃 3 万多颗药。
一生认识的人（有两年以上的交往）约 1 700 人，长期社交圈约 300 人。
一生所认识的 1 700 人中，300 人死于心脏病，290 人死于各种呼吸系统疾病，180 人死于中风，60 人死于老年痴呆，50 人死于结肠癌，30 人死于乳癌，10 人自杀，9 人死于交通事故，1 人死于火灾。1/3 的人所认识的 1 700 人中，有人死于凶杀。
每天说 4300 个字，一生大约说 12 000 多万个字词，大多都没什么意义。
一生读报纸 1.5 吨，约 2 500 份；一生读 500 本书，考虑到有 40% 的人从来不看书，爱读书的人，一生读书超过 1000 本。一个人一生读的书和报纸，至少需要 24 棵树。
一生 2 900 多天在看电视（按 24 小时计算），差不多在电视机前不睡觉不说话，枯坐了 8 年。
如果两岁半以前使用尿布，一生平均使用 3 800 片，还不包括生病、老年使用尿布。每一片尿布的使用寿命只有几个小时。如果全世界的儿童都如此将会用掉多少尿布？女性一生使用 11 000 个棉条或卫生巾，和尿布一样，其中的防水材料要 500 年才会分解。这类物品占据了生活垃圾中相当大一部分。
一生洗澡 7 000 多次，消耗 10 万吨水，洗头 12 000 次。
一生消耗 650 块香皂，200 瓶洗发液，272 瓶体香剂，276 条牙膏，78 只牙刷，400 多瓶护肤品，35 管发胶，37 瓶香水。
女性一生外加 25 瓶指甲油，21 支口红，6 瓶防晒剂，各种各样大小衣服上万件。
一生使用 4 台洗衣机，3 个冰箱，3 个微波炉，5 台电视机，15 部电脑。
一生步行 25 000 千米，相当于红军 2 个长征。
一生使用 8 辆轿车，开车行驶 70 多万千米，相当于到月亮往返一次。这会消耗多少汽油？
一辈子扔掉的包装材料 8.5 吨。
一个人一辈子产生的全部生活垃圾为 40 吨，地球上现有 70 亿人。
人的骨骼细胞 10 年彻底更新，其他细胞最长 16 年彻底更新。
最不容易变的，也许只有某种记忆。
一生做梦 10 万次，不包括白日梦。
以上数据是以英国人的生活方式为标准，兼顾了世界各地的人们得出的。这组数据可以给人们一个参照，也可以给人们很多思考。

根据以上资料，请回答以下问题：
（1）请列举资料中出现的连续变量。
（2）请列举资料中出现的离散变量。
（3）你是如何解读上述数据资料传递给你的信息的？

第 2 章

统计数据的收集

TONGJI SHUJU DE SHOUJI

【知识目标】

- 了解统计调查的意义和种类
- 掌握统计调查的几种方法的概念、特点、适用范围
- 掌握问卷设计的方法

【技能目标】

- 培养学生调查工作的组织协调能力
- 培养学生针对实际问题进行统计调查方案设计与调查问卷设计的能力
- 强化学生开展统计调查资料收集的基本技能

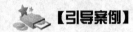

【引导案例】

房地产公司统计调查问卷设计

某房地产公司拥有许多楼盘。由于存在两个主要的竞争对手,近来在经营中遇到困难,楼盘房屋空置率高,公司资金效益也明显不佳。公司的决策开始面临如下的问题:
(1) 公司的优势与劣势在哪里?
(2) 公司应采取什么样的经营思路?在品牌和价格上应该采取什么样的策略?
请你针对这两个基本问题设计出调查方案,并为该公司设计出一份调查问卷。

如何开展统计调查工作?如何到市场上收集资料?选择什么调查方式合理?调查工作如何有序开展?如何设计一份问卷?如何设计一份好的调查方案来支持统计数据的收集工作?通过本章的系统学习,可以系统地学习统计数据收集的方法、调查方案的设计、调查问卷的设计,为市场调研工作的开展奠定良好的基础。

2.1 统计调查

2.1.1 统计调查的概念和作用

1. 统计调查的概念

统计调查是按照预定的统计任务,运用科学的调查方法,有计划有组织地向客观实际搜集统计资料的过程。它和一般社会调查一样,同属于调查研究活动。

统计调查的基本任务是根据所确定的指标体系,通过各种具体的调查方式,取得反映社会经济现象总体各个单位的信息资料。这些信息资料是各个单位的标志表现,是尚待整理、需进一步系统化的第一手资料。统计调查是统计活动过程的第二阶段,它对统计信息的真实、可靠及统计质量至关重要。

2. 统计调查的作用

(1) 统计调查在统计工作的全过程中担负着提供基础资料的任务。通过统计调查,可以获得有关被调查对象的原始资料,统计工作的其他阶段都是在统计调查所获得的信息资料基础上进行的。"没有调查,就没有发言权",统计调查在统计工作中显得尤为重要。

(2) 统计调查是影响整个统计工作质量的关键。只有搞好统计调查,才能保证统计工作达到对客观事物规律性的认识,在此基础上才能进行统计预测与分析。

2.1.2 统计调查的要求

为了保证调查资料的质量,使其正确反映客观事物,要求统计调查必须具有准确性、及时性、系统性和完整性。

(1) 准确性,就是如实反映客观实际,这是保证统计资料质量的首要环节。如果统计资料不真实,必将给统计各个阶段的工作带来不良影响。

(2) 及时性,就是时效性,即要求在统计调查方案规定的时间内,尽快提供资料,如果统计资料搜集不及时,就会耽误统计整理分析的时间,使统计失去应有的作用。

(3) 系统性,是指搜集的资料有条理,合乎逻辑,不杂乱无章,便于汇总。

（4）完整性，是指调查单位不重复、不遗漏、所列调查项目的资料搜集齐全。若统计资料残缺不全，就不可能反映所研究对象的全貌和正确认识社会经济现象总体和特征，最终也就难以对社会经济现象的规律性做出明确的判断，甚至会得出错误的结论。

2.1.3 统计调查的分类

经济现象是错综复杂的，由于统计研究现象的性质和统计研究的任务不同，要具体情况具体分析，采用各种不同的调查方式。统计调查的方式按照不同的标志有不同的分类，若将这些分类进行排列，可以归纳为统计调查方式体系，如图2.1所示。

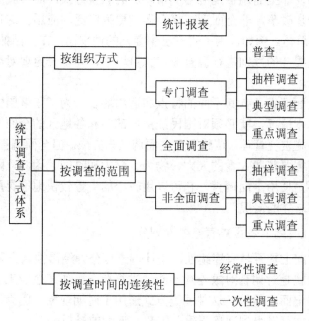

图 2.1 统计调查方式体系

这里仅就常见的一些统计调查做些阐述。

1．按搜集资料的组织方式划分

按搜集资料的组织方式不同，统计调查可分为统计报表和专门调查。

（1）统计报表是国家和地区各主管部门为取得系统的、全面的基本统计资料而采取的一种调查方式，分定期的和不定期的两种。统计报表一般由国家或地区政府授权的有关部门统一设计、印发、收回和管理，具有法律效力，如由各企业、事业单位向上级机关和统计部门报送的各类业务报表、劳动工报表等。统计报表按送报周期的长短可分为年报、半年报、季报、月报等。从统计报表涉及的范围看，有全面统计报表和非全面统计报表两种。

（2）专门调查是指为了研究某一专门问题或事物发展的某一方面而专门组织的调查。例如，为了研究全国人口问题而专门组织的人口调查，为研究农业问题而专门组织的农业调查，为研究环保问题而专门组织的环保调查等。从调查的组织方式来看，专门调查包括普查、抽样调查、典型调查、重点调查等。

2．按调查所涉及的范围划分

按调查所涉及的范围，统计调查可分为全面调查和非全面调查。

（1）全面调查就是对构成调查对象中的所有调查单位都无一遗漏地加以调查的一种调查

方式，如人口普查要了解全国人口的数量及其详细的分布状况，就必须对全国的全部人口进行调查。另外农业普查、工业普查等都必须全面调查。全面统计报表是全面调查的一种形式。全面调查只适用于有限总体，不能用于无限总体。全面调查能够掌握调查对象全面的、完整的统计资料，说明所要研究问题的全貌。但需要花费较多的人力、物力和财力，做起来比较困难，又由于调查单位多，参加调查工作的人多，容易发生调查性误差，因而调查内容只限于最重要、最基本的项目。

（2）非全面调查是对调查对象中一部分单位进行调查，如抽样调查、典型调查、重点调查等。在统计实践中，非全面调查是应用非常广泛的调查方式，随着我国市场经济的不断深入和管理体制的进一步改革，非全面调查将会得到更为广泛的应用。这种调查既适用于有限总体，也适用于无限总体。例如，为了研究出生婴儿的性别比，在全国抽选一定数量的医院、保健院，对其出生的婴儿的性别进行调查登记就可以了，并不一定要对全国每一个出生的婴儿全部进行调查登记。

全面调查和非全面调查各有其不同的特点和适用场合。为了了解国情、国力，掌握国民经济和社会发展的基本情况，就必须对国民经济各部门和各地区的全面情况进行调查，以便准确地对国民经济实施宏观管理，这就需要全面调查来完成。但全面调查往往涉及的面较广，调查单位较多，因而需要花费大量的人力、物力、财力和时间。因此，除非是必须，一般应使用非全面调查而不是使用全面调查，它可以用较少的力量较快地取得所需的资料，并可根据调查资料推断全部总体的情况。

3．按调查登记在时间上是否具有连续性划分

按调查登记在时间上是否具有连续性，统计调查可分为经常性调查和一次性调查。

（1）经常性调查就是对调查对象连续不断地进行登记，如某企业工业增加值就是逐日、逐月、逐季连续的登记而取得的。这种调查方式适用于时期现象，因为时期现象的变化量比较大，进行经常调查才可以得到现象正确、完整、连续的资料。

（2）一次性调查就是对被调查对象在某一时点上的状况进行登记，然后根据需要和可能，每隔一段时期进行一次，如我国先后进行的 6 次人口普查。这种调查方式适用于时点现象，因为时点现象在一段时期内的变化量相对较小，故不需经常登记。一次性调查可以定期或不定期进行，定期调查是每隔一固定间隔期而进行的调查，如每个月末登记职工人数、每 5 年一次的投入产出调查等。不定期调查是根据调查目的和需要，在间隔不等的时间上所进行的调查。

2.2 统计调查方案与问卷设计

2.2.1 统计调查方案

统计调查是一项复杂、细致的工作，具有高度的科学性和群众性。一项全民性的统计调查往往需要组织成千上万人协同才能完成。为了在调查过程中统一认识、统一内容、统一方法、统一步调，顺利进行调查，在着手调查之前，必须制定一个切实可行的统计调查方案。统计调查方案就是为了科学地组织统计调查而制订的调查工作计划。它是进行统计调查的指导性文件，是保证统计调查有计划、有组织地进行的首要步骤。一个完整的统计调查方案应该包括以下基本内容。

1. 确定调查目的和调查任务

统计调查总是为一定的研究任务服务的,制订调查方案的首要问题是明确调查的目的和调查任务。不同的研究目的和任务,决定着不同的调查内容和范围。目的不明,任务不清,就无法确定向谁调查、怎样调查,整个调查工作就会陷入盲目混乱,造成人力、物力、财力的浪费。调查目的和调查任务主要是根据我国现代化建设的实际需要,并结合调查对象本身特点来确定的。

2. 确定调查对象和调查单位

调查对象就是统计调查的社会经济现象的总体,它是由性质相同的许多个别单位所组成的。确定调查对象就是要明确规定该总体的范围或统计的界限。例如,某市失业人口调查,就应把"失业人口"的界限划清,这样才能确保统计数字的准确性。调查单位是指总体单位,即原始数据的承担着。例如,失业人口调查,调查单位指的是真正的失业者,填报单位是负责向上级报告调查内容的单位;再如,向某高校调查学生的基本情况,则每一个学生是调查单位,而填报单位则是学校。有时候,这两者可以是一致的。例如,向某地高校进行数学质量情况的调查,则每个高校是调查单位,同时也是向上级报告调查内容的填报单位。

3. 确定调查项目和调查表

调查项目是指对调查单位所要调查的内容,是调查单位所承担的基本标志。例如,在人口普查中的调查项目有姓名、性别、年龄、民族、文化程度、职业等。在确定调查项目时应注意以下几点。

(1) 调查项目的内容要少而精,所选项目应满足调查目的的需要并且能确实取得资料。
(2) 调查项目的含义要明确、具体,切忌模棱两可。
(3) 调查项目的设置要考虑彼此间相互联系以及同类调查的纵向衔接。

确定调查项目后,应加以科学分类、排列,设计成各种调查表。调查表是调查项目的表现形式,其作用在于条理清晰地表述调查内容,便于登记调查资料。

调查表由表头、表体和表脚 3 部分组成。表头在调查表的上方,标明调查表的名称、填报单位的名称等。表体是调查表的主体部分,由表格、调查项目等组成。表脚在调查表的下方,包括调查人员或填报人员签名、审核人员签名、填报日期等。

调查表的形式有单一表和一览表两种。单一表是在一张调查表上只登记一个调查单位的资料,可以容纳较多的调查内容,且便于分类和整理。一览表是在一张调查表上可以登记很多调查单位的资料,却不能容纳较多的内容。

4. 制定调查时间与调查时限

调查时间是指调查资料所属的时间。如果所要调查的是时期现象,如产品产量、原材料消耗量、商品销售额等,调查时间就是规定资料所属的时期;如果所要调查的是时点现象,如商品库存量、人口数、企业数等,调查时间就是规定统一的时点(即标准时点),如全国第六次人口普查规定要调查 2010 年 11 月 1 日零时的人口资料。

调查时限就是从开始搜集资料到工作结束的时间。规定这个工作期限,可以统一步调,保证调查资料的时效性。例如,2011 年社会经济活动成果年报呈报时间规定在 2012 年 1 月底,则调查时间为一年,即 2011 年,调查时限为一个月(1 月 1 日~1 月 31 日)。

【特别提示】

在实际调查过程中，一定要注意调查时间与调查时限的确定。

5．制订调查的组织实施计划

为了使统计调查工作顺利进行，在着手调查之前要事先制订调查工作组织计划，这类工作是很多的。例如，负责全面工作和各阶段工作的机构、人员及其组织领导关系，各调查阶段时间安排、具体步骤、调查人员的培训、资料的报送关系和报送方法经费筹措、文件印发、提供或者公布调查成果的时间等。

随着统计工作的现代化，调查方案也要求日趋周密与科学，应按系统工程的原理和运筹学的方法来安排工作进程及各个环节之间的衔接，还要对各环节进行质量控制，层层把关，以保证调查工作的顺利进行。

对于大规模或缺少经验的调查，还需要进行试点调查，以便取得经验，完善调查方案。例如，我国第五次人口普查就曾在无锡市组织试点调查，通过试点检验调查计划是否切实可行，是否有需要补充和修订的，以不断积累经验使调查工作顺利开展。

【知识拓展】

2011年全国环境保护及相关产业基本情况调查方案总说明如下。

环保产业被确立为战略性新兴产业。发展环境保护及相关产业对于改善我国环境质量，推进产业结构升级和转变经济增长方式，促进经济社会可持续发展，具有重要意义。

为掌握我国环境保护及相关产业的发展情况，环境保护部会同有关部门分别于1993年、2000年和2004年开展过3次全国环境保护及相关产业基本情况调查。通过调查，掌握了不同时期我国环境保护及相关产业的发展状况，为开展产业研究和制定产业政策提供了基本依据，极大地推动了我国环境保护及相关产业的发展，为我国环境保护工作提供了有力的支撑。"十一五"以来，我国环境保护投资力度迅速加大，直接带动了我国环境保护及相关产业的快速发展，产业规模、结构、布局和技术水平等都发生了较大变化。开展新一轮调查，摸清产业现状，有利于科学制定环境保护及相关产业发展的政策和规划，切实改善环境质量；有利于加强和改善宏观调控，促进经济结构调整，推进资源节约型、环境友好型社会建设。

为贯彻落实《国务院关于加快培育和发展战略性新兴产业的决定》（国发[2010]32号），依照《中华人民共和国统计法》的规定，并根据《关于开展2011年全国环境保护及相关产业基本情况调查的通知》（环办函[2011]1310号）精神，制定本方案。

（一）调查目的

通过开展调查，摸清当前我国环境保护及相关产业的行业经营状况、产业结构、规模、布局和技术情况等，建立我国环境保护及相关产业发展情况数据库，为分析研究我国环境保护及相关产业的技术装备水平、市场供求现状及发展趋势提供数据支持，为各级政府部门制定和实施环境保护及相关产业的政策和规划、进行宏观管理和决策提供依据，同时也为建立科学的环境保护及相关产业统计标准奠定基础。

（二）调查范围

调查范围为2011年12月31日前在我国境内（不包括港、澳、台地区）正式登记注册的专业或兼业从事环境保护及相关产品生产经营和环境服务活动，并独立核算的国有法人单位和环境保护及相关产业年销售（经营）收入200万元以上的非国有法人单位，法人所属的产业活动单位由法人单位统一组织填报。涉及单位类型包括企业、事业单位、民间非营利组织（社会团体、民办非企业单位、基金会等）。

（1）本调查涉及的环境保护及相关产品的生产经营活动包括环境保护产品、环境友好产品、资源循环利用产品的生产经营。其中，环境保护产品包括用于环境污染防治、生态环境保护及资源循环利用的生产设备、材料和药剂、环境监测仪器仪表等；环境友好产品包括经过有关国家级认证，且认证证书在有效期内的环境标志产品、节能节水产品及有机产品；资源循环利用产品包括经国家、省级认定的资源综合利用产品，以及虽然未经认定，但其列入《资源综合利用目录》的产品；符合国家发展和改革委员会等6部门联合下发的《中国资源综合利用技术政策大纲》（2010年第14号公告）相关要求的产品。

（2）本调查涉及的环境服务活动包括污染治理服务及环境保护设施运营服务，环境工程建设服务、环境技术研发推广服务、环境政策规划咨询服务、环境审计与审核认证服务、环境工程咨询服务、环境评估与评价服务、环境监理服务、环境教育与培训服务、环境信息服务、环境监测服务、环境贸易服务、环境金融服务、生态修复及生态保护服务、其他环境服务等。

本调查涉及行业包括农、林、牧、渔业，采矿业，制造业，电力、热力、燃气及水生产和供应业，建筑业，批发和零售业，信息传输、软件和信息技术服务业，金融业，租赁和商务服务业，科学研究和技术服务业，水利、环境和公共设施管理业，教育，文化、体育和娱乐业，公共管理、社会保障和社会组织以及国际组织等国民经济行业。

（三）调查内容

调查内容包括环境保护及相关产业法人单位的主要产业活动、单位基本属性、生产经营情况、生产能力、技术水平、研发投入、从业人员、出口情况等。

调查表包括反映被调查单位共性情况的法人单位基本情况表、从业人员情况表、经营情况表（企业经营情况表、事业单位经营情况表、民间非营利组织经营情况表）；反映被调查单位从事环境保护及相关产业各领域生产经营情况的调查表包括环境保护产品生产经营情况表，环境友好产品生产经营情况表，资源循环利用产品生产经营情况表，环境技术研发、引进及应用情况表，环境服务业经营情况表，环境工程建设及环境保护设施运营项目情况表。

（四）调查时间

时期指标为2011年1月1日～2011年12月31日。

时点指标为2011年12月31日24时。

调查表填报时间为2012年7月～2013年2月。

（五）调查方法和组织方式

1. 调查方法

根据环境保护及相关产业的实际情况，对从事环境保护及相关产业并独立核算的全部国有法人单位和环境保护及相关产业年销售（经营）收入200万元以上的非国有法人单位，逐个发表填报。被调查的单位不受行业、部门、隶属关系限制，一律参加登记注册所在地的调查统计。

2. 组织方式

调查表由各地环境保护行政主管部门组织填报。法人单位通过调查软件系统填写调查表，生成电子文件上报；电子文件通过基层调查机构审核后，打印形成纸质版文件两份，相关人员在每张报表手写签名，并在封面加盖公章，其中一份单位留存备查，一份上报单位所在辖区调查工作机构。数据库资料经县、地市、省逐级审核后上报至国家环境保护及相关产业调查机构。

（六）本方案由环境保护部、国家发展和改革委员会负责解释。

（资料来源：2011年全国环境保护及相关产业基本情况调查系统平台）

2.2.2 统计调查问卷设计

调查问卷是调查者根据调查目的和要求设计的，是由一系列问题、备选答案、说明及代码表组成的一种调查形式，是用来搜集调查数据、获取信息的一种工具。采用问卷进行调查始于20世纪30年代的美国，它主要用于政治生活中的民意调查和选举、市场营销、经济预测等方面。当今，问卷调查法已成为世界各国搜集信息资料的主要方式。我国从改革开放以来，此种方法已广泛应用于各个领域，并被纳入统计制度范围。

调查问卷设计的好坏直接影响到数据的质量和分析结论。一份设计优良的调查问卷应该能有效地用来搜集数据、获取信息，尽可能减少误差和矛盾，并能减少搜集和处理数据所花费的费用和时间。

1．调查问卷的设计要求

调查问卷设计的主要问题是问卷中提什么问题、这些问题如何表述，以及如何编排才能获得调查者所需要的信息。成功的问卷设计必须满足两个条件：一是问卷所列的问题能够让被调查者清楚无误地理解，愿意并易于回答；二是调查者所获得的信息是所要了解的完整、准确的信息，并适用于统计数据的处理。因此，调查问卷设计的基本要求主要有以下几点。

1）调查问卷的主题必须突出

问卷题目的拟定应围绕调查的主题。问卷中的问题应该符合调查的信息需求，目的明确、重点突出。

2）问题的表述必须清楚、准确、易于理解

调查问卷中要尽量避免使用专业术语及不规范的简称，应使被调查者能够清楚无误地加以回答。问卷中语气要亲切，使被调查者易于理解、愿意回答。

3）问题的排列顺序要符合逻辑

调查问卷中问题的排列要有一定的逻辑顺序，符合被调查者的思维顺序，层次分明。一般应先易后难，先简后繁，先问事实，后问态度和意向方面的问题，能引起被调查者感兴趣的问题放在前面，这样可引起他们回答问卷的兴趣和注意力。对于一些较敏感的问题可放在问卷的最后，以利于调查的顺利进行，否则会引起被调查者的反感，影响被调查者的回答。

4）避免诱导性提问

问卷中提出的问题不能带有倾向性，而应保持中立。诱导性问题能误导被调查者并影响调查结果。有强烈暗示性答案的问题，容易诱导被调查者选择并非自己真实想法的答案，如"很多人认为购买国债是最保险的一种投资方式，你觉得怎么样？"

5）避免使用双重否定

问卷中应避免使用包含双重否定的句子结构，因为被调查者可能不知道他们应该回答同意，还是应该回答不同意，如"你赞不赞成政府不允许便利店出售酒的规定？"

6）尽量避免敏感性问题

敏感性问题是被调查者不愿意让别人知道答案的问题，如个人收入问题、个人生活问题、政治方面的问题等。问卷中要尽量避免提问敏感性问题或容易引起人们反感的问题。对于这类问题，被调查者可能会拒绝回答，或者采用虚报、瞒报的方法来应付回答，从而影响整个调查的质量。对于这样的问题可以改变提问的方式，若采用匿名问卷的方式，被调查者则会如实回答较为敏感的问题。

2．调查问卷的基本结构

调查问卷的主要内容是关于调查事项的若干问题和答案，但仅有这些内容是不够的。一份完整的调查问卷通常由调查问卷的题目、说明信（又称封面信）、被调查者的基本情况、调查事项的问题和答案、填写说明和解释（又称指导语）5个主要部分组成。

1）调查问卷的题目

调查问卷的题目是问卷的主题。题目非常重要，应该准确、醒目、突出。要能准确而概括地表达出问卷的性质和内容；观点新颖，句式构成上富有吸引力和感染力；言简意赅，明确具体；不要给调查者以不良的心理刺激。

2）说明信

说明信一般在问卷的开头，是致被调查者的一封短信。这是调查者与被调查者的沟通媒介，目的是让被调查者了解调查的意义，引起被调查者足够的重视和兴趣，争取他们的支持与合作。说明信要说明调查者的身份、调查的中心内容及要达到的目的、选样原则和方法、调查结果的使用和依法保密的措施与承诺等，有时还需要将奖励的方式、方法及奖金、奖品等有关问题叙述清楚。说明信必须态度诚恳，口吻亲切，以打消被调查者的疑虑，取得真实资料。访问式问卷与自填式问卷的说明信有所不同，前者还应有对调查员的具体要求。写好说明信，取得被调查者的合作与支持，是问卷调查取得成功的保证。

3）被调查者的基本情况

被调查者的基本情况是对调查资料进行分类研究的基本依据。一般而言，被调查者包括两大类，一类是个人，另一类是单位。如果被调查者是个人，则其基本情况包括姓名、性别、民族、年龄、文化程度、职业、职务或技术职称、个人或家庭收入等项目；如果被调查者是单位，则其基本情况包括单位名称、经济类型、行业类别、职工人数、规模、资产等项目。若采用不记名调查，被调查者的姓名可在基本情况中省略。

4）调查事项的问题和答案

调查事项的问题和答案是调查问卷最主要、最基本的组成部分，调查资料的搜集主要是通过这一部分来完成的，它也是使用问卷的目的所在。这一部分设计的好坏关系到该项调查有无价值和价值的大小。调查问题从形式上可分为开放式与封闭式两种。

（1）开放式问题。开放式问题只提出问题而不向被调查者提供任何具体的答案，由被调查者根据自己的想法自由填写，设计时在问题之后要留有足够大的空白以便回答。例如，下面的问题就是开放式问题：

A．您喜欢看什么电视节目？
B．您过去从事什么工作？
C．您对未来工作有什么计划？
D．您对未来收入的最高估价是多少？
E．您对目前的工作生活有什么看法？

开放式问题的优点：问题比较灵活，适用于搜集深层次的信息。一般来说，欲了解被调查者的真实呼声，或对某一问题的看法、感受、要求、评价等均宜采用开放式问题提问。开放式问题能扩展答案的范围，可为被调查者提供自我表达的机会。被调查者使用自己的语言来回答问题，可以充分地按个人的想法与方式发表意见而不受任何限制。因此，开放式问题所搜集到的资料往往比较生动，信息量大。通过开放式问题往往能搜集到调查者未考虑到或忽略的信息，因而适用于潜在答案类型较多的问题，有利于被调查者充分发挥自己的主观能动性。

开放式问题的缺点：答案各异、复杂多样，有时甚至出现答非所问的情况，给调查后的资料整理、分类、汇总带来一定的困难；描述性的答案比较多，难以定量处理；受被调查者表述能力的影响较大，由此会造成一些调查性误差。

（2）封闭式问题。封闭式问题是指在提出问题的同时，给出问题的若干可能答案，由被调查者从中进行选择。

封闭式问题按照回答方式划分主要有两项选择、多项选择、排序选择、等级评定和双向列联等类型，见表2-1。

表 2-1　封闭式问题的类型

类　型	说　　明
两项选择	两项选择题的答案只有两项，被调查者任选其一，是封闭问题中最简单的一种。 例如，您家有电脑吗？A．有　　　B．无
多项选择	多项选择是列出 3 个或 3 个以上的答案，由被调查者从中选择。根据选择答案的多少不同，有 3 种选择类型： ■ 单选。单选题要求被调查者选择其中一项答案。 　　例如，您的月工资是（　　） 　　A．1 000 元以下　　B．1 000～2 000 元　　C．2 000～3 000 元 　　D．3 000～4 000 元　E．4 000～5 000 元　　F．5 000 元以上 ■ 多选。多选题要求被调查者选择两个或两个以上的答案。被调查者可以在所给出的答案中，选出自己认为合适的，数量不限。 　　例如，请问你在选择就读学校时会优先考虑哪些因素？ 　　A．环境　　　　　B．学校学风建设　C．教学质量 　　D．往届的成绩　　E．就业率　　　　F．其他 ■ 限选。限选题会在问卷上注明被调查者可任选几项。 　　例如，您认为家庭耐用消费品中最重要的是哪些？（限选 3 项） 　　A．电视机　　B．电冰箱　　C．洗衣机　　D．空调　　E．固定电话 　　F．家用电脑　G．热水器　　H．家用汽车　I．微波炉
排序选择	排序选择是在列出的多个答案中，由被调查者对所选的答案按要求的顺序进行排列。这种方法不仅可以反映所要调查等内容，而且可以反映被调查者对某一问题的态度或倾向。 例如，你上大学确定专业方向时考虑的因素有哪些？（按考虑因素的先后顺序排列） A．个人兴趣　　　　B．发展方向　　　　C．预期收入 D．就业率　　　　　E．工作安稳舒适　　F．别人的建议
等级评定	等级评定是列出不同等级的答案，答案由表示不同等级的形容词组成，让被调查者选择。 例如，您对本次服务评价如何？ A．非常满意　　B．满意　　C．比较满意　　D．不满意　　E．很不满意
双向列联	双向列联是将两类不同的问题综合到一起，通过表格来表现，又称列表评定（或称列表调查）法。表的横向（行）为一类问题（通常为评定主体）；表的纵向（列）为另一类问题（通常为评定要素、说明、评定项目）。此方法可以反映两方面因素的综合应用，提供单一类型问题无法提供的信息，还可节省问卷的篇幅。该类型的举例见例 2-1。

注：在等级评定中，常用的等级形容词有很好、好、较好、一般、较差、差、很差；非常喜欢、喜欢、比较喜欢、无所谓、不喜欢等。

【例 2-1】　养老院情况调查表见表 2-2，请在你赞同的项目对应的空格内画"√"或打分。

表 2-2　养老院情况调查表

养老院名称＼赞同的项目	环境优良	费用合适	生活舒适	活动方便	服务周到
幸福养老院					
松鹤养老院					
绿波养老院					
兴华敬老院					
莲花老人院					

封闭式问题的优点：问题清楚具体，应答者容易回答，节约回答时间，材料可信度较高，答案标准，整齐划一，填写方便，容易整理，适于定量分析。

封闭式问题的缺点：由于事先规定了备选答案，应答者的创造性受到约束，不利于发现新问题；对比较复杂的问题或不太清楚的问题，很难把答案设计周全，如有缺陷，被调查者就难以正确回答，从而影响调查的质量。因此，在设计封闭式问题的答案时，要尽可能列出给定问题的所有答案，避免遗漏。如难以做到这一点，应加上"其他"，使被调查者有选择的余地。

【例 2-2】 你对手机的了解渠道是（　　）。
A．电视　　　　B．报纸　　　　C．网络　　　　D．同学朋友之间的互相交流
E．宣传单　　　F．宣传活动　　G．卖场广告　　H．其他_____

【特别提示】

为了克服封闭式问题的缺陷，也可采用半封闭式回答方式。常见形式是先进行封闭式问题的选择，然后是开放式问题的选择。

5）填写说明和解释

填写说明和解释包括填写问卷的要求、调查项目的含义、被调查者应注意的事项等，其目的在于明确填写问卷的要求和方法。

除了上述 5 个基本部分以外，问卷的最后也可以写上几句话，表示对被调查者的感谢，或征求被调查者对问卷设计和问卷调查的意见和感受。如果是访问式问卷还可以加上作业证明的记载，其主要内容包括调查人员姓名、调查时间、作业完成情况。这可以明确调查人员的责任，并有利于检查、修正调查资料。

3．调查问卷设计的程序

调查问卷设计的程序一般来说有以下步骤。

1）根据调查目的确定调查资料

根据调查主题的要求，研究调查内容，初步列出调查主题所需要的全部信息。从中分析哪些是主要信息，哪些是次要信息，哪些是可要可不要的信息，然后删除不必要的信息。再分析哪些信息需要通过问卷调查来取得，以及需要向谁进行调查等，最后确定调查的对象、时间和地点。

2）分析调查对象的特征

根据上一步骤所拟定的调查对象群体，分析其社会环境、行为习俗、文化水平、理解能力等基本特征，并根据这些特征来拟定问题。

3）参考以前的问卷

参考相同或相似主题的其他调查所使用过的问题，可为将要调查的问题打下良好的基础。在某些情况下，如不同时期数据的比较，可以使用同样的问题，但要注意总体、概念是否一致。

4）草拟编排问题

编排问题是问卷设计中的关键。在设计时要考虑以下因素。

（1）数据的搜集方法。问题用什么方式提出取决于数据的搜集方法。调查问卷的长度也取决于数据的搜集方法。调查人员面访问卷最长，自填式问卷稍短，电话访问问卷最短。自填式和调查人员面访可以使用更多的选项。

（2）考虑被调查者的特点。普通公众的调查问卷，所问的问题要能为被调查者理解；专业人员的调查问卷，所问的问题可以使用专业语言。

（3）每个问题必须有其写入问卷的理由，尽可能列出最合适的问题。

（4）必要时需加以注释、说明，这样可以帮助被调查者准确地回答问题，提高问卷调查的质量。

5）审议、测试、定稿

审议、测试、定稿是指对初步设计的问卷认真审议，从中发现问题并加以更正；然后选择小部分群体进行问卷测试，以确保质量；最后定稿印制。

【知识拓展】

为了使计算机能对问卷进行定量分析，往往需要对调查事项的问题和答案进行编码，即用事先规定的"代号"（阿拉伯数字）来表示某些事物及其不同状态的信息。开放式问题一般是在问卷回收后再进行编码，因为开放式问题的答案数只有在问卷回收后才知道。封闭式问题一般采取预编码，即在问卷设计的同时进行编码。编码应该尽量做到准确、唯一和简短。

【统计实例】

广东省高校学生创业调查问卷

亲爱的同学：

你好！

为了解广东省在校大学生对创业的想法和现状，我们开展了此项调研，调研的结果将供相关部门和高校参考，以拓宽以后开展学术调研活动的思路。作为高校的学子，你拥有对此项调查的最大发言权，你的回答是至关重要的！希望你能以一定的耐心为我们提供你的真实情况和宝贵想法。衷心地感谢你对我们工作的大力支持和协助！

（如无特别注明的请选择一项；如选择 "其他" 选项，请您写明内容，谢谢！）

性别_____ 学校_____ 年级_____

★创业主观态度

1．你是否有过创业的想法？（   ）

    A．有　　　　　　　B．没有

2．如果你有创业的想法，那么它主要是源于（   ）。

    A．家庭影响　　　B．朋友影响　　　C．传媒影响

    D．企业名人影响　　E．其他_____

3．以下列举的是生活中常见的创业信息来源，请对其效果和可实施性进行评估。

内容＼评估	很好	好	一般	较差	很差
课堂教学					
专家的论坛、讲座					
创业大赛					
学校创业性社团（勤工助学）					
实习					
报刊、电视、网络等媒体					
其他_____					

4. 如果创业，你的首要出发点会是什么？（   ）
   A. 解决就业　　　　B. 获取更多财富　　　C. 积累经验
   D. 挑战自我　　　　E. 成才的一种方式　　F. 其他_____
5. 如果创业，你会首选哪个领域？（   ）
   A. 网上营销　　　　B. 实体小商铺　　　　C. 餐饮业
   D. IT领域　　　　　E. 服务业　　　　　　F. 其他_____
6. 如果要选择一个合作伙伴，你比较愿意和哪一类人一起创业？（   ）
   A. 同龄人　　　　　B. 有工作或创业经验的人
   C. 学历高的人　　　D. 有资金基础的人　　E. 其他_____
7. 你对自己创业的前景预测感到（   ）。
   A. 自信　　　　　　B. 迷惘　　　　　　　C. 有压力
   D. 赌博感　　　　　E. 其他_____

★创业客观环境

1. 你认为大学生创业最大的障碍是什么？（多项选择）（   ）
   A. 资金不足，没有好的创业方向　　B. 经验不够，缺乏社会关系
   C. 要考虑继续深造　　　　　　　　D. 传统观念的影响
   E. 亲人的反对　　　　　　　　　　F. 其他_____
2. 你认为大学生创业资金的主要来源是什么？（任选两项）（   ）
   A. 自己积累　　　　B. 父母提供　　　　　C. 由同伴出资
   D. 向亲友借钱　　　E. 银行贷款　　　　　F. 向政府部门申请资金
   G. 寻找企业投资　　H. 其他_____
3. 如果你的创业计划和学业冲突，你将如何处理？（   ）
   A. 边学习边创业　　B. 放弃创业专心学习　C. 找人代理创业事务
   D. 休学创业　　　　E. 其他_____
4. 你认为政府在大学生创业方面应该做哪些扶持？（任选两项）（   ）
   A. 大学生科技创业基金支持　　　　B. 政策支持
   C. 宣传鼓励　　　　　　　　　　　D. 社会化专业化管理服务机构提供服务
   E. 其他_____
5. 你认为学校是否应该鼓励大学生自主创业？（   ）
   A. 是　　　　　　　　　　　　　　B. 否
6. 如果鼓励，应该采取何种措施？（任选两项）（   ）
   A. 多开展创业相关讲座、交流会等活动　　B. 开设创业技巧指导课程
   C. 提供更多关于创业的信息　　　　　　　D. 经济（资金）援助或提供兼职
   E. 其他_____

★创业前期准备

1. 在创业之前，你会做哪些准备？（多项选择）（   ）
   A. 参加创业计划大赛　B. 看相关书籍　　C. 到企业实习
   D. 求助创业型企业家　E. 询问老师意见　F. 寻求家庭支持帮助
   G. 其他_____
2. 你希望通过怎样的途径获得创业方面的知识和技能？（   ）
   A. 老师授课　　　　　　　　　　　B. 参加相关活动与培训
   C. 亲身实践　　　　　　　　　　　D. 其他_____

3. 如果学校开设创业指导课程，你希望课程内容更注重哪方面？（任选两项）（　　）
　　A．市场营销　　　　　　　　B．管理　　　　　　C．财务税收
　　D．人际交往与沟通技巧　　　　　　　　　　　　E．与自己创业方向相同的实践活动
　　F．个性化辅导　　　　　　　　　　　　　　　　G．其他_____

4. 你认为大学生在创业中最重要的是什么？（在以下选项中任选两项）（　　）
　　A．强烈的自我价值实现欲　　　　　　　　　B．资金支持
　　C．个人或团队研究成果或专利　　　　　　　D．学校提供的相关创业知识和技能培训
　　E．政府政策支持　　　　　　　　　　　　　F．得到社会化专业化的管理和服务

5. 如果你在一次创业中失败了，你会（　　）
　　A．放弃　　　　　　　　　　　　　　　　　B．筹集资金，努力进行二次创业
　　C．积累经验，等待时机　　　　　　　　　　D．其他

6. 你认为除了目前的专业知识外，成功创业还应具备哪些素质？你觉得可以通过哪些途径获得这些素质？
_____
_____
_____

再次感谢你对我们工作的支持！

2.3　统计调查方式

2.3.1　统计报表

1．统计报表的意义

统计报表是我国定期取得统计资料的基本调查方式，它是根据国家有关法律的规定，按照统一的表式和要求，统一的报送时间和顺序，自上而下地逐级提供基本统计资料的一种报告制度。制定统计报表制度必须遵循的原则是：从实际出发，报表种类与内容都应少而精；报表内容应与国民经济核算体系相适应；集中统一与分级管理相结合。

2．统计报表的特点

统计报表具有以下特点。

1）相对准确性

由于统计报表的表格形式、报表内容和报送程序等均由国家统一规定，并且比较稳定，各基层填报单位可事先根据报表的要求，建立健全相应的原始记录，使统计报表所需资料，有较稳定可靠的来源，有利于提高资料的准确性和报送的及时性。

2）满足各级对统计资料的需求

各级部门可以通过统计报表经常了解经济和社会发展变化情况。

3）便于资料的积累与保存

统计报表便于完整地积累资料，用来进行历史对比，比较系统地分析研究社会发展变化的规律性。

但是，统计报表也有局限性，它花费的人力、物力较多；中间环节多，这样占用的时间长，又易产生调查误差。因此，不能把统计报表看成万能工具，特别要避免报表过多、相互重复、滥发统计报表的现象。

3．统计报表的资料来源

统计报表的来源主要有以下几个方面。

1）原始记录

原始记录这是指基本单位通过一定的表格形式，对其生产经营活动的最初直接记录。

2）统计台账

统计台账是基本单位根据填报统计报表和实现本单位生产经营管理的要求而设置的，将原始记录按时间顺序设置的系统积累统计资料的表册。按形式可分为多指标的综合台账和单指标的分组台账。

3）内部报表

内部报表是基层单位编制的反映其内部生产、劳动、设备、原材料、财务成本等情况的报表。

4．统计报表的种类

统计报表的种类见表 2-3。

表 2-3 统计报表的种类

标　　准	类　　别	说　　明
按照调查范围划分	全面统计报表	全面统计报表要求调查对象的每个单位都要填报
	非全面统计报表	非全面统计报表只要求调查对象的一部分单位填报。目前我国大多数为全面统计报表，也有少数非全面统计报表，例如，调查工业主要技术经济指标，只要求重点企业填报
按照报表内容和实施范围划分	国家统计报表	国家统计报表在全国范围内实施，包括有关国民经济全面状况的基本统计项目
	部门统计报表	部分统计报表在各个部门系统内实施，用以搜集各个部门本身所需要的专业统计资料
	地区统计报表	地方的统计报表在各地的范围内实施，用来满足地方所需的资料。部门和地区的统计报表都是国家统计报表的补充
按照报送周期长短划分	日报、旬报	日报、旬报可及时反映经济活动的进度，只限于反映少数最主要指标
	月报、季报	月报、季报主要用于检查月、季计划执行情况，反映经济活动的动态
	半年报、年报	年报是具有总结性的报表，指标项目最多，内容全面完整，对了解国民经济运行的详细情况有重要作用
按照填报单位划分	基层统计报表	基层统计报表是由基层企事业单位根据原始记录汇总、整理填报的统计报表
	综合统计报表	综合统计报表是各级国家统计部门和业务部门根据基层报表逐级汇总而填报的报表
按照报送方式划分	书面报表	书面报表可邮寄或递送
	电讯报表	电讯报表包括电报、电话、传真和网络发送报表等方式

5．统计报表的基本内容

1）表式

表式是统计报表制度的主体，统计调查资料就是通过这些表式的填报而取得的。表式的主要内容是主栏项目、宾栏指标和补充资料项目，以及表名、填报单位、报出日期、报送单位负责人和填报人的签名等。

2）填表说明

填表说明主要包括以下内容。

（1）填报范围。填报范围即实施范围，规定每种统计报表由哪些单位填报，由哪些主管部门和统计部门综合汇总等。这样，一则可以避免报告单位的遗漏，保证取得全面的统计资料；二则遇到填报范围有变动时，易于对统计资料进行调整。

（2）指标解释。指标解释即对列入表式的统计指标的概念、计算方法、计算范围及其他有关问题的具体说明，便于填报单位按统一的指标解释准确填报。

（3）分类目录。分类目录即统计报表主栏一览表，如工业企业填报产品产量表时，要根据"主要产品目录"填报。

（4）对其他有关事项的规定。包括报送日期、受表机关和报送份数等。正确编制填表说明，是统计报表能否正确填报的关键之一。

如果对有关问题交代不清，就会使填报单位理解不一，各行其是，难以统一，势必影响统计数字的质量。

2.3.2 普查

1. 普查的意义

普查是专门组织的一次性的全面调查，如人口普查、工业普查、耕地普查等。它是用来搜集某些不能或不适宜用统计报表搜集的统计资料。普查通常涉及的是基本的国情与国力，对经济与社会的长期稳定发展具有重要意义，如在 2010 年 11 月 1 日进行的全国第六次人口普查，对制定我国的人口相关政策具有重要的意义。

普查和统计报表虽然都属于全面调查，但两者不能相互替代。统计报表不可能像普查那样掌握如此详细的资料；与定期报表相比，普查包括的单位、分组目录及指标内容要广泛详尽，规模宏大，解决报表不能解决的问题。但是，普查要耗费较大的人力、物力、财力和时间，从而不可能经常进行。

2. 普查的组织方式

普查的组织方式基本上有两种：一种是组织专门的普查机构，派出调查人员，对调查单位进行调查，我国历史上几次大的调查都是采用这种形式；另一种是利用调查单位的原始记录和日常核算资料，或结合清库盘点，由调查单位自填调查表，如历次物资库存普查等。但即使是第二种形式，也仍需要组织普查的领导机构并配备一定的专业人员，对整个普查工作进行组织与协调。

3. 普查的组织原则

由于普查对调查工作的内容有较高的准确性和时效性要求，普查涉及的人多面广，因此普查的组织工作十分关键，特别要统一领导、统一要求、统一行动。在组织普查时应遵循以下原则。

1）确定统一的调查时间

普查是要取得一定时点上的总量资料，统一规定资料所属的标准时点，避免因调查时点的紊乱而出现重复和遗漏，如全国第六次人口普查的标准时点是 2010 年 11 月 1 日零时。

2）力争在短时间内完成

在普查范围内，各调查单位和调查点要同时行动，尽可能在短时间内完成，保证调查资料的时效性和真实性。

3）统一规定调查项目

项目一经确定，不能任意改变或增减调查项目，以免影响汇总和综合。同一种普查，每次的调查项目和指标规定也应力求一致，便于历史比较。

4）按一定周期进行

在一般情况下，普查应尽可能按一定的周期举行，以便从历次普查资料的对比中研究发展变化的规律性和趋势。

【知识拓展】

1994年，国务院批转国家统计局《关于建立国家普查制度改革统计调查体系的请示》的通知，明确了普查在统计调查体系中的基础地位，正式确立了周期性的普查制度。当时的普查项目包括人口普查、农业普查、工业普查、第三产业普查和基本单位普查5项，其中基本单位普查每5年进行一次，其余4项普查每10年进行一次。2003年，国家统计局、国家发展和改革委员会和财政部联合发出通知，对国家普查项目和周期安排做出重大调整，将原来的工业、第三产业和基本单位3个普查合并为经济普查，每5年进行一次，在逢3、8的年份实施；人口普查、农业普查仍然每10年进行一次，分别在逢0、6的年份实施。由于普查工作量比较大，而且一般都是按年度进行，这使得几乎所有年份都有普查任务。

2.3.3 抽样调查

抽样调查是按照随机原则从总体中抽出一部分单位进行观察，从而用这部分单位的数量特征来推断全部总体的数量特征的一种调查方法。这种方法的应用领域十分广泛，不仅在社会经济领域，而且在自然科学领域也都有使用。例如，要了解某地区城镇居民人均消费水平，可从总体（该地区城镇居民家庭）中选取一部分单位（居民户）来进行调查，然后用这一部分居民户的人均消费水平来推断整个地区的城镇居民人均消费水平。又如，在大型建筑项目开工前，首先要进行地质抽查，确认地基的承载力等。

抽样调查与其他非全面调查相比，具有两个特点：一是随机原则，二是从数量上推算总体。抽样调查的特点决定了它的应用范围。

（1）对一些不可能进行全面调查的现象，必须用抽样调查的方式取得资料。例如，对于一些具有破坏性的产品质量检验，汽车轮胎里程试验、灯泡寿命检验等。

（2）对一些难于进行全面调查而又必须取得总体数量特征值的现象。例如，农作物产量在联产承包责任制的条件下，不可能对每个农户进行全面调查，必须采取抽样调查。

（3）对一些不必要进行全面调查的现象。例如，城乡居民家庭收支情况，可以采用抽样调查。

改革开放以来，由于客观情况发展的需要，国家统计报表制度中，以抽样调查方式取得资料的年、季、月报已经占相当比重。当然，抽样调查也常用于不定期的一次性调查。

抽样调查的优点在于比较节省人力、物力、财力和时间；在直接派员深入调查的情况下，调查资料的准确性也比较高，受到人为干扰的可能性比较小。它的不足之处是，只能提供宏观或某些微观数据，不能分别提供各级领导机关所需要的数据。例如，全国农产量抽样调查、人口变动抽样调查，只能提供全国和分省数字，不能提供地、县、乡的数字。

【特别提示】

抽样调查是所有非全面调查中最科学的一种，包含非常丰富的知识内容，本书将辟专章讨论，故此处不再赘述。

2.3.4 重点调查

重点调查就是在调查对象中选择一部分重点单位所进行的调查。这部分重点单位在全部单位中虽只是一部分，但其标志值在所研究的标志总量中占有绝大比重，因而能够反映整个调查对象的基本情况。例如，要了解我国煤炭生产的基本情况，可以选择大同、开滦等几个重点煤矿做调查，因为这些煤矿的产量占全部煤炭总产量的绝大比重，可以获得调查任务所需要的资料。

重点调查的目的是反映现象总体的基本情况。一般来说，当调查任务只要求掌握基本情况，而部分单位又能比较集中地反映所研究的项目和指标时，采用重点调查比较适宜。但重点单位的指标数值不能完整地反映现象总量，也不具备推断总体总量的条件。

由于重点调查单位比较少，就允许调查项目多一些，所了解标志细一些。选中的单位，管理应比较健全，统计力量应比较充实，统计基础应比较巩固，这样才能准确、及时地取得资料。

2.3.5 典型调查

1. 典型调查的概念

典型调查是根据调查的目的与任务，在对所研究现象的总体进行初步分析的基础上，有意识地选取若干具有代表性的单位进行调查和研究，借以认识事物发展变化的规律。

2. 典型调查的作用

典型调查既是一种搜集统计资料的调查方法，也是一种分析和解决问题的工作方法。它的主要作用有以下几种。

（1）典型调查能够对所研究的问题作具体深入的分析。普查、统计报表等对客观事物仅做一般的说明，而典型调查可以揭示事物的发生和发展过程及因果关系，做到有数据、有情况、有思想、有过程、有措施、有结果、有利于对事物发展的一般规律做具体深入的认识与分析。

（2）典型调查可以用来研究新事物。社会现象是错综复杂的，各方面的情况瞬息万变，新情况、新问题层出不穷，需要研究解决。统计工作需要从事物的萌芽状态中和典型经验中，抓住真谛、抓住主流、探究出事物发展的方向和规律性，然后对事物进行深入的调查分析，找出解决问题的具体方法。

（3）典型调查可以测算和推断有关总体的数据，在一定条件下可以验证全面调查数据和情况的真实性。

3. 典型调查的特点

典型调查有如下特点：首先是调查单位数少，可以对事物进行深入细致的分析；其次调查单位是根据调查目的，对调查对象进行初步的定性分析，并有意识地加以选择，因而调查结果能很好地满足需要；最后是典型调查机动灵活节约人力和物力，可以提高调查资料的时效性。

4. 典型调查的组织方式

典型调查比较灵活，组织典型调查的关键是对典型单位的选择。主要有3种组织方式。

1）划类选典式

如果调查的目的是为了了解总体的概括，而总体的结构又比较复杂，即可以在了解总体大致情况下，把总体划分成若干类型，按各个类型单位在总体中所占的比重，从每一类型中选出若干典型单位进行调查。

2）"解剖麻雀"式

如果典型调查的目的是为了了解总体的一般情况，则可以选择总体中的中等水平单位作为典型单位，通过"解剖麻雀"，以认识总体的一般水平、内部结构和发展变化的规律，解释事物的本质。

3）突出选典式

如果典型调查的目的是为了总结成功经验，找出失败教训，观察新生事物，就可以选择总体中先进单位、后进单位或新生事物作为典型单位，进行深入细致的调查研究。

2.4 统计调查方法

统计调查方法是指在统计调查中搜集资料的具体方法，包括传统调查法和网络调查法两大类。其中直接观察法、询问调查法、实验法、报告法、文献法等均属传统调查法。

2.4.1 传统调查法

1．直接观察法

直接观察法是指由调查人员亲自到调查地点对调查对象进行观察和记录，以取得第一手统计资料的调查方法。例如，在进行商场调查时，调研人员并不访问任何人，只是观察现场的基本情况，然后记录备案。其优点是取得的资料准确性较高，缺点是需要较多的人力、物力和财力。

2．询问调查法

询问调查法是指由调查人员通过口头、书面等方式向被调查者了解情况，以取得第一手统计资料的调查方法。例如，在对超市购买者进行流动人数调查的同时，对消费者的购买金额进行调查。调查人员在出入口对顾客进行询问，根据回答一一记录，并填写相应的调查卡片或表格，据以搜集统计资料。常用的询问法有3种，即面谈访问法、电话调查法和邮寄访问法。

3．实验法

实验法是指调查人员根据统计研究目的，通过实验对比，对调查对象某些因素之间的因果关系及其发展变化过程，进行实验观察和分析，以取得调查资料的方法。例如，若要了解饮料配方的改变对销售量的影响情况，需选择一个地区范围，将新旧两种配方的饮料投入市场进行试验对比，观察其销售量变化和消费者反应，获得数据作为是否采用新配方的依据。

实验法一般适用于对新设计、新包装、新价格、新配方、新广告等社会经济现象的实践效果资料进行搜集。

4．报告法

报告法是指由被调查单位按照调查机关的调查方案要求，及时向调查机关报告统计资料的调查方法。统计报表就属于这种方法。报告法一般是对机关团体和企事业单位，而不是对个人或个体单位调查，下级必须按规定准确、及时、全面地向上级提供统计资料，具有法律行政的强制性。

5. 文献法

文献法是指调查人员根据调查方案的内容和要求，搜集文献资料的一种方法。文献包括报纸、书籍、数据表格等文字和数字文献，也包括影视、图画、磁带、唱片等声音、图像文献。

2.4.2 网络调查法

网络调查法也称网上调查法，是随着互联网的发展而兴起的一种新的调查方法，泛指在网络上发布调研信息，并在互联网上收集、记录、整理、分析和公布网民反馈信息的调查方法。它是传统调查方法在网络上的应用和发展。其优点是组织简单、费用廉价、客观性好、不受时空与地域限制、速度快，缺点是网民的代表性存在不准确性、网络的安全性不容忽视、受访对象难以限制。

【统计实例】

第 30 次中国互联网络发展状况统计报告——调查方法介绍（节选）

（一）网民个人调查
3.1 调查总体
中国有住宅固定电话（家庭电话、小灵通、宿舍电话）或者手机的 6 岁及以上常住居民。
3.1.1 样本规模
用户调查总体样本 30 000 个，其中，住宅固定电话用户、手机用户各 15 000 个，样本覆盖中国大陆 31 个省、自治区、直辖市。
3.1.2 调查总体细分（图 2.2）

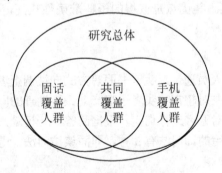

图 2.2　调查总体分布图

调查总体划分如下：
　　子总体 A：被住宅固话覆盖人群（包括：住宅固定电话覆盖的居民＋小灵通用户＋学生宿舍电话覆盖用户＋其他宿舍电话覆盖用户）；
　　子总体 B：被手机覆盖人群；
　　子总体 C：手机和住宅固话共同覆盖人群（住宅固话覆盖人群和手机覆盖人群有重合，重合处为子总体 C），C＝A∩B。
3.2 抽样方式
　　CNNIC 只针对子总体 A、B、C 进行调查。为更大限度地覆盖网民群体，采用双重抽样框方式进行调研。采用的第一个抽样框是固定住宅电话名单，调查子总体 A。采用的第二个抽样框是移动电话名单，调查子总体 B。

对于固定电话覆盖群体，采用分层二阶段抽样方式。为保证所抽取的样本具有足够的代表性，将全国按省、直辖市和自治区分为 31 层，各层独立抽取样本。将样本根据网民数的开平方根比例分配到 31 个省、市、自治区。

省内采取样本自加权的抽样方式。各地市州（包括所辖区、县）样本量根据该城市固定住宅电话覆盖的 6 周岁以上人口数占全省总覆盖人口数的比例分配。

对于手机覆盖群体，抽样方式与固定电话群体类似，也将全国按省、直辖市和自治区分为 31 层，各层独立抽取样本。省内按照各地市居民人口所占比例分配样本，使省内样本分配符合自加权。

为了保证每个地市州内的住宅电话号码被抽中的机会近似相同，即使住宅电话多的局号被抽中的机会多，同时也考虑到了访问实施工作的操作性，在各地市州内住宅电话号码的抽取按以下步骤进行：

手机群体调研方式是，在每个地市州中，抽取全部手机局号；结合每个地市州的有效样本量，生成一定数量的四位随机数，与每个地市州的手机局号相结合，构成号码库（局号+4 位随机数）；对所生成的号码库进行随机排序；拨打访问随机排序后的号码库。固定电话群体调研方式与手机群体相似，同样是生成随机数与局号组成电话号码，拨打访问这些电话号码。但为了不重复抽样，此处只访问住宅固定电话。

3.3 调查方式

通过计算机辅助电话访问系统（CATI）进行调查。

3.4 调查总体和目标总体的差异

CNNIC 在 2005 年年底曾经对电话无法覆盖人群进行过研究，此群体中网民规模很小，随着我国电信业的发展，目前该群体的规模逐步缩减（截至 2011 年 11 月底，我国电话用户累计达到 12.6 亿户，普及率达到 94.2 部/百人）。因此本次调查研究有一个前提假设，即：针对该项研究，固定电话和手机无法覆盖人群中的网民在统计中可以忽略不计。

（二）网上调查

网上调查重在了解典型互联网应用的使用情况。中国互联网络信息中心（CNNIC）在 2012 年 6 月 1 日～6 月 30 日进行了网上调查。将问卷放置在中国互联网络信息中心（CNNIC）的网站上，同时在政府媒体网站、全国较大的网站上设置问卷链接，由网民主动参与填写问卷。回收问卷后，通过技术手段进行答卷有效性检验，筛除无效答卷。本次网上调查共收到有效调查问卷 101 324 份。

（三）网上自动搜索与统计数据上报

网上自动搜索主要是对域名、网站数量及其地域分布等指标进行技术统计，而统计上报数据主要包括 IP 地址数和网络国际出口带宽数。

1. IP 地址总数

IP 地址分省统计的数据来自亚太互联网信息中心（APNIC）和中国互联网络信息中心 IP 地址数据库。将两个数据库中已经注册且可以判明地址所属省份的数据，按省分别相加得到分省数据。由于地址分配使用是动态过程，所统计数据仅供参考。同时，IP 地址的国家主管部门工业和信息化部也会要求中国 IP 地址分配单位（如中国电信等）每半年上报一次其拥有的 IP 地址数。为确保 IP 数据准确，中国互联网络信息中心（CNNIC）会将来自 APNIC 的统计数据与上报数据进行比较、核实，确定最终 IP 地址数。

2. 中国域名总数和网站总数

中国的域名总数和网站总数由以下两部分数据相加得到：

第一部分是.CN 下的域名数和网站数，由中国互联网络信息中心（CNNIC）采用计算机网上自动搜索得到；第二部分是中国类别顶级域名（gTLD）与网站数，由国内各类别顶级域名注册单位协助提供。这些数据包括：所有类别顶级域名（gTLD）和域名下已开通的网站数；按.COM、.NET、.ORG 分类的类别顶级域名（gTLD）和网站数；按注册单位所在省份分类的类别顶级域名（gTLD）和网站数。

3. 网络国际出口带宽数

工业和信息化部通过电信企业的报表制度，定期得到中国各运营商与其他国家和地区相连的网络出口带宽总数。《中国互联网络发展状况统计报告》中纳入了这些上报数据。

(资料来源：中国互联网发展状况统计报告，2012年7月，有修改)

知识框架

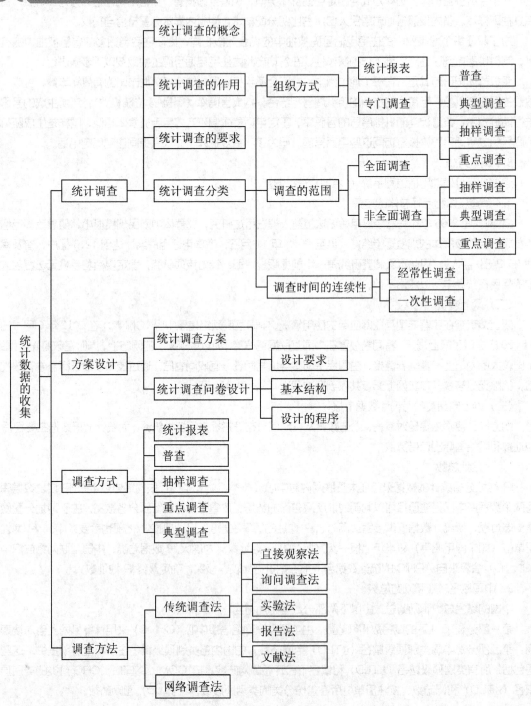

职业能力训练

一、填空题

1. 统计调查就是搜集_____的工作过程，它是统计整理和统计分析的_____。
2. 统计调查按搜集资料的组织方式不同可分为_____和_____。
3. 调查时间是_____，调查期限是_____。
4. 调查表的形式一般有_____和_____两种。
5. 重点调查是在调查对象中选择一部分_____进行调查的一种_____调查。
6. 在统计调查中，_____在全面调查和非全面调查中都可能产生。
7. 调查按照所涉及范围可以划分为_____和_____。
8. 抽样调查是按照_____从调查对象中选择一部分样本单位所进行的一种非全面调查。
9. 统计调查资料的_____是保证统计资料质量的首要环节，也是统计工作的生命线。
10. 调查项目的承担者是_____。

二、判断题

1. 统计报表是我国定期取得统计资料的一种重要方式。　　　　（　　）
2. 抽样调查在我国统计调查方法体系中处于主体地位。　　　　（　　）
3. 我国的人口普查每10年进行一次，因此，它是一种经常性调查方式。（　　）
4. 统计报表有全面报表和非全面报表之分。　　　　　　　　　（　　）
5. 抽样调查中存在抽样误差，因此，抽样推断是不准确的。　　（　　）
6. 重点调查的重点单位是根据当前的工作重点来确定的。　　　（　　）
7. 调查时间是指进行调查工作所需的时间。　　　　　　　　　（　　）
8. 对变化较小、变动较慢的现象应采用一次性调查来取得资料。（　　）
9. 调查对象就是统计总体，而统计总体不都是调查对象。　　　（　　）
10. 在统计调查中，调查对象可以同时又是调查单位，调查单位可以同时又是总体单位。
　　　　　　　　　　　　　　　　　　　　　　　　　　　　（　　）

三、单项选择题

1. 下列调查中，调查单位与报告单位一致的是（　　）。
   A．企业设备调查　　　　　　　　B．工业普查
   C．手机调查　　　　　　　　　　D．农村牲畜调查
2. 某地区有200家工业企业，现要调查这些企业生产设备状况，调查单位是（　　）。
   A．200家企业　　　　　　　　　B．每个工业企业
   C．全部生产设备　　　　　　　　D．每件生产设备
3. 对北京市几个特大型商场进行调查，借以了解北京市商业市场商品销售额的基本情况，这种调查方式属于（　　）。
   A．普查　　　　B．重点调查　　　　C．典型调查　　　　D．抽样调查

4. 抽样调查与典型调查都是非全面调查，两者的根本区别在于（　　）。
   A．调查范围目的不同 B．选取调查单位方法不同
   C．组织方式不同 D．作用不同
5. 调查对象与调查单位具有一定的对应关系，如果调查对象是全部商业企业，则调查单位是（　　）。
   A．每件商品 B．每一个商业企业
   C．每一个商业企业领导 D．职工每一个销售班组
6. 抽样调查抽取样本时必须遵守的原则是（　　）。
   A．随机性原则 B．灵活性原则 C．可靠性原则 D．准确性原则
7. 统计调查方案的首要问题是（　　）。
   A．确定调查目的 B．确定调查对象
   C．确定调查项目 D．确定调查时间
8. 下列调查中，属全面调查的是（　　）。
   A．普查 B．重点调查 C．典型调查 D．抽样调查
9. 下述调查属于经常性调查的是（　　）。
   A．对 2001 年大学毕业分配状况的调查 B．我国的人口普查
   C．按月上报的钢铁产量 D．对物价变动情况进行一次摸底调查
10. 对百货商店工作人员进行普查，调查对象是（　　）。
    A．各百货商店 B．各百货商店的全体工作人员
    C．一个百货商店 D．每位工作人员
11. 全国人口普查中，调查单位是（　　）。
    A．全国人口 B．每一个人 C．每一户 D．工人工资
12. 某城市拟对占全市储蓄额 4/5 的几个大储蓄所进行调查，以了解全市储蓄的一般情况，则这种调查方式是（　　）。
    A．普查 B．典型调查 C．抽样调查 D．重点调查
13. 统计调查项目是（　　）。
    A．调查过程中应进行的工作总和
    B．统计调查计划
    C．在进行调查过程中必须得到回答的问题的项目
    D．用统计调查的结果来得到答案的项目
14. 人口普查规定统一的标准时间，是为了（　　）。
    A．避免登记的重复和遗漏 B．确定调查的范围
    C．确定调查的单位 D．登记的方便
15. 某灯泡厂为了掌握该厂的产品质量，拟进行一次全厂的质量大检查，这种检查应当选择（　　）。
    A．统计报表 B．全面调查 C．重点调查 D．抽样调查

四、多项选择题

1. 重点调查适用于（　　）。
   A．调查任务要求掌握研究对象基本状况 B．调查任务要求掌握事物的发展趋势

C. 调查任务要求掌握详细资料 D. 总体中存在重点单位
E. 总体中都是一般单位

2. 普查是一种（　　）。
   A. 专门调查　　　B. 一次性调查　　C. 全面调查
   D. 非全面调查　　E. 统计报表

3. 对某校在校大学生学习状况进行调查，则（　　）。
   A. 调查对象是该校全部大学生　　B. 调查对象是该校每个大学生
   C. 调查单位是该校每个大学生　　D. 调查单位是学生的成绩
   E. 调查项目是学生的成绩

4. 对统计调查资料的要求是（　　）。
   A. 准确性　　　B. 及时性　　　C. 全面性
   D. 大量性　　　E. 差异性

5. 某市对2007年居民个人所得税缴纳情况进行调查，3月1日随机抽取了1 500人，发现有348人不同程度地存在漏缴税款情况。这种调查是（　　）。
   A. 非全面调查　　B. 一次性调查　　C. 经常性调查
   D. 定期调查　　　E. 不定期调查

6. 统计调查中的非全面调查有（　　）。
   A. 统计报表　　B. 抽样调查　　C. 重点调查
   D. 典型调查　　E. 普查

7. 在全国工业普查中，每个工业企业是（　　）。
   A. 调查对象　　B. 调查单位　　C. 填报单位
   D. 总体　　　　E. 总体单位

8. 一个完整的统计调查方案应包括（　　）。
   A. 确定调查目的　　B. 确定调查对象　　C. 确定调查项目
   D. 确定调查时间　　E. 落实调查的组织工作

9. 抽样调查是（　　）。
   A. 一种非全面调查　　　　B. 按照随机原则选取调查单位
   C. 永远存在抽样误差　　　D. 不存在抽样误差

10. 抽样调查与典型调查相比的主要区别是（　　）。
    A. 选择调查单位的原则不同　　B. 调查的目的不同
    C. 在能否计算和控制误差中不同　　D. 调查单位的数量不同
    E. 调查的组织方式不同

五、简答题

1. 什么是统计调查？其基本要求是什么？
2. 统计调查有哪些分类？
3. 完整的统计调查方案包括哪些内容？
4. 统计调查方式有哪些？他们各有什么特点？
5. 调查对象、调查单位、填报单位有哪些区别？
6. 通常可以采用的统计调查方法有哪些？

六、技能实训

1. 某家用电器生产厂家想通过市场调查了解以下问题：企业产品的知名度；产品的市场占有率；用户对产品质量的评价及满意程度。

要求：

（1）你认为这项调查采取哪种调查方式比较合适？

（2）设计出一份调查问卷。

2. 为了了解在校大学生的消费情况，包括学习、穿着、饮食、通信等方面，需要开展统计调查。

要求：

（1）制定大学生消费调查方案。

（2）设计大学生消费状况调查问卷。

（3）在学校范围内开展问卷调查。

3. 为了了解大学生在校期间的兼职情况，需要开展统计调查。

要求：

（1）制定大学生兼职状况的调查方案。

（2）设计大学生兼职状况调查问卷。

（3）在学校范围内开展问卷调查。

4. 学生可以结合专业、社会等需要调查的内容设计调查方案、设计调查问卷，开展调查资料的收集工作。

第 3 章

统计数据的整理

TONGJI SHUJU DE ZHENGLI

【知识目标】

- 了解统计整理的含义、内容及步骤
- 掌握统计分组的基本理论和方法
- 理解分配数列的特性
- 掌握分配数列的编制方法
- 了解统计表与统计图的基本类型与应用

【技能目标】

- 结合具体的统计工作设计统计整理表格,进行数据分组,编制分配数列
- 能利用统计软件绘制合适的图表

【引导案例】

房地产市场需求与消费行为调研

某房地产企业市场调研部做一项房地产市场需求和消费行为调查，调查内容包括：①消费者对某类房地产的总需求量及其饱和点、房地产市场需求发展趋势；②房地产市场需求影响因素调查，如国家关于国民经济结构和房地产产业结构的调整和变化，消费者的构成、分布及消费需求的层次状况，消费者现实需求和潜在需求的情况，消费者的收入变化及其购买能力与投向；③需求动机调查，如消费者的购买意向、影响消费者购买动机的因素、消费者购买动机的类型等；④购买行为调查，如不同消费者的不同购买行为、消费者的购买模式、影响消费者购买行为的社会因素及心理因素等。市场分析人员根据调查内容，设计各种整理表格，利用统计软件对调查到的原始数据进行分组整理，获得房地产的需求情况的变化趋势，消费者收入情况、购买能力、主要影响因素的分布等得到相应的表格及各种图，为房地产企业的相关策略的制定提供有力的支撑。

如何进行统计整理，该阶段工作主要完成什么任务？进行数据整理时可以利用什么统计方法？如何编制统计数据表，如何绘制统计图，揭示经济现象的规律，为进一步的数据分析提供支持？通过本章的学习，可以帮助我们完成现实经济生活中的统计数据的整理工作。

经济生活中，通过开展大量的调查活动获取研究所需要的原始信息，无论是设计调查问卷发放到顾客进行填写再回收，还是通过打电话给顾客进行电话调查，获取的资料都是个体的资料，而且数据还可能存在错误，这样的资料是不能直接反映所研究现象的总体特征与规律的。为了揭示总体的特征及对总体进行概括性说明，让人们认识事物的发展规律，就需要通过统计整理对调查得到的大量数据进行整理。

3.1 统计整理的意义和内容

3.1.1 统计整理的意义

统计整理指根据统计研究的任务和要求，对统计调查所取得的原始资料进行科学的分类、汇总或对已整理过的资料进行再加工，使之系统化、条理化，以得出反映现象总体特征的综合资料的工作过程。

通过统计调查搜集数据，这种数据资料是表面的、无序的、杂乱的、无规律的，仅仅反映了总体单位的具体情况和事物的表面现象，不能深刻说明事物的本质，难以揭示出事物的内在发展规律。因此，必须对这些资料进行科学的加工整理，以便概括说明总体的特征和认识其内在规律性。

统计整理是统计工作中不可或缺的重要环节，具有承前启后的作用。统计整理不单是一个简单的汇总工作，它既是统计调查的继续，也是统计分析的前提。如果没有统计整理，即使统计调查所得的资料再丰富、再完善，其作用也发挥不出来，统计工作也就无法进行下去。统计调查在统计研究中具有十分重要的意义，统计调查所搜集到的大量资料，只有通过科学的整理加工，形成反映总体特征的综合资料，才能为下一步的统计分析工作做好准备。统计整理的结果是否如实反映客观情况，决定了统计资料的价值，进而影响到统计分析的准确性与真实性。

3.1.2 统计整理的内容

统计整理工作是一项细致的、科学性非常强的工作，统计整理的主要内容包括以下 5 个方面。

1. 拟订整理纲要

在进行统计整理之前，根据统计整理的目的，确定需要整理的内容、统计资料的分组，以及整理中所涉及指标和指标体系。因此，统计整理的首要工作就是拟订整理纲要。整理纲要主要是一整套把指标体系和分组列在上面的整理表格，另外还编制说明。整理纲要是保证统计整理工作有计划、有步骤、有组织进行的前提。

2. 审核原始资料

在统计调查的过程中，可能由于某种或某些原因出现一些差错是在所难免的。因此，为了确保统计资料准确无误及符合统计研究目的的要求，必须对统计调查所获得的原始资料进行严格的审核，发现问题及时纠正。对调查资料的审核是统计整理中的一个重要的环节。对资料的审核主要包括资料的准确性、及时性和完整性 3 个方面的内容。

1）准确性

审核资料的准确性就是检查所填报的资料是否准确可靠。主要从两个方面进行：第一，逻辑检查，主要从理论上或常识上检查资料的内容是否有悖常理、有无不切实际或不符合逻辑的地方及各项目之间有无相互矛盾的地方；第二，计算检查，主要检查填报单位有无遗漏、调查表项目是否填齐、所填内容和表格规定是否一致、计量单位与法定单位是否一致，以及各项数字之间的关系是否正确等。

2）及时性

资料的及时性审核主要检查资料是否符合调查规定的时间，以及是否按规定时间报出。

3）完整性

资料的完整性审核主要检查调查单位是否包括了所有单位的表格和份数、调查项目是否完整等。

3. 进行分组汇总

分组汇总就是用一定的组织形式和方法对经过审核的资料进行分组、汇总和计算。这是整个统计工作的核心。根据研究目和统计分析的需要，选择整理的标志，并进行划类分组。统计分组是统计整理的重要内容和统计分析的基础，只有正确的分组才能整理出有科学价值的综合指标，并借助这些指标来揭示现象的本质与规律。

4. 编制统计表图

根据统计分析的要求或社会经济现象之间的联系，对整理好的资料编制成统计表或绘制成统计图，以简明扼要地反映社会经济现象之间的数量特征。这是因为统计图表对数据资料的表现非常直观、清晰。统计图表是一种非常好的统计数据的显示手段。

5. 资料保管与积累

统计研究中经常要用动态分析，这就需要有长期累积的历史资料，而根据积累资料的要求，对已有的统计资料进行筛选，以及按历史的口径对现有的统计资料重新调整、分类和汇总等，都必须通过统计整理工作来完成。

3.2 统计分组

3.2.1 统计分组的意义

统计分组就是根据统计研究的需要和总体的内在特征,将总体按照一定的标志划分为若干个组成部分的一种统计方法。统计分组的目的就是把性质相同的总体单位归为一组,不同性质的总体单位区分形成不同的组,保持组内资料的一致性和组间资料的差异性。社会现象是复杂的,现象之间既有某种共同的性质,同时在某些方面也存在差异,通过统计分组,揭示现象各部分之间存在的差异,从而结合统计分析认识事物的规律。例如,企业按资产规模划分为大型企业、中型企业和小型企业;我国将国民经济产业结构划分为第一产业、第二产业和第三产业;企业消费者调查中按照收入区间进行分组、按照性别进行分组等。

理解统计分组应从两个方面进行:一方面,对总体而言"分",即将总体按某个标志划分为若干个性质相异的组成部分;另一方面,对总体单位而言"合",即将具有某种相同性质的总体单位归在同一组。

【特别提示】

统计分组是统计整理的关键,只有对总体进行科学的分组,才能对统计资料进行进一步的科学的整理和分析以得到有价值的结论。因此,从某种意义上讲,统计分组是进行科学的资料整理和统计分析的基础,分组的好坏直接关系到整个统计工作的成败。

3.2.2 统计分组的作用

统计分组是统计研究中应用的基本方法之一,贯穿于统计研究的整个过程,在统计研究占有非常重要的地位。统计分组的作用主要体现在以下 3 个方面。

1. 划分社会经济现象的类型

社会经济现象千差万别,存在着复杂多样的类型,而且各种不同的类型具有不同的特点及不同的发展规律,要了解各种社会经济现象的性质、特点、相互关系及变化规律,必须运用统计分组将社会经济现象总体划分为性质不同的类型,以便揭示不同社会经济现象的质的差异。划分现象的类型是统计分组的主要作用。

【例 3-1】 我国城镇居民家庭平均每人消费性支出构成见表 3-1。

表 3-1 我国城镇居民家庭平均每人消费性支出构成

消费性支出类别	2009 年	2010 年
食品	36.52%	35.67%
服装	10.47%	10.72%
居住	10.02%	9.89%
家庭设备用品及服务	6.42%	6.74%
医疗保健	6.98%	6.47%
交通和通信	13.72%	14.73%
教育文化娱乐服务	12.01%	12.08%
其他商品和服务	3.87%	3.71%

我国居民家庭收入消费性支出按商品类别将全部消费品分为八大类，通过这种分类，可以反映我国居民消费性支出中不同类别的商品所占的地位和作用，也为进一步研究我国居民消费品支出的结构与变动提供了科学依据。其中食品消费支出占总支出的比重称为恩格尔系数，该系数作为评判居民消费水平的一项主要指标。

【知识拓展】

恩格尔系数是根据恩格尔定律而得出的比例数，是表示生活水平高低的一个指标。19世纪中期，德国统计学家和经济学家恩格尔对比时不同收入的家庭消费情况进行了调查，研究了收入增加对消费需求支出构成的影响，提出了带有规律性的原理，由此被命名为恩格尔定律。其主要内容是指一个家庭收入越少，用于购买生存性的食物的支出在家庭收入中所占的比重就越大。对一个国家而言，一个国家越穷，每个国民的平均支出中，用来购买食物的费用所占比例就越大。恩格尔系数则由食物支出金额在总支出金额中所占的比重来最后决定。其计算公式如下：

$$恩格尔系数 = 食物支出金额/总支出金额 \times 100\%$$

联合国根据恩格尔系数的大小，对世界各国的生活水平有一个划分标准，即一个国家平均家庭恩格尔系数大于60%为贫穷；介于50%～60%为温饱；介于40%～50%为小康；介于30%～40%属于相对富裕；介于20%～30%为富足；20%以下为极其富裕。2011年我国城镇居民家庭恩格尔系数为36.3%。

2．反映现象总体的内部结构

社会现象包含大量的单位，它们在性质上不尽相同，而且在各种类型总体中的比重也不同，比重不同则所处的地位不同，对总体的影响程度也不同，不同的类型分布决定了不同的总体性质。在总体中将社会经济现象总体经过统计分组后划分为不同性质的组成部分，计算总体内部各组成部分占总体的比重，分析总体各部分的性质、结构和比例关系。另外，还可以将总体内部结构分组资料按时间的发展进行对比分析，从而认识现象发展变化的规律。从数量上反映总体的内部结构是统计研究的重要任务。

【例3-2】 2001—2010年我国国内生产总值构成见表3-2。

表3-2　2001—2010年我国国内生产总值构成

年　份	国内生产总值	第一产业	第二产业	第三产业
2001	100.0%	14.4%	45.1%	40.5%
2002	100.0%	13.7%	44.8%	41.5%
2003	100.0%	12.8%	46.0%	41.2%
2004	100.0%	13.4%	46.2%	40.4%
2005	100.0%	12.1%	47.4%	40.5%
2006	100.0%	11.1%	48.0%	40.9%
2007	100.0%	10.8%	47.3%	41.9%
2008	100.0%	10.7%	47.5%	41.8%
2009	100.0%	10.3%	46.3%	43.4%
2010	100.0%	10.1%	46.8%	43.1%

从表中可以看出，2001—2010年我国国内生产总值构成中，第一产业所占比重逐步下降，第二产业略有上升，第三产业也在上升。

3．分析现象之间的依存关系

社会经济现象不是彼此孤立的，总是存在广泛的相互联系、相互依存和相互制约的关系。

现象之间联系的密切程度各有不同,关系比较密切的联系就是现象之间的依存关系。利用统计分组,可以分析和研究现象之间的这种关系及其在数量上的表现。例如,国民收入与居民储蓄额之间、市场商品价格与其需求量之间、企业销售额和流通费用率之间、家庭的工资收入与生活费支出之间、工人技术级别与产品质量之间、工人劳动生产率与产品成本之间等,都在一定程度上存在相互依存的关系。

【例3-3】 2001—2010年国民总收入与城乡居民储蓄存款余额关系表见表3-3。

表3-3 2001—2010年国民总收入与城乡居民储蓄存款余额表　　　　单位:亿元

年份	国民总收入	城乡居民人民币储蓄存款年底余额
2001	108 068.2	73 762.4
2002	119 095.7	86 910.7
2003	135 174.0	103 617.7
2004	159 586.8	119 555.4
2005	183 618.5	141 051.0
2006	215 883.9	161 587.3
2007	266 411.0	172 534.2
2008	315 274.7	217 885.4
2009	341 401.5	260 771.7
2010	403 260.0	303 302.5

从表中可以看出,国民收入与居民储蓄存款额之间存在正的依存关系。

3.2.3 统计分组的种类

统计分组按照不同的划分标准可分为不同的种类,具体分类见表3-4。

表3-4 统计分组的种类

标准	类别	说明
按分组的作用或目的不同分类	类型分组	将复杂的现象总体划分为若干个不同性质的部分。企业按生产规模可分为大型、中型和小型等;企业按照经济类型可分为全民所有制企业、集体所有制企业、联营企业、三资企业、私营企业及其他企业等;货运按运输方式可分为铁路运输、公路运输、水陆运输、航空运输与管道运输等
	结构分组	在结构分组对总体分组的基础上计算出各组对总体的比重,以此来研究总体各部分的结构。一般情况下,类型分组和结构分组总是紧密联系在一起,如按商品类型计算各种商品所占比重
	分析分组	为研究现象之间依存关系而进行的统计分组,如消费与储蓄之间的关系
按分组标志的多少及其排列形式分类	简单分组	也称单一分组,就是对总体只按一个标志进行分组
	复合分组	复合分组就是对所研究的总体按两个或两个以上的标志进行的多层次分组,即在按某一标志分组的基础上再按另一标志进一步分组。例如,企业按经济类型分组后再按规模进行分组,人口按性别分组后再按年龄分组,我国网民按照受教育程度分组再按照性别分组(见例3-4)
	分组体系	分组体系就是采用一系列相互联系、相互补充的并列标志对被研究对象总体进行的分组。为获得对复杂现象全面的认识,就应采用分组体系对某一经济现象从不同角度、不同方面进行观察和分析研究。例如,研究我国网民状况时,可以按性别、受教育程度、个人月收入、职业、行业等多种标志形成分组体系(见例3-5)

续表

标准	类别	说明
按分组标志的性质分类	品质分组	按品质标志进行的分组，即按事物的某种属性分组。品质标志分组可以反映总体内部的性质差异，如消费者调查中按照行业、性别等进行分组
	数量分组	按数量标志进行的分组。数量标志分组可以反映现象总体数量上的差异。例如，消费者调查中按年龄分组、企业按资产总额进行规模分组、房地产调查中按照购买者的家庭月收入分组等

【例3-4】 我国网民按照受教育程度可分为小学及以下、初中、高中、大专、大学本科及以上，在按受教育程度分组的基础上再按性别分组的复合分组情况见表3-5。

表3-5 我国网民不同受教育程度下性别构成复合分组表

受教育程度	性别
小学及以下	男
	女
初中	男
	女
高中	男
	女
大专	男
	女
本科及以上	男
	女

利用复合分组的方式，可以从同一现象的层层分组和分组标志的联系中更深入地反映总体的内部结构，更细致全面地分析问题。当采用简单分组不能充分说明现象受两个或两个以上因素共同影响时，采用复合分组能更清晰地反映现象的结构。

【特别提示】

复合分组的组数会随着分组标志的增加而成倍增加，使每组包括的单位数相应减少，因此，分组标志的数量的选择必须适量，而且总体包括的单位数较多，否则就会影响统计分析结果。究竟采用几个分组标志进行复合分组，要根据统计研究的目的和任务来决定。

【例3-5】 研究我国网民状况时，可以按性别、受教育程度、个人月收入、职业、行业等多种标志进行分组，见表3-6，这些标志互相联系、互相补充，充分说明了我国网民的构成状况。

表3-6 我国网民基本情况表

受教育程度					性别		收入	职业	行业
小学及以下	初中	高中	大专	本科及以上	男	女	…	…	…

【特别提示】

复合分组与分组体系的区别是，复合分组的多个分组指标之间是有先后顺序的，在一个分组标志分组的基础上进行下一个分组；而分组体系之间的指标之间没有严格的次序。

3.2.4 统计分组的原则

统计分组必须遵循一定的原则,主要包括以下几点。

(1) 组内同质性与组间差异性。同一组的各总体单位具有相同性质,而组与组之间的性质却有所区别,这是统计分组的基本原则。

(2) 穷举性。总体中任一总体单位都有所归属,即每一总体单位都能归于某一组,无一遗漏。

(3) 互斥性。总体内的任一总体单位都只能归属于某一组,而不能同时归属两个或两个以上的组。

3.2.5 分组标志选择

统计整理的关键在于统计分组,统计分组的关键在于正确选择分组标志。

分组标志是统计分组的依据或标准。构成总体的标志有许多,分组标志的选择将直接影响统计分组的科学性和统计资料整理的准确性,同时也会影响统计分析结论的正确性与真实性。因此,正确选择分组标志必须遵循以下几条原则。

1. 应根据研究的目的与任务选择分组标志

统计研究的目的是统计分组标志选择的依据。统计分组是为统计研究服务的,统计研究的目的不同,对分组的要求也不同,选择的分组标志也应有所不同。例如,要分析我国消费者的购买能力,则需要选择收入作为分组标志;若要分析消费者的年龄结构,则需要选择年龄作为分组标志;若要分析消费者的所在行业的结构分布,就要选择行业作为分组标志。

2. 选择最能体现本质特征的标志作为分组标志

研究某一问题可能会有许多个标志,但在这些指标中有些标志是主要标志,有些标志是次要标志。主要标志能反映现象的本质。因此,在统计分组时,从统计研究的目的和任务出发,选择最能体现事物本质特征的主要标志作为分组标志。例如,研究企业的经济效益时,可供选择的分组标志有总产值、净产值、销售收入、利税额、单位产品成本等,而其中最能体现企业经济效益好坏的标志是利税额,故应选择这一标志作为分组标志。

3. 结合现象发展的具体历史条件和经济条件选择分组标志

社会经济现象随着时间、地点、条件的变化而不断变化,反映现象本质特征的主要标志也会因时、因地而不同。以前能较好体现现象本质特征的分组标志在现在的情况下可能已不再适用。在同一历史条件下,在一种经济条件下适用的分组标志在另一种经济条件下不再适用。因此,选择分组标志时,必须结合发展的历史条件及经济条件,具体情况具体分析,正确选择分组标志。不同的历史条件下,分组标志也不同。例如,研究工业企业的生产能力,在机械化程度低下的情况下,应选择职工人数作为主要分组标志;在机械化程度高的情况下,应选择固定资产作为主要分组标志。不同的经济条件,分组标志也不同。例如,研究企业规模,对于劳动密集型企业,应选择职工人数作为主要分组标志;对于资金密集型或技术密集型的企业,则应选择固定资产价值或技术拥有量作为分组标志。

3.2.6 统计分组的方法

按分组标志的性质不同,统计分组可分为品质标志分组和数量标志分组,这种分组类型是最重要的统计分组类型。这两种分组的具体处理方法不同，统计分组方法主要是围绕这两种分组进行阐述的。

1. 品质标志分组的方法

品质标志分组是指选择反映事物属性差异的品质标志作为分组标志后，根据其变异范围划定各组界限，将总体划分为若干个形式不同的组成部分。

按品质标志分组时，其组数的确定主要取决于两个因素——事物的特点与统计研究的任务。事物本身所具有的既定的属性，是确定组数的基本依据。有些情况比较简单，分组标志一经确定，组与组的界限就十分清晰。例如，人口按性别分组就只能为分男、女两组；工程方面的技术人员按照职称可以划分为助理工程师、工程师、高级工程师、教授级高级工程师四组。但在有些情况下，品质标志分组比较复杂，组与组之间界限不易划分，组数可多可少的情况，就需要根据统计研究的目的和要求来确定组数。例如，就业人员按行业进行分组，组数可多可少，究竟分为几组合适，只能根据统计研究的目的和要求来确定了。要求详细时，组数可多些；要求粗略时，组数则可少些。

【特别提示】

在统计实践工作中，常常需要对所研究的现象进行复杂的品质分组。对于比较复杂的品质标志分组，为了避免认知不同而造成的混乱，保证分组的同一性和可比性，国家统计部门制定了统一的分类目录和标准，作为分组的标准和依据，如《工业部门分类目录》、《商业部门统一商品目录》、《职业分类目录》等，各地区、各部门进行统计资料整理时必须遵照执行。

【知识拓展】

为更好地反映我国三次产业的发展情况，满足国民经济核算、服务业统计及其他统计调查对行业划分的需求，国家统计局组织对《国民经济行业分类》进行了第三次修订，2011年4月，国家质量监督检验检疫总局和国家标准化委员会批准了由国家统计局修订的国家标准《国民经济行业分类》(GB/T 4754—2011)，本标准对 GB/T 4754—2002 部分大类、中类、小类的条目、名称和范围做了调整，涉及变化的行业门类有：农、林、牧、渔业；制造业；信息传输、软件和信息技术服务业；科学研究和技术服务业；居民服务、修理和其他服务业；卫生和社会工作；公共管理、社会保障和社会组织。最新标准的20个门类如下：

  A 农、林、牧、渔业
  B 采矿业
  C 制造业
  D 电力、燃气及水的生产和供应业
  E 建筑业
  F 批发和零售业
  G 交通运输、仓储和邮政业
  H 住宿和餐饮业
  I 信息传输、软件和信息技术服务业
  J 金融业
  K 房地产业
  L 租赁和商务服务业
  M 科学研究和技术服务业
  N 水利、环境和公共设施管理业

O 居民服务、修理和其他服务业
P 教育
Q 卫生和社会工作
R 文化、体育和娱乐业
S 公共管理、社会保障和社会组织
T 国际组织

（资料来源：中华人民共和国国家统计局网站）

2．数量标志分组的方法

数量标志分组是指选择反映事物数量差异的数量标志作为分组标志后，根据其变异范围划定各组界限，将总体划分为若干个性质不同的组成部分。

数量标志分组不是简单地确定各组间的数量差异，而是要通过分组体现数量变化来确定现象的不同性质和类型。因此，根据变量值的大小来准确划分性质不同的各组界限时，首先要分析总体中有多少种性质不同的组成部分，然后再确定各组成部分的数量界限。

根据总体各单位某一数量标志值的变动特征，分组的方法有两种：单项式分组和组距式分组。

1）单项式分组

单项式分组就是按每一个具体变量值对现象总体所进行的分组。

【例3-6】 某企业某车间工人看管机器的数量分组见表3-7。

表3-7 某企业某车间工人看管机器的数量分组表

按工人看管机器的数量分组	人 数
2 台	4
3 台	7
4 台	12
5 台	5
6 台	2
合 计	30

2）组距式分组

组距式分组就是按变量值的一定范围对现象总体进行的分组。将现象的总体变动范围划分为若干个区间，以每个区间作为变量值。与单项式分组不同，各组的变量值不是某一具体的数量值，而是一个区间。

【例3-7】 我国2010年年末我国人口按年龄分组见表3-8。

表3-8 我国2010年年末全国人口年龄构成

按年龄分组	人 数	比 重
0～14 岁	22 259	16.6%
15～64 岁	99 938	74.5%
65 岁及以上	11 894	8.9%
合 计	134 091	100%

（资料来源：中华人民共和国国家统计局网站）

按国际通行的标准界定，人口老龄化是指 65 岁及以上人口占总人口比重（即老龄化率）达到 7%并不断增加，而同时 14 岁及以下人口占总人口比重低于 30%并逐渐缩小的现象。根据这一标准，我国已经进入老龄化社会，了解人口老龄化的发展趋势，采取有效措施，防患和解决好由于人口老龄化所带来的各种社会问题，对于促进我国经济和社会持续、稳定、协调发展有着非常重要的意义。

【特别提示】

单项式分组一般适用于离散变量且变量值不多、变动范围有限的情况。而组距式分组一般适用于连续变量或变动范围较大的离散变量的情况。

3.3 分配数列

3.3.1 分配数列的概念

在统计分组的基础上，将总体的所有单位按组进行归类整理并按一定顺序排列，计算出各组的单位数，形成了一个反映总体中各单位在各组中的分布情况的数列，这个数列称为分配数列，又称为次数分布或次数分配。

分配数列是统计整理的一种重要形式，也是进行统计描述和统计分析的重要内容。它可以反映总体的内部结构和分布特征，并由此可以分析研究总体中某一标志的平均水平及其变动规律。

分配数列包括两个要素：总体中按某标志分的组和各组相应的次数或频率或标志值。在分配数列中，分布在各组的总体单位数称为次数，又称频数；各组次数占总体次数的比重，称为比率，又称频率。次数和频率从不同角度反映了各组标志值出现的频繁程度，说明总体单位在各组中的分布状况，是分配数列的两种表现形式。

3.3.2 分配数列的种类

根据分组标志的不同，分配数列可分为品质分配数列和变量分配数列。

1. 品质分配数列

品质分配数列简称品质数列，是按品质标志分组形成的分配数列。它主要用以反映总体单位中不同属性的单位分布情况。

【例 3-8】 我国 2010 年年末人口性别构成情况分析见表 3-9。

表 3-9 我国 2010 年年末人口性别构成表

按性别分组	人数/万人	比　　重
男	68 748	51.27%
女	65 343	48.73%
合　　计	134 091	100.00%
（各组名称）	（次数或频数）	（比率频率）

从表 3-9 中可以看出，该品质数列反映了我国 2010 年人口按性别构成的特征：男性占的比

重大于女性。只要品质标志分组正确，形成的分配数列通常都能准确地反映总体的分布特征。

2．变量分配数列

变量分配数列简称变量数列，是按数量标志分组形成的分配数列。它主要用以反映不同变量值各组的分布情况。

变量数列按其分组方法的不同，可以分为单项式变量数列和组距式变量数列。

1）单项式变量数列

单项式变量数列简称单项数列，是由单项式分组形成的变量数列，每个变量值是一个组，顺序排列，如表 3-7 所示的工人按照看管机器数量进行分组形成的分配数列。

🔍【特别提示】

一般情况下，在单项式变量数列中，有几个不重复的变量值就有几组数据。

2）组距式变量数列

组距式变量数列简称组距数列，是由组距式分组形成的变量数列。每个组由若干个变量值形成的区间表示，如表 3-8 所示的我国 2010 年年末人口按照年龄分组形成的分配数列。

🔍【特别提示】

变量分配数列是在变量分组的基础上形成的，因此变量分组的情况适用于变量分配数列，即单项式变量数列适用于变动幅度比较小、不重复变量值较小的离散变量分组的情况，而组距式变量数列适用于连续变量分组或变动幅度较大、不重复值较多的离散变量分组的情况。

3.3.3 变量数列的编制

1．变量数列次数分布表的编制

变量数列次数分布表的编制也分为单项式变量数列和组距式变量数列两种情况。

单项式变量数列次数分布表的具体编制方法：按变量值分组列于左方，然后将各变量值出现的次数列于右方，见表 3-7。

组距式变量数列次数分布表编制比较复杂，以下举例说明。

【例 3-9】 某行业管理局所属 40 个企业 2011 年的产品销售收入（单位：万元）数据资料如下。

125	135	118	142	87	103	119	115	114	105
117	108	136	117	120	108	137	107	105	110
104	95	103	100	92	127	116	152	124	129
113	146	126	97	123	115	88	138	112	119

组距式变量数列的编制方法与步骤如下。

（1）原始资料按数值大小依次排序。

将例 3-9 中的原始资料进行排序，结果如下。

87	88	92	95	97	100	103	103	104	104
105	105	107	108	108	110	112	113	114	115
115	117	117	118	119	119	120	123	124	125
126	127	129	135	136	137	138	142	146	152

（2）确定组距、组数和组限。

编制组距式变量数列必须要确定组距和组数。首先应对标志值的分布情况进行仔细观察，找出最大值与最小值并计算出它们的距离（即全距），确定大多数标量值分布在什么范围，然后确定组距和组数。组距与组数关系密切，同一现象的变量分组，组距大则组数少，组距小则组数多。确定组距与组数应遵循下列原则：尽可能反映总体单位的分布情况及总体单位的集中趋势，体现组内资料的同质性和组与组之间资料的差异性。

组距是每个组上限与下限之间的距离。组距＝上限－下限。每个组的最大值称为上限，每个组的最小值称为下限。

组距式变量数列根据组距是否相等，分为等距变量数列和异距变量数列。对于等距变量数列的编制，一般依据总体内部情况的定性分析确定组数，然后用全距除以组数来确定组距，并由此划分各组界限。设 R 为全距，K 为组数，i 为等距组，则 $i=R/K$。

在例 3-9 中最小值为 87，最大值为 152，全距＝152－87＝65，组距为 10，组数为 7。

确定组数和组距之后，还要确定组限。组限是组距两端的数值。将上、下限都齐全的组称为闭口组；将有上限缺下限或有下限缺上限的组称为开口组。开口组一般使用"以上"或"以下"来表示。组限的确定要遵循的原则：按这样的组限分组后，标志值在各组的变动能反映总体单位分布的规律性。确定组限时需注意：最小组的下限要不高于最小变量值，最大组的上限要不低于最大变量值。

组限的表示方法有两种：相邻两组的上下相同或相邻两组的上下限不同。

【特别提示】

采用组距分组时，一定要遵循"不重不漏"的原则。

所谓"不重"是指一项数据只能分在其中的某一组，不能在其他组中重复出现；"不漏"是指在所分的全部组别中每项数据都能分在其中的某一组，不能遗漏。

对于连续变量分组，相邻两组的上限与下限通常是相同的，每一组的上限同时是下一组的下限。

对于离散变量分组，相邻两组的上限与下限可以相同，也可以不相同。

例如，工业企业按职工人数分组见表 3-10。

表 3-10　离散变量分组的两种表示方法

相邻两组上限与下限相同	相邻两组上限与下限不同
<100 人	<99 人
100～300 人	100～299 人
300～500 人	300～499 人
500～1 000 人	500～999 人
>1 000 人	>1 000 人

统计数据时，当相邻两组的上下相同时，为解决"不重"的问题，统计分组时要遵循"上组限不在内"的原则，即当相邻两组的上下限重叠时，恰好等于某一组上限的变量值不算在本组内，而算在下一组内。例如，销售收入为 95 万元的企业，应该统计到 95 万元～105 万元这一组，而不是 85 万元～95 万元这一组。

🔍 【特别提示】

离散变量分组若采用同限分组,也要遵循"上组限不在内"的原则。

(3)编制组距式变量数列次数分布表。

确定了组距、组数和组限,通过统计汇总得频数和频率,编制组距式变量分布表,见表 3-11。

表 3-11　某行业所属 40 个企业 2012 年销售收入分布表

分　组	频　数	频　率
85~95	3	7.5%
95~105	6	15.0%
105~115	9	22.5%
115~125	11	27.5%
125~135	4	10.0%
135~145	5	12.5%
145~155	2	5.0%
合　计	40	100%

组距变量数列是按变量的一段区间进行分组的,这样就掩盖了各组总体单位的实际变量值。因此,为了反映每个组的个体单位变量值的一般水平,统计工作中一般采用组中值来表示。组中值是各组变量的中间数值。组中值的计算公式分为开口组与闭口组两种。

闭口组的组中值包括同限分组和异限分组两种。

同限分组组中值的计算公式为

$$组中值 = \frac{上限 + 下限}{2} \tag{3-1}$$

异限分组组中值的计算公式为

$$组中值 = \frac{本组下限 + 后一组下限}{2} \tag{3-2}$$

开口组的组中值计算公式包括缺上限的开口组和缺下限的开口组两个。

缺上限的开口组的组中值计算公式

$$组中值 = 下限 + \frac{邻组组距}{2} \tag{3-3}$$

缺下限的开口组的组中值计算公式

$$组中值 = 上限 - \frac{邻组组距}{2} \tag{3-4}$$

【例 3-10】　计算表 3-12 中各组组中值。

表 3-12　某厂工人工资水平组中值计算结果表

按月工资分组	人　数	组中值
<1 000 元	80	900 元
1 000~1 200 元	160	1 100 元

续表

按月工资分组	人　　数	组中值
1 200～1 500 元	270	1 350 元
1 500～1 800 元	240	1 650 元
1 800～2 000 元	140	1 900 元
2 000 以上	110	2 100 元
合　　计	1 000	—

第一组的组中值：$\left(1\,000-\dfrac{1\,200-1\,000}{2}\right)$元=900元。

第二组的组中值：$\left(\dfrac{1\,200+1\,000}{2}\right)$元=1 100元。

第三、四、五组的组中值计算类似与第二组的计算。

最后一组的组中值：$\left(2\,000+\dfrac{2\,000-1\,800}{2}\right)$元=2 100元。

2．变量数列次数分布图的绘制

除了可以用次数分布表来表示总体单位的分布状况外，还可以通过绘制变量数列次数分布图来直观形象地显示总体单位的分布状况和规律性。

单项式变量数列次数分布图的绘制比较简单，具体绘制方法：直接以变量值为横轴，以次数为纵轴，在坐标轴上描绘出各组变量值与相对应的次数所对应的坐标点，连接各坐标点即可得分布图。

组距式变量数列次数分布图有直方图和次数曲线图两种。而次数曲线图是在直方图的基础上绘制的。绘制组距式变量数列次数分布图时需注意等距变量数列与异距变量数列的处理的不同。

1）等距变量数列次数分布图的绘制

等距变量数列的各组单位数只受变量变化的影响，各组单位数可以直接比较，分组后直接统计整理即可绘制等距变量数列次数分布图。

【例 3-11】　利用表 3-11 的数据绘制等距变量数列次数分布图，如图 3.1 所示。

绘制等距变量数列次数分布图的具体步骤如下。

（1）以横轴代表变量值，在横轴上标出各组组限值所在位置，以纵轴代表次数并在上面标出各组次数所在位置。

（2）以组距为宽，以次数为高，绘制相对应的矩形，各组矩形组合构成总体次数分布特征的直方图。

（3）若需要绘制次数分配图，只要在直方图的基础上，连接各矩形顶边的中点（即各组的组中值与各组次数的交点），形成一条折线，并且应在直方图的左右两端假设各有一个组，将折线与两个假设组的中点连接，就形成了次数分配曲线。这时曲线所覆盖的全部面积与直方图的面积相等。

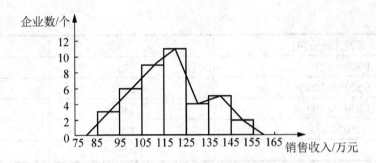

图 3.1 某行业所属 40 个企业 2011 年销售收入分布图

2）异距变量数列次数分布图的绘制

因为异距变量数列各组单位数受到组距大小不等和变量值的两种因素影响，不经过加工整理而直接绘制的图形，不能正确反映次数分布特征，所以需要通过计算次数密度将不等距的次数换算为标准的组距次数，以消除不等组距对各组次数的影响，进而准确地反映总体次数的分布特征。

次数密度也称频数密度，就是单位组距内分布的次数。其计算公式为

$$次数密度 = \frac{各组次数}{各组组距} \tag{3-5}$$

某组标准组距次数等于该组标准组距与该组次数密度的乘积。标准组距为异距变量数列中的各组组距中最小的组距。标准组距次数的计算公式为

$$某组标准组距次数 = 该组次数密度 \times 标准组距$$

绘制异距变量数列次数分布图的具体步骤与等距数列类似。

🔍 【特别提示】

编制异距变量数列次数分布图与等距数列次数分布图不同的之处在于：以纵轴代表各组标准组距次数并在上面标出各组标准组距次数所在位置；然后以组距为宽，以标准组距次数为高，绘制相对应的矩形，各组矩形组合构成直方图。

【例 3-12】 根据某厂工人工资水平绘制变量数列次数分布表，见表 3-13，并绘制次数分布曲线，如图 3.2 所示。

表 3-13 某厂工人工资水平次数分布表

按月工资分组/元	人数/人	组距	次数密度	标准组距人数/人
800～1 000	80	200	0.4	80
1 000～1 200	160	200	0.8	160
1 200～1 500	270	300	0.9	180
1 500～1 800	240	300	0.8	160
1 800～2 000	140	200	0.7	140
2 000～2 500	110	500	0.22	44
合　　计	1 000	—	—	—

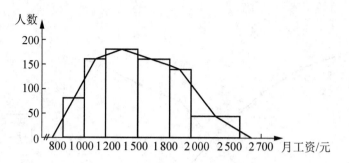

图 3.2 某厂工人工资次数分布曲线

3.3.4 累计次数分布

简单次数分布表和分布图可以观察分配数列中各组的次数及总体单位数的分布特征。但是若要获取截至某一组变量值以上或以下的分布次数或事物发展进程等情况,更详细地认识变量的分布特征,就需要编制累计次数分布。

编制累计次数分布表或绘制累计次数分布曲线都需要计算累计次数或累计频率。累计次数与累计频率分别表明总体的某一标志值在某一水平上下的总体次数与比率。

累计次数的计算方法有两种:向上累计和向下累计。

1. 向上累计

向上累计又称以下累计或较小制累计,是将各组次数和频率从变量值低的组向变量值高的组逐组累计。组距数列的向上累计的次数表明各组上限以下总共包含的总体次数和频率是多少。

2. 向下累计

向下累计也称较大制累计,是将各组次数和从变量值高的组向变量值低的组逐组累计。组距数列向下累计的次数表明各组下限以上总共包含的总体次数和比率是多少。

【例 3-13】 根据表 3-14 某行业 40 个企业 2011 年销售收入次数分布表来计算累计次数分布和绘制累计次数分布图,如图 3.3 所示。

表 3-14 某行业 40 个企业 2011 年销售收入累计次数分布表

销售收入/万元	频数	频率	向上累计		向下累计	
			频数	频率	频数	频率
85～95	3	7.5%	3	7.5%	40	100.0%
95～105	6	15.0%	9	22.5%	37	92.5%
105～115	9	22.5%	18	45.0%	31	77.5%
115～125	11	27.5%	29	72.5%	22	55.0%
125～135	4	10.0%	33	82.5%	11	27.5%
135～145	5	12.5%	38	95.0%	7	17.5%
145～155	2	5%	40	100.0%	2	5%
合 计	40	100.0	—	—	—	—

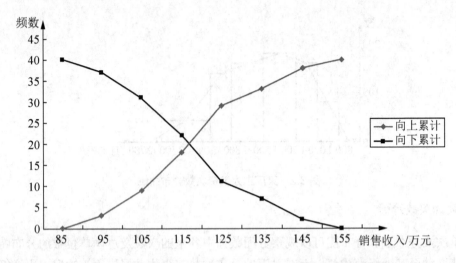

图3.3 某行业40个企业2011年销售收入累计次数分布图

累计次数的特点：同一数值的向上累计和向下累计次数之和等于总体总次数，累计比率之和等于100%或1。累计次数分布也是计算位置平均数的依据。

3.3.5 次数分布的主要类型

社会经济现象复杂多样，不同性质的社会经济现象其次数分布也不同。根据次数分布曲线形状的特点，常见的次数分布类型主要有3种：钟型分布、U型分布和J型分布。

1．钟型分布

钟型分布的特征："两头小，中间大"，即靠近中间的变量值分布的次数多，靠近两边的变量值分布的次数少。许多社会经济现象就属于钟型分布，它在社会经济统计分析中具有重要的意义。例如，居民家庭收入、居民家庭月消费支出、人的身高、职工工资、企业销售收入、学生成绩等都属于钟型分布。

钟型分布根据是否对称又分为以下两种。

（1）对称分布，又称正态分布，其分布特征是中间变量值分布的次数最多，两侧变量值分布的次数随着与中间变量值距离的增大而渐次减少，两侧减少的速度相同，致使分布曲线呈对称分布，如图3.4（a）所示。

（2）非对称分布，又称偏态分布，其分布特征是中间变量值分布的次数最多，两侧变量值的分布次数逐渐减少，但是减少的速度快慢不同，致使分布曲线向一方偏斜，呈偏斜分布。根据分布曲线的偏斜方向将偏态分布分为两种：右偏分布和左偏分布。右偏分布如图3.4（b）所示，左偏分布如图3.4（c）所示。

2．U型分布

U型分布的特征："两头大，中间小"，即靠近中间的变量值分布次数少，靠近两端的变量值分布次数多，如图3.4（d）所示。例如，人口死亡率分布就呈U型分布，幼儿和老人亡率较高，而中青年死亡率较低。

3．J型分布

J型分布的特征："一头大，一头小"，大部分变量值集中在某一端点分布。J型分布有两种类型：正J型分布和反J型分布。

（1）正 J 型分布。正 J 型分布是次数随着变量的增大而增多，如图 3.4（e）所示。例如，经济学中供给曲线和投资按利润率大小分布就是典型的正 J 型分布。

（2）反 J 型分布。反 J 型分布是次数随着变量增大而减少，如图 3.4（f）所示。例如，经济学中的需求曲线就是典型的反 J 型分布。

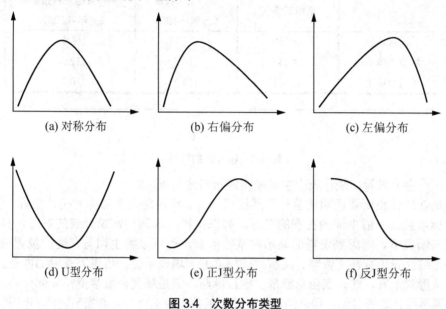

图 3.4　次数分布类型

3.4　统计图表

统计调查所获得的原始资料，经过统计整理，转化为能系统化的、科学的统计资料，这些统计资料往往通过统计表和统计图表示出来。统计表和统计图是显示统计数据的重要工具。

3.4.1　统计表

统计表是统计工作中应用极其广泛的一种显示统计数据的工具。

1. 统计表的作用

在统计工作过程中，统计调查得到的原始资料，经过汇总整理后，得出一些系统化的统计资料，将这些统计数据按一定的项目和顺序排列在表格上显示出来，这些表格就是统计表。采用统计表反映统计资料，主要有以下优点。

（1）能使统计资料条理化、系统化，清晰地表达统计数据之间的相互联系。

（2）能简洁、明了、紧凑地显示统计数据资料，使人一目了然。

（3）利用统计表便于比较各项目（指标）之间的关系，而且也便于计算。

（4）易于检查统计数据中数字的完整性和正确性。

2. 统计表的结构

统计表的结构可以从内容和形式两方面来看，如图 3.5 所示。

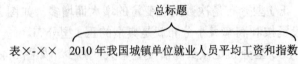

图 3.5 统计表的结构

（1）从内容上来看，统计表由主词和宾词两部分构成。

主词是就统计表所要说明的总体及其组成部分。宾词是说明总体的统计指标，包括指标名称和指标数值。一般主词列在表的左方，列在横栏；宾词列在统计表的右方，列于纵栏。但是，某些情况下，考虑到资料的显示的某些因素，也可以将主词与宾词的位置进行变换。

此外，统计表还有补充资料、注解、资料来源、填表单位、填表人等附加内容。

（2）从形式上看，统计表由总标题、横行标题、纵栏标题和数字资料 4 部分构成。

总标题是统计表的名称，用以简明扼要地概括整个表的内容，并指明时间和范围，一般位于统计表格的上方居中。横行标题也称横标目，是横行内容的名称，表示总体名称及其分组，一般列于表格左方，通常也称为主词。纵栏标题也称纵标目，是纵栏内容的名称，指用于说明总体及其分组的统计指标的名称，一般列于表格上方。横行标题和纵行标题共同说明填入表格中的统计数字所指的内容。数字资料是各项指标的具体数值，列在横行和纵栏的交叉处。

3. 统计表的分类

为了充分发挥统计表的显示统计数据的作用，可以根据不同的分类标志将统计表进行分类，见表 3-15。

表 3-15 统计表分类

标 准	类 别	说 明
按用途不同分类	调查表	在统计调查中用于登记、搜集和表现原始统计资料的表格
	整理表	在统计整理过程用于统计汇总和表现汇总结果的表格
	分析表	在统计分析中用于对汇总结果进行定量分析的表格
按总体分组情况不同分类	简单表	主词未经任何分组形成的统计表，也称为一览表。通常仅列出总体各单位的名称或按时间先后顺序简单排列的统计表。简单表多用于统计整理的初级阶段，收集调查的原始资料，见表 3-16
	分组表	主词只按某一个标志进行分组形成的统计表。它可以揭示现象不同类型的特征，反映现象的内部结构和分析现象之间的相互关系，见表 3-14
	复合表	主词按两个或两个以上的标志进行重叠式分组形成的统计表。利用复合表可以反映所研究的现象受几种因素的共同影响而发生的变化，可以更加准确把握现象变化的规律，详细地认识问题和说明问题，见表 3-18。分组标志越多，组数就会成倍增加，而且分组太细也不利于研究现象的特征。因此，复合分组的标志并不是越多越好

【例 3-14】 我国 2001—2010 年货物进出口总额见表 3-16。

表 3-16 我国 2001—2010 年货物进出口总额

年 份	进出口总额/亿元
2001	42 183.6
2002	51 378.2
2003	70 483.5
2004	95 539.1
2005	116 921.8
2006	140 974.0
2007	166 863.7
2008	179 921.5
2009	150 648.1
2010	201 722.1

4．统计表的设计

统计表设计一般是按宾词进行设计。统计表的设计分为简单设计和复合设计。

(1) 简单设计就是将所要反映的指标平行排列。简单设计通过并行分组直接说明指标的内容。

【例 3-15】 统计表的简单设计见表 3-17。

表 3-17 某公司所属各企业管理人员专业技术职称及受教育程度情况

企业	管理人员总数	专业技术职称				受教育程度					
		正高级	副高级	中级	初级	博士	硕士	大学本科	大学专科	高中	初中以下
	(1)	(2)	(3)	(4)	(5)	(6)	(7)	(8)	(9)	(10)	(11)
A 企业											
B 企业											
C 企业											
合 计											

(2) 复合设计是将各个指标结合起来进行层叠排列。

【例 3-16】 统计表的复合设计见表 3-18。

表 3-18 某公司所属各企业管理人员专业技术职称及性别构成情况

企业名称	管理人员总数	性别		专业技术职称										
		男	女	正高级			副高级			中级			初级		
				男	女	合计	男	女	合计	男	女	合计	男	女	合计
	(1)	(2)	(3)	(4)	(5)	(6)	(7)	(8)	(9)	(10)	(11)	(12)	(13)	(14)	(15)
A 企业															
B 企业															
C 企业															
合 计															

5. 统计表编制的规则

为了使统计表能更好地反映被研究对象的数量特征，便于比较分析，应遵循科学、实用、简明、美观的编制原则，在编制统计表时应注意以下编制规则。

1) 统计表表式设计规则

（1）表格样式。表的统计表应设计成由纵横交叉线条组成的长方形表格，长与宽之间保持适当的比例。统计表的上下两端的端线应当用粗线绘制，表中其他线条一律用细线绘制，表的左右两端习惯上均不画线，采用开口式。

（2）合计栏的设置。表中的横行"合计"，一般列在最后一行（或最前一行），表中纵栏的"合计"一般列在最前一栏。

（3）栏数的编号。如果栏数较多，应当按顺序为栏编号，习惯上主词栏编以"甲乙丙丁……"序号进行编号，宾词栏以"（1）（2）（3）……"序号进行编号。

2) 统计表内容设计规则

（1）标题设计。无论是总标题，还是横行、纵栏标题都应简明扼要地概括所反映的内容。总标题应标明所属时间和空间范围。

（2）标题顺序。统计表中的主词与宾词的排列应尽量反映出内容方面的逻辑关系。

（3）指标数值。表中数字应填写整齐，上下位置对齐。遇有相同数字应照写，不能用"同上"、"同左"等字样；当数字因小而忽略不计时，可填写为"0"；当缺某项数字资料时，可用符号"…"表示；不应有数字时用符号"—"表示。

（4）计量单位。指标数字应有计量单位。如果整个表的计量单位是相同的，可以把它写在表头的右方。如果表中各栏的指标数字的计量单位之间不同，应在各栏标题中注明计量单位。

（5）注解与资料来源。为保证统计资料的科学性与严肃性，在统计表下，应注明资料来源，以便考察。必要时，在统计表下加注说明。

3.4.2 统计图

1. 统计图的作用和结构

统计图也是显示统计数据的一种重要形式。统计图是借助于几何图形或具体形象来显示统计数据的。在实际统计工作中，经常需要在编制统计表的基础上绘制统计图来更加形象具体、简明生动地展示统计资料。利用统计图可以表示现象之间的对比关系，揭示总体结构及其变化发展趋势，分析现象之间的依存关系，说明现象的分布在地域上的分布特征等。

统计图由标题、图域、标目、尺度和图例5部分构成：①标题，每个图都应有标题，标题要简明确切，通常包括内容、时间和地点，其位置在图域之外，一般放在图域的下面；②图域，图域的长宽之比一般7∶5为美观，圆图除外；③标目，纵横两轴应有标目，即纵标目和横标目，并注明度量衡单位；④尺度，纵横两轴都有尺度，横轴尺度自左至右，纵轴尺度自下而上，数值一律由小而大，尺度间隔要宽松，用算术尺度时，等长的距离应代表相等的数量；⑤图例，用不同线条或颜色代表不同事物时，需用图例说明。

2. 常见的统计图的绘制

统计图的形式多种多样，本节主要介绍以下常用的3种图形。

1）条形图

条形图也称柱形图，是用宽度相同的条形的高度或长度来表示统计数据大小或多少的一种图形。条形图可以横置也可以纵置，纵置时又称柱形图，也就是说，当各类别放在纵轴时，称为条形图；当各类别放在横轴时，称为柱形图。它主要用于说明或比较同一指标在不同时间、地点、单位的变化发展情况。

【例3-17】 根据表3-19中2001—2010年我国国民总收入与国内生产总值统计数据表绘制条形图。

表3-19 2001—2010年我国国民总收入与国内生产总值

年 份	国民总收入/亿元	国内生产总值/亿元
2001	108 068.2	109 655.2
2002	119 095.7	120 332.7
2003	135 174.0	135 822.8
2004	159 586.8	159 878.3
2005	183 618.5	184 937.4
2006	215 883.9	216 314.4
2007	266 411.0	265 810.3
2008	315 274.7	314 045.4
2009	341 401.5	340 902.8
2010	403 260.0	401 202.0

图3.6反映了我国2001—2010年国民总收入与国内生产总值的变动情况。

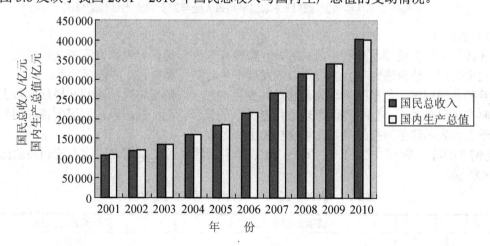

图3.6 2001—2010年我国国民总收入与国内生产总值条形图

2）圆形图

圆形图又称饼图，是用圆形和圆内扇形的面积大小来显示统计指标数值大小的一种图形。它主要用于反映总体中各组成部分所占的比例，揭示现象的内部结构及其变化。

【例 3-18】 根据表 3-20 中 2010 年我国城镇居民家庭平均每人全年消费性支出构成表绘制圆形图，如图 3.7 所示。

表 3-20 2010 年我国城镇居民家庭平均每人全年消费性支出构成表

消费性支出分类	比　重
食品	35.67%
衣着	10.72%
居住	9.89%
家庭设备用品及服务	6.74%
医疗保健	6.47%
交通和通信	14.73%
教育文化娱乐服务	12.08%
其他商品和服务	3.71%

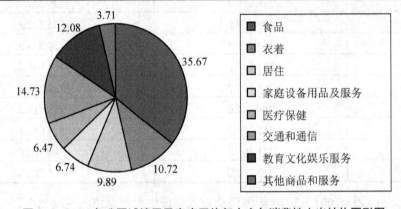

图 3.7　2010 年我国城镇居民家庭平均每人全年消费性支出结构圆形图

3）曲线图

曲线图又称折线图，是利用曲线的升、降变化来表示被研究现象发展变化趋势的一种图形。它主要用于分析研究社会经济现象的发展变化趋势及现象之间的依存关系。

绘制曲线图时，如果某一现象是随时间变化的显示，则应将时间绘制在横坐标轴上，指标绘制在纵坐标轴上；如果是两个现象依存关系的显示，则一般将表示原因的指标绘制在横坐标轴上，表示结果的指标绘制在纵坐标轴上。

【例 3-19】 根据表 3-21 中 2003—2010 年我国城乡居民家庭人均收入绘制曲线图，如图 3.8 所示。

表 3-21　2003—2010 年我国城乡居民家庭人均收入

年　份	城镇家庭收入/元	农村家庭收入/元
2003	8 472.2	2 622.2
2004	9 421.6	2 936.4
2005	10 493.0	3 254.9
2006	11 759.5	3 587.0
2007	13 785.8	4 140.4
2008	15 780.8	4 760.6
2009	17 174.7	5 153.2
2010	19 109.4	5 919.0

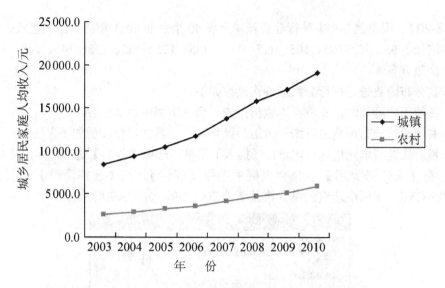

图 3.8　2003—2010 年我国城乡居民家庭人均收入曲线图

从图 3.8 可以看出，城乡居民的家庭人均收入逐年提高，而且城镇居民的家庭人均收入高于农村，而且这种差距有扩大的趋势。

3．绘制统计图的基本要求和原则

为了使统计图能准确生动地反映被研究对象的数量特征，在编制统计图时应注意以下编制规则。

（1）各种图形的适用条件不同，因此，需要根据具体研究对象选择恰当的图形来显示统计数据。

（2）图的标题要简明扼要地说明所要表达的内容。图的标题位于表的下方，字体最大。

（3）有纵横轴的图形，横轴表示研究对象，尺度要等距，自左至右由小到大。纵轴一般表示现象出现的频数或频率，从零开始等距分点，由下至上，从小到大。

（4）线条粗细有差别，图形线条最粗，坐标线条较细。

（5）在同一图形上比较多个事物时所取的尺度要相同。比较的对象不宜过多。

（6）图形上尽量不要写数字，如要说明则应该归于图注中。

3.5　Excel 在统计整理中的运用

Excel 提供了多种数据整理工具：频数分布函数、统计图、直方图分析工具等。具体通过实例操作来说明各种统计工具的应用。

3.5.1　应用频数分布函数进行分组并计算频数分布

Excel 提供了一个专门用于统计分组的频数分布函数（FREQUENCY），它以一列垂直数组返回某个区域中的数据分布，描述数据分布状态。

【例 3-20】 根据例 3-9 中某行业管理局所属 40 个企业 2011 年的产品销售收入的数据资料，对其按 85～95、95～105、105～115、115～125、125～135、135～145、145～155 分为 7 个组绘制次数分布表。

用频数分布函数进行统计分组的操作过程如下。

（1）在使用此函数时，先将样本数据排成一列，本例中为 A1：A40。

（2）利用频数分布函数进行统计分组和计算频数，具体操作步骤如下。

第一步：在选定单元格区域，单击【插入】菜单，选择【函数】选项，弹出【插入函数】对话框，在【或选择类别】下拉列表框中选择【统计】，在【选择函数】列表框中选择【FREQUENCY】。本例中选定的单元格区域为 D3：D9，如图 3.9 所示。

图 3.9 【插入函数】对话框

第二步：单击【确定】按钮，在弹出的【函数参数】对话框中输入待分组数据与分组界限，如图 3.10 所示。

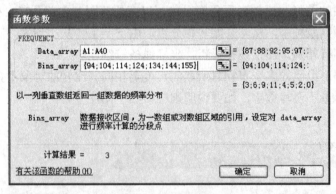

图 3.10 【函数参数】对话框

【Data_array】用于计算频率的数组，或对数组单元区域的引用。本例中为 A1：A40。

【Bins_array】数据接受区间，为一组数或对数组区间的引用，设定对【Data_array】进行频率计算的分段点。本例中为 94、104、114、124、134、144、155。

🔍【特别提示】

频数分布函数要求按组距的上限分组，不接受非数值的分组标志（如"不足××"或"××以上"等）。

在输入的数据两端必须加大括号，各数据之间用分号隔开。输入完成后，由于频数分布是数组操作，所以不能单击“确定”按钮。

第三步：按【Ctrl＋Shift＋Enter】组合键，在最初选定单元格区域内得到频数分布结果，在本例中为D3∶D9，如图3.11所示。

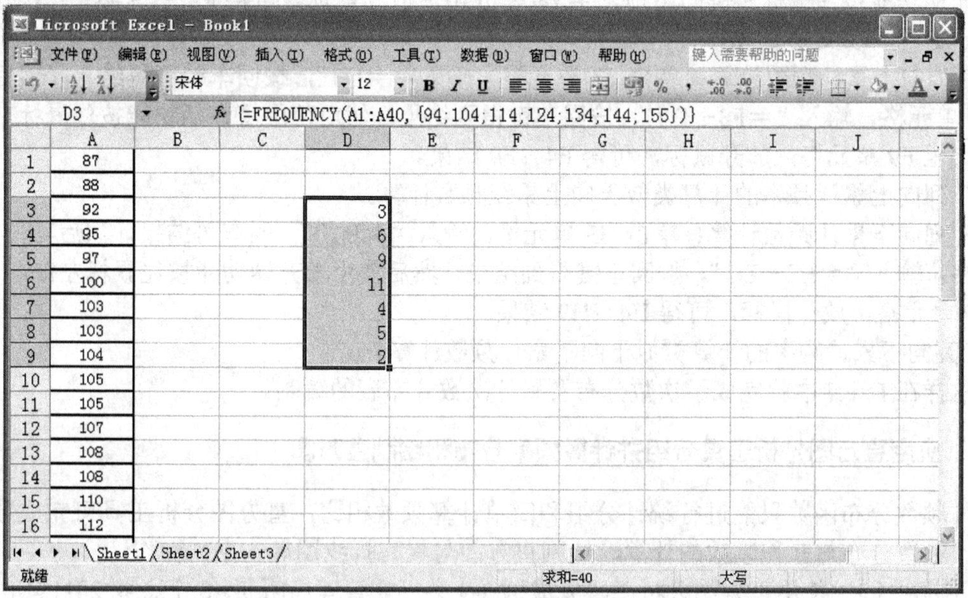

图3.11　频数分布结果

至此，频数分布函数进行统计分析的基本功能就完成了。如需绘制频数分布表，则需配合Excel的其他功能完成。

第四步：在利用频数分布函数统计分组获得频数的基础上，再利用Excel列表计算频数分布表，如图3.12所示。

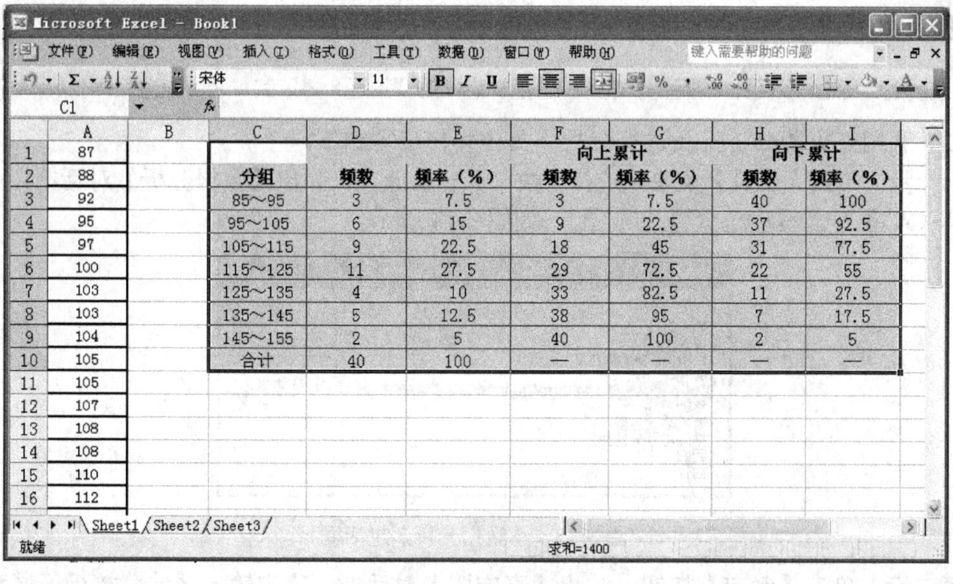

			向上累计		向下累计	
分组	频数	频率（%）	频数	频率（%）	频数	频率（%）
85～95	3	7.5	3	7.5	40	100
95～105	6	15	9	22.5	37	92.5
105～115	9	22.5	18	45	31	77.5
115～125	11	27.5	29	72.5	22	55
125～135	4	10	33	82.5	11	27.5
135～145	5	12.5	38	95	7	17.5
145～155	2	5	40	100	2	5
合计	40	100	—	—	—	—

图3.12　频数分布表

具体计算方法如下。

D 列频数之和计算：可利用 SUM 求和函数，单击 D10 单元格，输入"＝SUM（D3∶D9）"，按回车键得 D10 结果。

E 列频数计算：单击 E3 单元格，输入"＝D3＊100/40"，按回车键得 E3 结果，然后，使用填充柄功能按住鼠标左键向下拖，至 E9 单元格，放开鼠标，可得 E4～E9 结果；E 列求和类似于 D 列频数之和的做法。

F 列向上累计频数计算：单击 F3 单元格，输入"＝D3"，按回车键可得结果，然后再单击 F4 单元格，输入"＝F3＋D4"，按回车键得到结果，然后使用填充柄功能按住鼠标左键向下拖，至 F9 单元格，放开鼠标，可得 F4～F9 结果。

G 列向上累计频率的计算类似于向上累积频数计算。

H 列向下累计频数计算：单击 H3 单元格，输入"＝D10"，回车可结果，然后再单击 H4 单元格，输入"＝H3－D3"，按回车键得到结果，然后使用填充柄功能按住鼠标左键向下拖，至 H9 单元格，放开鼠标，可得 H4～H9 结果。

I 列向下累计频率的计算类似于向下累计频数计算。

这样在 Excel 中就完成了次数分布及累计次数分布表的编制。

3.5.2　应用直方图分析工具分组并计算频率分布和绘制直方图

与频数分布函数只能进行统计分组和简单计算频数相比，直方图分析工具可完成数据的分组、频数分布与累积频数的计算、绘制直方图与累积折线图等一系列操作。

【例 3-21】　使用直方图分析工具完成例 3-9 某行业管理局所属 40 个企业 2011 年的产品销售收入的数据资料，对其按 85～95、95～105、105～115、115～125、125～135、135～145、145～155 分为 7 个组并进行频数计算，以及直方图绘制。

利用直方图分析工具的统计整理功能，其操作过程如下。

（1）先将样本数据排成一列，最好对数据进行排序，本例中已利用排序操作排好序，为 A2∶A41。输入分组标志，本例中为 B2∶B8，分别是 94、104、114、124、134、144、155。

🔍【特别提示】

要求按组距的上限分组，不接受非数值的分组标志（如"不足××"或"××以上"等）。

（2）利用直方图分析工具进行分析，具体操作步骤如下。

第一步：单击【工具】菜单，选择【数据分析】选项，弹出【数据分析】对话框，在【分析工具（A）】列表框中选择【直方图】，如图 3.13 所示。

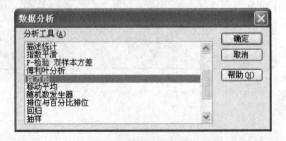

图 3.13　【数据分析】对话框

第二步：单击【确定】按钮，弹出【直方图】对话框，确定输入区域、接受区域和输入区域，如图 3.14 所示。

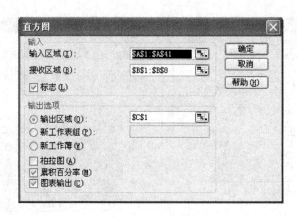

图 3.14 【直方图】对话框

在【输入区域（I）】输入待分析数据区域的单元格引用，若输入区域有标志项，则选中【标志】复选框；否则，系统自动生成数据标志。【接收区域（B）】输入接收区域的单元格引用，该框可为空，则系统自动利用输入区域中的最小值和最大值建立平均分布的区间间隔的分组。本例中输入区域为$A$1：$A$41，接收区域为$B$1：$B$8。

🔍 【特别提示】

【输出选项】中可选择输出去向，本例中为$C$1。

选中【柏拉图（A）】复选框可以在输出表中同时按降序排列频数数据；选中【累积百分率（M）】复选框可在输出表中增加一列累积百分比数值，并绘制一条百分比曲线；选中【图表输出（C）】复选框可生成一个嵌入式直方图。

第三步：单击【确定】按钮，在输出区域单元格得到频数分布，如图 3.15 所示。

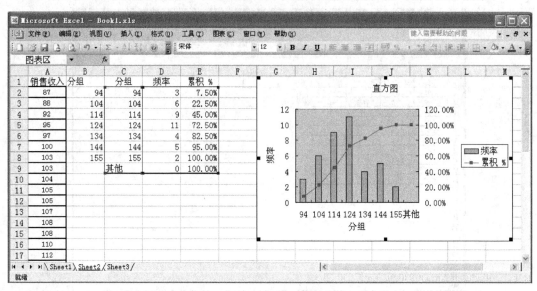

图 3.15 直方图频数分布结果

第四步：将条形图转换成标准直方图。具体做法：单击条形图的任一直条，右击，在快捷菜单中选取【数据系列格式】，然后在【数据系列格式】对话框中选择选项标签，将间距宽度改为 0，单击【确定】按钮即可，如图 3.16 所示。

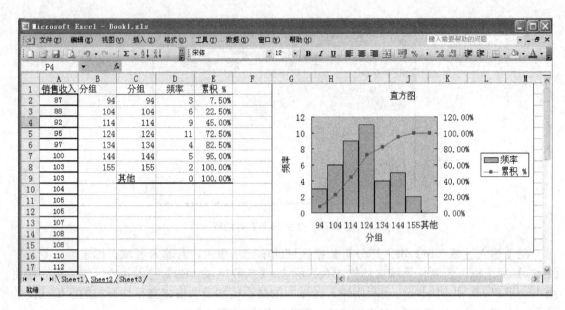

图 3.16 标准直方图

3.5.3 应用 Excel 绘制统计图

统计图在统计整理中的应用越来越广泛。Excel 提供了大量的统计图形供用户根据需要选择使用。Excel 提供的图形工具有柱形图、折线图、饼图、散点图、面积图、环形图、股价图等。利用 Excel 制作统计图的工作步骤如下(以柱形图为例,其他图形操作方法类似)。

【例 3-22】 根据我国 2001—2010 年国内生产总值构成数据制作相应的统计图。

第一步:创建工作表,即将统计资料输入到 Excel 中,如图 3.17 所示。

图 3.17 2001—2010 年国内生产总值构成数据

第二步:在绘制图形的数据工作表中选择任一单元格,然后在【插入】菜单中选择【图表】选项,或单击工具栏中的【图表向导】按钮,如图 3.18 所示。

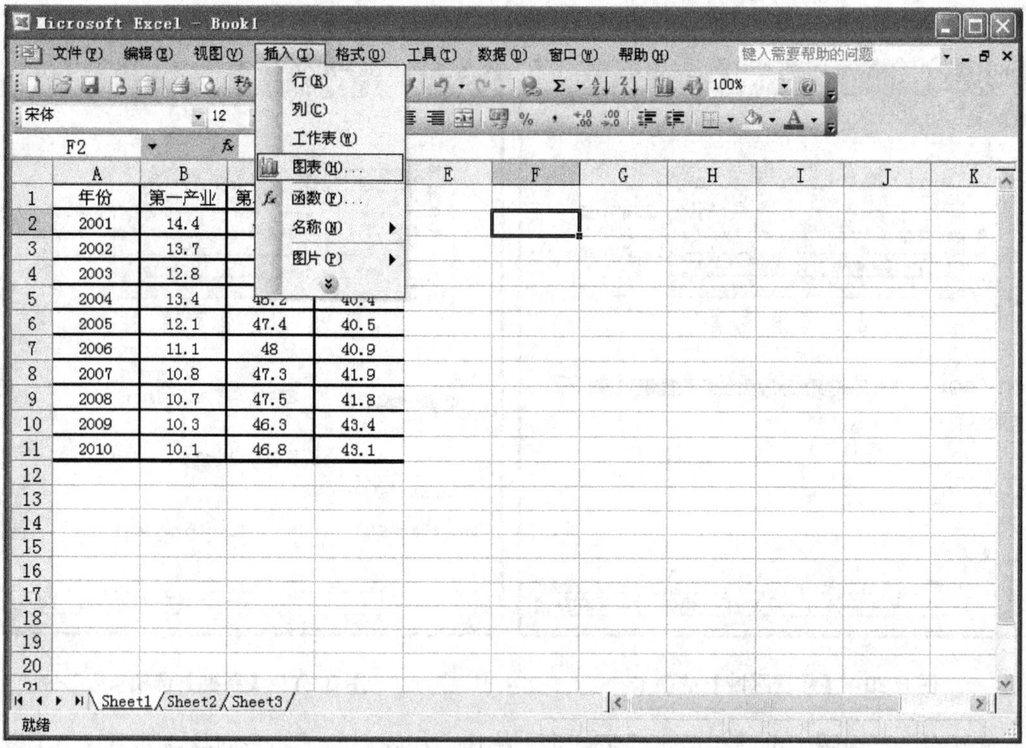

图 3.18 【图表】选项

第三步：选定图表类型。在弹出的【图表向导-4 步骤之 1-图表类型】对话框中选择所需要的图表的类型如图 3.19 所示。

图 3.19 【图表向导-4 步骤之 1-图表类型】对话框

第四步：确定数据范围。单击【下一步】按钮，在弹出的【图表向导-4 步骤之 2-图表数据源】对话框中选定数据区域和每一数据系列的名字和数值的区域，如图 3.20 和图 3.21 所示。

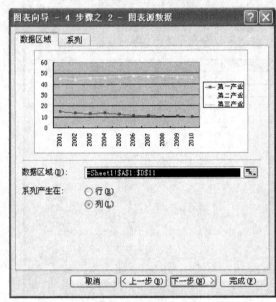 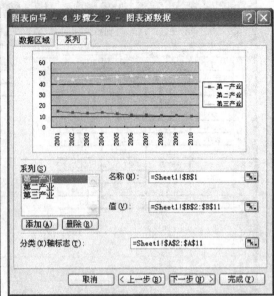

图 3.20 【数据区域】选项卡　　　　图 3.21 【系列】选项卡

第五步：选用图表选项。单击【下一步】按钮，在弹出的【图表向导-4 步骤之 3-图表选项】对话框中可给图表命名、为每一个坐标轴的赋予名称等，如图 3.22 所示。

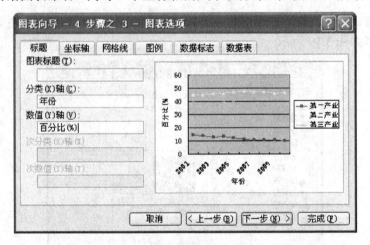

图 3.22 【图表向导-4 步骤之 2-图表选项】对话框

第六步：选择图表位置并显示结果。单击【下一步】按钮，在弹出的【图表向导-4 步骤之 4-图表位置】对话框中可为图表选择保存位置，或放在独立的工作表中，或作为一个对象放在当前工作表中。然后单击【完成】按钮。本例是作为一个对象放在工作表中，如图 3.23 所示。

其他图形的绘制步骤与柱形图的绘制步骤类似，只是在图形类型中选择不同的图形类型即可。

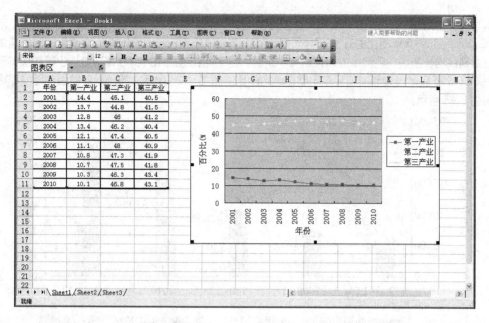

图 3.23　2001—2010 年国内生产总值构成图表

【统计实例】

网络购物增长空间和制约因素

引言：2008—2010 年，网络购物用户规模连续 3 年保持 50%左右的高速增长。2011 年，网络购物用户总规模达到 1.94 亿人，网络购物使用率提升至 37.8%，但用户年增长率降低为 20.8%，用户绝对增长量大幅回落。在网络购物逐步迈向成熟化阶段的发展过程中，对网络购物增长空间的探寻有助于我们理解今天的增长，明确未来的方向。

2009 年以来，以网络购物、网上支付、旅行预订为代表的商务类应用持续快速增长，并引领其他互联网应用发展，成为中国互联网发展的突出特点。2011 年这一态势依然延续，我国网络购物应用依然处于较快发展通道。一方面，团购作为新型商务交易类应用实现了 244.8%的用户高速增长。另一方面，在较多网络应用服务使用率下降的同时，商务类应用渗透率依然保持稳步提升态势，网络购物、网上支付、网上银行用户规模实现较快增长。这离不开国家拉动内需、刺激社会消费的大环境，更得益于购物网站发力营销、网络购物服务整体提升和网民消费需求的进一步释放。供需两旺共同推动了网络购物用户的增长。

但是，伴随着中国网民增速的放缓，中国网络购物用户增长速度和绝对增长量双双出现回落。从近 5 年网络购物用户增长对比可以发现，自 2008 年开始，我国网络购物用户数一直高位增长，2008—2010 年增长率均达到 50%左右的水平，用户年增长的绝对数量也在持续增大。2011 年，虽然网络购物渗透率仍在提升，但是网络购物用户年增长率却下滑至 20.8%，年新增用户绝对数明显下降，为 3 344 万人，与 2010 年相比减少 1 907 万。在网民网络购物使用深度增加的同时，网络购物的用户增速已有所放缓。2007.12—2011.12 我国网络购物用户数量、增长率及渗透率如图 3.24 所示。

总量减少和老网民转化乏力是网络购物用户增长放缓的主因。一方面，新网民对网络购物用户增长贡献较低，且在持续下降（2009、2010、2011 年新网民使用网络购物的比例分别为 11.4%、10.8%和 9.3%），2011 年新网民规模增量出现下降，进一步弱化了新网民对网络购物规模增长的促进作用。另一方面，2008—2010 年，政府的大力扶持和电商企业的深化经营有效地推动了老网民的网络购物行为，释放了较多的消费潜力。而新网民转化为老网民后，需要一定的周期、条件和因素才能成长为网络购物用户。由于商务类应用相对较为高端，因此网民从接触到使用的培育期更长。对比不同网龄网民使用网络购物的比例，可以看到有两个关键的走势拐点。第一个是 2~3 年，当网民网龄进入 2~3 年时，其使用网络购物的比例为 29.7%，与 1~2 年相比提升了 11.8 个百分点；第二个拐点出现在 5 年之后，渗透率达到 59.2%，与 3~5 年相比提升了 19.6 个百分点，该阶段的用户进入到网络购物使用的更快速渗透区域。在新网民增长放缓、老网民的转化水平不足时，网络购物的应用人群会遭遇增长小幅放缓的现状。2009—2011 年网民增长量和新网民使用网络购物的比例如图 3.25 所示，不同网龄网民使用网络购物的比例如图 3.26 所示。

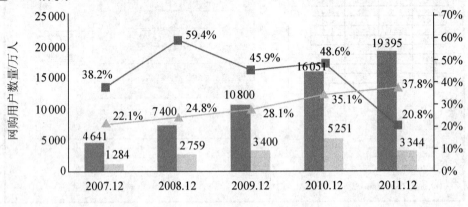

图 3.24　2007.12—2011.12 我国网络购物用户数量、增长率及渗透率

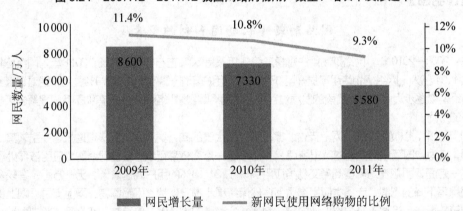

图 3.25　网民增长量和新网民使用网络购物的比例

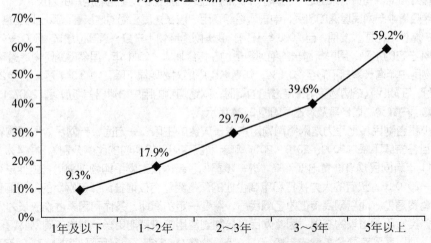

图 3.26　不同网龄网民使用网络购物的比例

我国未来网络购物用户和市场增长空间巨大。与发达国家相比，我国网络购物的渗透率较低。2010年韩国和美国网络购物用户占全国网民的比例分别为64.3%和66.0%。而截至2011年12月，中国的网络购物渗透率仅为37.8%。对比中美两国不同年龄段的用户网络购物渗透率发现，中国各个年龄段网民网络购物普及率也均低于美国相应群体20个百分点以上，尤其是中年群体差异更为突出，34～45岁、46～55岁和56～65岁的网民使用网络购物的渗透率差距分别为30.1、32.0和42.6个百分点。我国网络购物的增长还远远没有触顶，尤其是对于将成为未来网民增长重要群体的中年人群，还有较大的渗透空间。但是中国的社会经济发展水平和互联网普及现状，决定了网络购物实际的增长势必受制于诸多客观因素。中美不同年龄的网民使用网络购物的比例如图3.27所示。

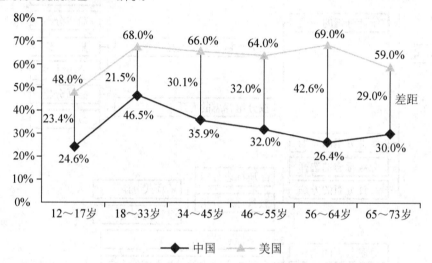

图3.27　中美不同年龄的网民使用网络购物的比例

制约网络购物用户增长的主要因素是互联网普及水平、人群消费行为模式和商品配送服务能力，即基础条件和供需两面。首先是我国互联网普及水平差异。美国各个年龄段人群互联网普及水平相对均等，而中国的互联网发展伴随着整个社会经济体系的转型，各类群体的互联网渗透差异较大，突出表现为年轻群体互联网普及水平较高，中老年互联网普及水平较低，导致不同人群从接触到接受再到使用网络购物的基础条件差异较大。其二是消费模式转变难度大。随着网络购物的渗透发展，未来网络购物潜在人群里中老年和农村网民占比会越来越大。该群体消费更加依托传统方式，加之对网络购物安全性的担忧，其消费需求转化为网络购物实际应用的阻碍较大，会对网络购物的下一步用户增长产生影响。其三是物流发展滞后导致市场供给水平不均。虽然我国电商企业的服务范围和能力大幅提升，但是长期受制于物流配送能力不足的客观条件，在城市和农村、核心城市和三四线城市之间网络购物产品的配送服务差距较大，造成地区间网络购物供给水平的差异。

从未来发展的预期看，我国互联网渗透逐步加深的势头不可逆转，网络购物供需面持续积极向好，这些都将推动网络购物在未来较长时间实现较为稳健地增长。虽然我国互联网渗透速度有所放缓，但渗透动力依然强劲，加速互联网普及水平较低的人群转化；伴随着我国居民收入和购买力的提升，网民的线上消费潜力还将持续释放；电商企业的发展势头旺盛，网络购物供给能力逐步增长，服务水平持续深化，这些都将有力地创造进一步增长的空间，推动网络购物在未来较长时间实现较为稳健的增长。

（资料来源：网易科技报道）

知识框架

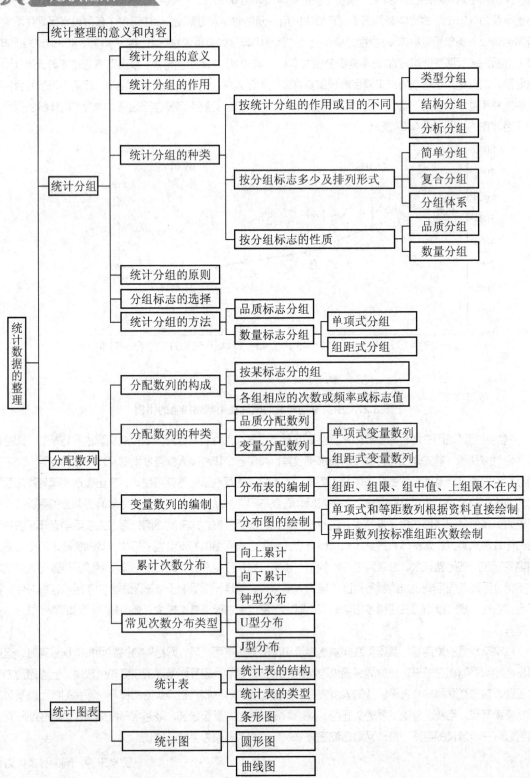

职业能力训练

一、填空题

1. 统计分组的关键是选择_____和确定_____。
2. 按分组的作用或目的不同,统计分组可划分为_____、_____和_____。
3. 分配数列由两个要素构成,一是_____,二是_____。
4. 在组距数列中,表示各组界限的变量值称为_____,下限是指_____的变量值,上限是指的_____变量值。各组上限与下限之间的中点数值称为_____。
5. 统计表从形式上看,包括_____、_____、_____和_____4个部分。从内容上看,包括_____和_____。
6. 连续变量分组,相邻两组的上限与下限通常是相同的,为了避免计算时总体单位数出现错误,统计各组单位数时遵循这一原则:将到达上限值的单位数计入下一组内,这一原则被称为_____。
7. 变量数列分为_____和_____。组距数列又可分为_____和_____。
8. 变量数列中表示各组单位数的次数又称_____,各组次数与总次数之比称为_____。
9. 离散型变量分组中,变量值变动幅度比较小应采用_____,若变量值变动幅度大则采用_____。
10. 各种不同性质的社会经济现象的次数分布的类型,根据曲线形状的特点主要有3种类型:_____、_____、_____。

二、判断题

1. 统计分组后,掩盖了各组内部的各单位的差异,而突出了各组之间单位的差异。
(   )
2. 累计次数的特点是:同一数值的向上累计和向下累计次数之和等于100%(或1)。
(   )
3. 在确定组限时,最小组的下限应不高于最小变量值。   (   )
4. 统计分组的关键问题是确定组距和组数。   (   )
5. 连续性变量只能编制组距式变量数列;离散型变量只能编制单项式变量数列。
(   )
6. 次数密度=各组次数/各组组距。   (   )
7. 离散型变量只可采用单项式分组。   (   )
8. 变量数列中的开口组不能确定组中值。   (   )
9. 组中值是根据上限和下限计算的平均值,因此,它代表了各组的平均分配次数。
(   )
10. 按品质标志形成的分配数列就是变量数列。   (   )

三、单项选择题

1. 统计整理的关键是（　　）。
   A. 审核原始资料　　　　　　　　　　B. 进行统计分组
   C. 完成资料汇总　　　　　　　　　　D. 编制统计表和统计图
2. 简单分组和复合分组的区别在于（　　）。
   A. 总体的复杂程度不同　　　　　　　B. 组数的多少不同
   C. 选择分组标志的性质不同　　　　　D. 选择分组标志的数量多少不同
3. 连续变量分组，若第一组为 100 以下，第二组为 100～150，第三组为 150～200，第四组为 200 以上，则数据（　　）。
   A. 100 在第一组　　　　　　　　　　B. 150 在第二组
   C. 200 在第三组　　　　　　　　　　D. 200 在第四组
4. 下列属于品质标志分组的是（　　）。
   A. 某工业企业工人按工龄分组　　　　B. 学生按成绩分组
   C. 某工业企业工人按技术职称分组　　D. 家庭按年收入分组
5. 某组距变量数列，其末组为开口组，下限为 500，相邻组的组中值为 480，则末组的组中值为（　　）。
   A. 520　　　　　B. 510　　　　　C. 500　　　　　D. 540
6. 次数分配数列是（　　）。
   A. 按数量标志分组形成的数列
   B. 按品质标志分组形成的数列
   C. 按统计指标分组形成的数列
   D. 按数量标志和品质标志分组形成的数列
7. 统计分组的目的是为了体现（　　）。
   A. 组内同质性、组间差异性　　　　　B. 组内同质性、组间同质性
   C. 组内差异性、组间同质性　　　　　D. 组内差异性、组间差异性
8. 企业按资产总额分组（　　）。
   A. 只能使用单项式分组　　　　　　　B. 只能使用组距式分组
   C. 可以单项式分组，也可以用组距式分组　　D. 无法分组
9. 某主管局将企业按照重、轻工业分类后，再按照企业规模分组，这种分组属于（　　）。
   A. 简单分组　　　B. 复合分组　　　C. 分析分组　　　D. 分组体系
10. 次数密度是（　　）。
    A. 单位次数的组距长度　　　　　　　B. 平均每组组内分布的次数
    C. 各组单位组距内分布次数　　　　　D. 平均每组组内分布的频率
11. 划分连续型变量的组限时，相邻两组的组限（　　）。
    A. 交叉　　　　　B. 不等　　　　　C. 间断　　　　　D. 重叠
12. 在全距一定的情况下，组距与组数之间的关系是（　　）。
    A. 成正比　　　　　　　　　　　　　B. 成反比
    C. 无关系　　　　　　　　　　　　　D. 有时正比、有时反比
13. 变量数列中各组的频率之和应为（　　）。
    A. 小于 1　　　　B. 等于 1　　　　C. 大于 1　　　　D. 不等于 1

14. 某国有企业按利润计划完成程度分组，正确的是（　　）。
    A．80%～90%，90%～99%，100%～109%，110%以上
    B．80%以下，80.1%～90%，90.1%～100%，100.1%～110%
    C．80%以下，80%～90%，90%～100%，100%～110%，110%以上
    D．85%以下，85%～95%，95%～105%，105%～115%，115%以上
15. 标准组距是指（　　）。
    A．所有组距中最小组距　　　　　　B．所有组距中最大
    C．所有组距的平均数　　　　　　　D．所有组距的中间数值

四、多项选择题

1. 统计分组的主要作用有（　　）。
    A．说明总体单位的数量特征　　　　B．反映总体内部结构
    C．研究现象之间的依存关系　　　　D．划分现象的类型
    E．反映总体的基本情况
2. 按数量标志分组形成的数列是（　　）。
    A．变量数列　　　　B．品质数列　　　　C．品质分布数列
    D．次数分布数列　　E．变量分布数列
3. 以下分组中，属于数量标志分组的有（　　）。
    A．企业按销售收入分组　　　　　　B．家庭按人口多少分组
    C．工人按产量分组　　　　　　　　D．固定资产按用途分组
    E．职工按专业技术职称分组
4. 在组距数列中，组中值是（　　）。
    A．上限和下限之间的中点数值
    B．用来代表各组标志值的平均水平
    C．在开放式分组中无法确定
    D．在开放式分组中，可以参照相邻组的组距来确定
    E．就是组平均数
5. 选择分组标志应遵循的原则有（　　）。
    A．要根据主观判断来选择分组标志
    B．选择最能体现事物本质特征的标志作为分组标志
    C．要根据研究的目的和任务选择分组标志
    D．要结合现象的历史条件和经济条件来选择分组标志
    E．根据数量标志和品质标志不同来选择分组标志
6. 编制组距数列时，组限的确定应该（　　）。
    A．最小组的下限应大于最小变量值　　B．最小组的下限应略小于最小变量值
    C．最大组的上限应小于最大变量值　　D．最大组的上限应略大于最大变量值
    E．最小组的下限和最大组的上限分别等于最小和最大变量值
7. 在次数分配数列中（　　）。
    A．总次数一定，频数和频率成反比
    B．各组的频数之和等于100

C. 各组频率大于 0，频率之和等于 1
D. 频数越小，则该组的标志值所起的作用越小
E. 频率又称为次数

8. 从形式上来看，所有的统计表都是由（　　）组成。
   A. 横行标题　　B. 纵栏标题　　C. 宾词
   D. 总标题　　　E. 数字资料

9. 统计表按总体分组的情况不同可分为（　　）。
   A. 简单表　　B. 调查表　　C. 分组表
   D. 整理表　　E. 复合表

10. 下列只能编制组距数列的有（　　）。
    A. 家庭按拥有电脑数量分组　　B. 职工按月工资额分组
    C. 商场按营业收入分组　　　　D. 学生按每周上网时间分组
    E. 人按身高分组

五、简答题

1. 统计分组具有什么作用？分组的目的是什么？
2. 为什么说统计分组的关键是分组标志的选择？
3. 单项式分组和组距式分组分别在什么情况下使用？
4. 什么是次数分布？分布数列有哪些种类？
5. 绘制次数分布图时，等距数列与异距数列有什么不同？
6. 累计次数分布有什么意义？向上累计与向下累计有什么区别？累计次数分布有什么特点？
7. 统计表由哪几个主要部分组成？制作统计表应注意哪些问题？
8. 统计图由哪几个主要部分组成？绘制统计表应注意哪些问题？

六、技能实训

1. 某地区 200 家企业的有关资料如下。

2 000 人以下的企业中全民企业 10 家，集体企业 5 家，合资企业 3 家；2 000～3 000 人的企业中全民企业 20 家，集体企业 34 家，合资企业 4 家；3 000～4 000 人的企业中全民企业 15 家，集体企业 15 家，合资企业 2 家；4 000～5 000 人的企业中全民企业 20 家，集体企业 15 家，合资企业 1 家；5 000～6 000 人的企业中全民企业 20 家，集体企业 10 家，合资企业 1 家；6 000 人以上的企业中全民企业 15 家，集体企业 10 家，合资企业 0 家。

要求：
（1）按品质标志分组编制简单分组表。
（2）按变量标志分组编制变量数列。
（3）设计复合表。

2. 某百货公司连续 40 天的商品销售额（单位：万元）如下：

41	25	29	47	38	34	30	38	43	40
46	36	45	37	37	36	45	43	33	44
35	28	46	34	30	37	44	26	38	44
42	36	37	37	49	39	42	32	36	35

要求：
（1）利用 Excel 统计整理，分为 5 组，计算频率和累积频数，绘制直方图和次数分布曲线。
（2）利用直方图工具进行数据分组，计算频数、频率，绘制直方图。

3．某班学生统计学考试成绩（分）如下：

50	78	85	66	71	63	95	52	83	93
85	82	72	78	78	55	90	95	67	80
70	72	85	90	70	76	58	89	69	77
67	80	99	89	63	78	82	88	74	61
62	81	24	76	98	86	73	83	85	81

要求：
（1）绘制次数分布表，据此分析成绩分布的特点。
（2）编制累计频数分布表，并回答 60 分以下及 80 分以上的人数。

4．从生产车间 500 名工人中随机抽取 50 名工人，50 名工人的日常量如下（单位：件）：

127	140	148	120	110	123	129	104	135	132
135	116	109	129	135	108	110	123	132	148
123	108	132	128	120	116	124	125	118	114
128	123	137	125	130	113	118	107	127	128
137	119	140	124	119	119	107	113	114	122

要求：
（1）利用频数分布函数进行统计整理，划分为 5 组，计算向上累计、向下累计次数及比率。编制次数分布表，绘制直方图。
（2）利用直方图工具进行数据分组，计算频数、频率，绘制直方图。

5．为了确定灯泡的使用寿命（小时），在一批灯泡中随机抽取 100 只进行测试，所得结果如下：

700	716	728	719	685	709	691	684	705	718	706	715	712	722	691	708	690	692	707
701	708	729	694	681	695	685	706	661	735	665	668	710	693	697	674	658	698	666
696	698	706	692	691	747	699	682	698	700	710	722	694	690	736	689	696	651	673
749	708	727	688	689	683	685	702	741	698	713	676	702	701	671	718	707	683	717
733	712	683	692	693	697	664	681	721	720	677	679	695	691	713	699	725	726	704
729	703	696	717	688														

要求：
（1）利用 Excel 将上面的数据进行适当的分组（以组距为 10 进行等距分组），编制次数分布表。
（2）绘制直方图和次数分配曲线。

6．我国最近几年的进出口贸易总额数据见表 3-22。

表 3-22　我国 2001—2010 年货物进出口总额

年　份	进出口总额/亿元
2001	42 183.6
2002	51 378.2
2003	70 483.5
2004	95 539.1
2005	116 921.8
2006	140 974.0
2007	166 863.7
2008	179 921.5
2009	150 648.1
2010	201 722.1

要求：利用 Excel 绘制条形图。

7．将第 2 章统计数据收集中技能实训中的相关题目调查获得的原始资料利用 Excel 统计分析工具进行统计整理。

第 4 章

总量指标与相对指标分析

ZONGLIANG ZHIBIAO YU XIANGDUI ZHIBIAO FENXI

【知识目标】
- 掌握总量指标的概念及作用
- 掌握相对指标的概念、计算方法及应用

【技能目标】
- 培养学生应用总量指标和相对指标分析社会经济现象、分析问题的能力
- 掌握 Excel 在总量指标与相对指标计算中的应用

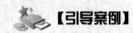

加快建设海峡西岸经济区

加快建设海峡西岸经济区,对进一步发挥福建省比较优势,促进福建省经济又快又好发展奠定了坚实基础。其经济发展特征如下。

海峡西岸经济区已逐步成为中国区域经济发展的新的增长点,形成了良好的发展态势,其经济总量从 2004 年的 10 277.58 亿元提高到 2008 年的 18 887.27 亿元,平均年增长 13.3%,经济呈快速增长趋势。2008 年,海峡西岸经济区人均地区生产总值突破 3 000 美元。

海峡西岸经济区产业结构也日趋合理,第一产业比重持续下降,第二产业比重逐步上升,第三产业比重保持稳定。海峡西岸经济区三次产业结构从 2003 年的 14.4∶46.8∶38.8 调整为 2008 年的 10.9∶51.2∶37.9,第一产业和第三产业分别下降了 3.5 和 0.9 个百分点,第二产业上升 4.4 个百分点。

分析:这篇报道中提到统计学中的总量指标、平均增长速度、平均指标、比例相对指标、百分点。例如,海峡西岸经济区经济总量从 2004 年的 10 277.58 亿元提高到 2008 年的 18 887.27 亿元,这是时期指标,平均年增长 13.3%是平均增长速度,人均地区生产总值突破 3 000 美元是平均指标,产业结构从 2003 年的 14.4∶46.8∶38.8 调整为 2008 年的 10.9∶51.2∶37.9,是比例相对指标,第一产业和第三产业分别下降了 3.5 和 0.9 个百分点,第二产业上升 4.4 个百分点是两个百分比之差。

社会经济生活中,需要利用各种各样的指标来反映社会经济现象。分析问题的时候应该使用什么类型的指标?这些指标从什么角度来说明问题?本章主要解决实际工作中关于总量指标与相对指标的应用。

4.1 总量指标分析

4.1.1 总量指标的概念与作用

1. 总量指标的概念

总量指标是统计资料经过汇总整理后得到的反映总体规模水平或工作总量的统计指标,其表现形式是具有计量单位的绝对数。例如,2004 年年末我国人口数为 130 756 万人,它表明我国人口在 2004 年年末的总规模,其总规模水平为 130 756 万人;某商场 2013 年 1 月的商品销售总额为 135 万元,它反映了该商场 1 月的销售总成果,也表明该商场的当月工作总量等。

2. 总量指标的作用

1)从总体上认识社会经济现象的起点

社会经济现象的基本情况首先表现为总量,通过总量指标,可以了解一个国家的国情、国力方面的基本情况。例如,我国土地面积 960 万平方千米,2010 年第六次全国人口普查人口数 1 339 724 852 人。这两个总量指标就说明了我国地广人多的基本国情。

2)计算其他统计指标的基础

进行经济管理,应该做到心中有数,这个"数"首先是总量指标,总量指标是计算相对指标和平均指标的基础。相对指标和平均指标一般都是由两个有联系的总量指标对比计算出来的。

3）编制社会经济发展计划、实施社会经济管理重要依据

国民经济计划的基本指标通常以总量指标制定，进行社会经济管理就需要掌握社会经济发展总量及相互关系。

4.1.2 总量指标的种类和计算

1．总量指标的种类

1）按反映的具体内容划分

按反映的具体内容划分，总量指标可分为总体单位总量和总体标志总量。

（1）总体单位总量是反映总体内总体单位数总和的总量指标，它说明总体本身规模的大小，如全国高等学校总数、全国商业系统零售商店总数等。

（2）总体标志总量指标是反映总体中各单位某一数量标志的值的总和，如全国工业总产值、某企业职工工资总额等。在一个特定总体内，只能存在一个单位总量，而可以同时并存多个标志总量，构成一个总量指标体系，如某地区各经济类型的几项经济指标，见表4-1。

表4-1 某地区各经济类型的几项经济指标

经济类型	企业数	工人数	总产值/万元	实现利税/万元
国有	150	83 700	60 987	7 650
民营	160	75 800	78 654	7 786
其他	163	77 988	99 765	6 789

注：企业数是单位总量，工人数、总产值、实现利税都是标志总量。

2）按反映的时间状况不同划分

按反映的时间状况不同划分，总量指标可分为时期指标和时点指标。

（1）时期指标是说明总体在一段时期内累计的总量指标。它反映总体在一段时间连续发生变化的过程，如一定时期的产品产量、产值，商品销售量，工资总额等。时期指标有以下基本特点。①同一性质的时期指标数值可以累计相加，即具有可加性，如一个月的总产值是一月中每天产值的总和。②时期指标数值大小与时期长短有关，即时期越长，指标数值越大，如一年总产值必然大于一个季度的总产值，一个季度的总产值必然大于一个月的总产值。③时期指标一般通过连续登记加总求得，如一个月的产量为该月每天产量加总。

（2）时点指标是表明总体在某一时刻数量状态的总量指标。例如，年末的职工人数是指年初的职工人数经过一年的变动后至年末实有的职工人数。时点指标有以下基本特点。①相加无实际意义，时点指标不具有累加性，即各时点数值相加是没有意义的。②大小与时期长短无密切关系，如年末的职工人数不一定比某一月末的职工人数多。③时点指标通过间断的登记方法求得，如月末或月初库存量。

2．总量指标的计算

总量指标的计算绝不是一个简单加总的技术问题，而是一个理论问题和实际问题。首先要注意经济现象的同类性，即不同种类的实物总量指标的数值不能加总，只有同类经济现象才能计算总量。例如，计算工业产品产量时，不能简单地将石油产量、电视机产量相加，还需明确的是指标的经济范畴，才能正确计算总量指标。最后，计量单位必须一致，即同类现象的总量指标数值其计量单位必须一致才能加总。

4.1.3 总量指标应用中注意的问题

应用总量指标应注意以下几个方面。

（1）必须对总量指标的含义、范围做出严密的科学界定，这样计算出来的总量指标才能真实反映客观现象的规模和总水平，即总量指标界限一定要明确所选总量指标的计算范围。例如，统计企业职工工资总额，应明确哪些收入应列入工资总额，以及统计的时间和空间范围等。

（2）在计算实物指标时，必须注意社会经济现象的同质性。即：同类实物总量指标才能相加。

（3）计算总量指标必须注意计量单位的统一性。

4.2 相对指标分析

4.2.1 相对指标的概念和作用

1．相对指标的概念

相对指标又称相对数，它是两个有相互联系的现象数量的比率，反映现象的发展程度、结构、强度、普遍程度或比例关系。例如，人口密度是人口数与土地面积两个绝对数之比，相对指标的特点是把两个对比的具体数值抽象化了，通过这种抽象，可以对现象之间所存在的固有关系进行深入的认识。

2．相对指标的作用

1）能具体表明社会经济现象之间的比例关系

总量指标能反映出现象的总规模、总水平，其发展速度是多少，是快还是慢，总量指标反映不出来。而相对指标可以将相关的指标联系起来分析比较，反映出问题的实质和全貌。例如，增加值率就是一定时期内增加值占总产值的比重，是反映企业经济效益的重要指标。

2）能使一些不能直接对比的事物找到共同的比较基础

例如，甲乙两个企业，甲企业生产服装，乙企业生产运动鞋，我们不能根据两企业的生产水平评价它们经营得好坏，但是通过产值计划完成程度、产值利润率等相对指标，就找到了它们共同比较的基础，就能相互比较甲乙两个企业，衡量出经营成果的优劣。

3）相对指标便于记忆，易于保密

在社会经济指标中，有些总量指标涉及国家安全，不便于公开，但可以用其发展速度、增长速度等相对指标反映其发展状况。

4.2.2 相对指标的种类和计算

相对指标由于研究目的和任务不同、对比基础不同，通常分为结构相对指标、比例相对指标、比较相对指标、强度相对指标、动态相对指标、计划完成程度相对指标。归纳起来有两类：一是同一总体内部之比，二是两个总体之间对比。

1. 同一总体内部之比的相对指标

属于同一总体内部之比的相对指标有结构相对指标、比例相对指标、动态相对指标、计划完成程度相对指标等。

1）结构相对指标

社会经济现象是一个有机联系的总体，它由许多部分组成。人们要认识总体，不仅要了解其总量，更重要的是认识其内部的组成状况，分析构成总体的各个部分占总体的比重，以揭示事物的性质及由量变到质变的过程。

结构相对指标是总体内某一部分数值与总体全部数值对比的比值。说明总体内部构成情况。一般用百分数表示，其计算公式为

$$结构相对指标 = \frac{总体中某一部分指标数值}{全部总体指标数值} \times 100\% \qquad (4-1)$$

【例 4-1】 我国 2010 年的农、林、牧、渔业总产值为 69 319.8 亿元，其中农业产值 36 941.1 亿元，林业产值 2 595.5 亿元，牧业产值 20 825.7 亿元，渔业产值 6 422.4 亿元，求结构相对指标。

农、林、牧、渔业的产值在总产值中所占的比重分别为

$$农业产值所占比重 = \frac{36\,941.1 亿元}{69\,319.8 亿元} \times 100\% = 53.29\%$$

$$林业产值所占比重 = \frac{2\,595.5 亿元}{69\,319.8 亿元} \times 100\% = 3.74\%$$

$$牧业产值所占比重 = \frac{20\,825.7 亿元}{69\,319.8 亿元} \times 100\% = 30.04\%$$

$$渔业产值所占比重 = \frac{6\,422.4 亿元}{69\,319.8 亿元} \times 100\% = 9.26\%$$

一般来说，结构相对指标主要有以下两个作用。

（1）结构相对指标可以揭示现象的结构特征，从而认识现象各部分在总体中所占的地位。例如，根据 2010 年我国人口基本情况，男性人口数占全国人口数的 51.3%，女性人口数占全国人口总数的 48.7%。这反映了人口性别构成的特点是男性人口占的比重比女性大。

（2）结构相对指标也可以反映现象发展变化的情况。例如，表 4-2 就反映了我国 2011 年年末人口构成比例的情况。

表 4-2　2011 年年末人口数及其构成

指　　标	年末数/万人	比　　重
全国总人口	134 735	100.0%
其中：城镇	69 079	51.3%
乡村	65 656	48.7%
其中：男性	69 068	51.3%
女性	65 667	48.7%
其中：0~14 岁	22 164	16.5%
15~59 岁	94 072	69.8%
60 岁及以上	18 499	13.7%
其中：65 岁及以上	12 288	9.1%

2）比例相对指标

同一总体内不同组成部分的指标数值对比的结果，表明总体内部的比例关系。其计算公式为

$$比例相对指标=\frac{总体中某一部分指标数值}{总体中另一部分指标数值} \quad (4-2)$$

【例 4-2】 某地区工业产值与农业产值的分别为 23 000 万元和 37 800 万元，计算工业产值与农业产值的比例相对指标。

$$工业产值与农业产值的比例=23\,000：77\,800=1：1.64$$

利用比例相对指标，可以分析国民经济中各种比例关系，调整不合理的比例，促进社会市场经济稳步协调发展。

🔍【特别提示】

结构相对指标与比例相对指标的区别：结构相对指标分子分母不可以互换，而比例相对指标可以互换；结构相对指标是部分与总体之比，而比例相对指标是部分与部分之比。结构相对指标与比例相对指标的联系：两者可以互相换算。

3）动态相对指标

动态相对指标是表明同类现象在不同时间上的对比关系，用来说明现象在时间上发展变化的方向和程度的综合指标。其计算公式为

$$动态相对指标=\frac{报告期指标数值}{基期指标数值} \times 100\% \quad (4-3)$$

报告期是我们研究的时期，基期是与之对比的时期。通常报告期发生的时间在后，基期发生的时间在前。

【例 4-3】 2012 年某国钢产量为 8 000 万吨，而 2008 年为 4 679 万吨，则该国钢产量动态相对指标为 $\frac{8\,000 万吨}{4\,679 万吨} \times 100\% = 170.98\%$。

说明钢产量 2012 年在 2008 年的基础上的发展水平为 170.98%，增长了 70.98%。

🔍【特别提示】

动态相对指标在时间数列分析中还要进一步展开，这里只简单介绍一下。

4）计划完成程度相对指标

计划完成程度相对指标是某一段时间内实际完成数值与计划任务数值的比率，通常用百分数表示，故也称计划完成百分比。

计划完成程度有如下特点。①分子与分母在指标含义、计算口径等方面要一致，具有可比性；②分子分母不能互换；③判断计划完成程度的好坏视指标的类型而定。

计划完成程序相对数的计算公式为

$$计划完成程度相对数=\frac{实际完成数}{计划任务数} \times 100\% \quad (4-4)$$

在实际工作中，由于计划有年度计划与长期计划（一般为 5 年）之分，计划任务数的表现形式也有绝对数、相对数、平均数之分，因此计划完成情况指标的计算也应有所不同。

（1）短期计划完成情况的计算。当计划任务数为绝对数时，实际完成数与计划任务数于同一时期且时间长度相等。直接采用公式（4-4）计算即可。

【例 4-4】 2012 年某厂产值计划 6 335 万元，实际完成数为 6 535 万元，则

$$该厂计划完成情况相对指标 = \frac{实际完成数}{计划任务数} \times 100\% = \frac{6\,535 万元}{6\,335 万元} \times 100\% = 103.2\%$$

计算结果表明，2012 年该厂产值计划完成程度为 103.2%，超额 3.2% 完成了计划。实际完成数减去计划任务数表示超额完成的绝对数，即 6 535 万元－6 335 万元＝200 万元。

当计划任务数为相对数时，实际完成数与计划任务数对比的比值是检查计划完成情况的指标，用于考核各种社会经济现象的降低率和提高率的计划完成程度。这时就需要采用公式（4-5）进行计算。

$$计划完成情况相对指标 = \frac{1 \pm 实际提高百分数}{1 \pm 计划提高百分数} \times 100\% \tag{4-5}$$

【例 4-5】 某企业某种产品的产值计划要求增长 10%，该种产品的单位成本计划要求下降 5%，而实际产值增长了 15%，实际单位成本下降 3%，则计划完成程度指标为

$$产值计划完成情况相对指标 = \frac{1+15\%}{1+10\%} \times 100\% = 104.55\%$$

$$单位成本计划完成情况相对指标 = \frac{1-3\%}{1-5\%} \times 100\% = 102.11\%$$

计算结果表明，该企业此产品产值实际比计划提高了 4.55%，超额完成计划。单位成本实际比计划提高了 2.11%，没有完成计划。

当计划任务数为平均数时，将实际的平均水平与计划平均水平直接对比，它一般适用于考核以平均水平表示的计划指标，其计算公式为

$$计划完成情况相对指标 = \frac{实际平均水平}{计划平均水平} \times 100\% \tag{4-6}$$

【例 4-6】 某企业计划要求劳动生产率达到 5 000 元/人，某种产品的计划单位成本为 100 元，该企业实际的劳动生产率达到 6 000 元/人，某种产品的实际单位成本为 80 元。它们的计划完成情况相对指标为

$$劳动生产率完成情况相对指标 = \frac{6\,000 元/人}{5\,000 元/人} \times 100\% = 120\%$$

$$单位成本计划完成情况相对指标 = \frac{80}{100} \times 100\% = 80\%$$

（2）长期计划完成情况的计算。长期计划执行情况的检查有两种方法：水平法和累计法。

第一种方法：水平法。用水平法检查计划完成程度就是根据计划末期（最后一年）实际达到的水平与计划规定的同期应达到的水平相比较，来确定全期是否完成计划。其计算公式为

$$计划完成程度相对指标 = \frac{中长期计划末期实际达到的水平}{中长期计划末年计划达到的水平} \times 100\% \tag{4-7}$$

【例 4-7】 某企业按 5 年计划规定的最后一年的产量应达到 720 万件，实际执行情况见表 4-3。

表 4-3 某企业 5 年计划实际完成情况表

年 份	第一年	第二年	第三年	第四年				第五年			
				第一季度	第二季度	第三季度	第四季度	第一季度	第二季度	第三季度	第四季度
产量/万件	300	410	530	150	160	170	170	190	190	210	210

则该企业产量 5 年计划完成程度相对指标为

$$\text{计划完成程度相对指标} = \frac{(190+190+210+210)\text{万件}}{720\text{万件}} \times 100\% = 111.11\%$$

计算结果表明,该企业超额 11.11%完成产量 5 年计划。

🔍 【特别提示】

采用水平法计算,只要有连续一年时间(可以跨年度)实际完成水平达到最后一年计划水平,就算完成了长期计划,余下的时间就是提前完成计划时间。

在本例中,该企业实际从五年计划的第四年第三季度到第五年第二季度连续一年时间的产量达到了计划期最后一年计划产量 720 万件水平,完成了 5 年计划,那么第五年下半年这半年时间就是提前完成计划的时间。

第二种方法:累计法。累计法就是整个计划期间实际完成的累计数与同期计划数相比较,来确定计划完成程度。其计算公式为

$$\text{计划完成程度相对指标} = \frac{\text{中长期计划实际累计完成量}}{\text{中长期计划计划规定累计量}} \times 100\% \qquad (4-8)$$

【例 4-8】 某地区"十一五"期间计划固定资产投资总额 150 亿元,实际各年投资情况见表 4-4。

表 4-4 某地区五年固定资产投资完成情况表

年 份	2006	2007	2008	2009	2010
固定投资实际投资额/亿元	29.4	32.6	39.1	48.9	60

则该地区"十一五"期间固定资产投资的计划完成程度相对指标为

$$\text{计划完成程度相对指标} = \frac{(29.4+32.6+39.1+48.9+60)\text{亿元}}{150\text{亿元}} \times 100\% = 140\%$$

计算结果表明,该地区超额 40%完成"十一五"期间固定资产投资计划。

本例中,前 4 年投资额已完成 5 年计划,比计划时间提前一年。

🔍 【特别提示】

采用累计法计算,只要从中长期计划开始至某一时期止,所累计完成数达到计划数,就是完成了计划。

2. 两个总体之间对比的相对指标

属于两个总体之间对比的相对指标有比较相对指标和强度相对指标。

1)比较相对指标

比较相对指标是两个同类现象在同一时间,不同空间(不同国家、不同地区、不同单位)条件下某项指标的对比结果。例如,中国人口与印度人口对比,某地区的粮食产量与另一地区粮食产量对比,两公司商品销售额对比等。其计算公式为

$$\text{比较相对指标} = \frac{\text{某一总体指标数值}}{\text{另一同类总体指标数值}} \times 100\% \qquad (4-9)$$

【例 4-9】 2009 年中国的棉花产量为 383 万吨，美国的棉花产量为 369 万吨。

$$比较相对指标 = \frac{383万吨}{369万吨} \times 100\% = 104\%$$

该结果表明中国的棉花产量是美国的 1.04 倍。

【例 4-10】 甲、乙两公司 2011 年商品销售额分别为 5.4 万元和 3.6 万元，分别计算两公司商品销售额的比较相对指标。

$$比较相对指标 = \frac{5.4万元}{3.6万元} \times 100\% = 1.5$$

该结果表明甲公司的销售额是乙公司的 1.5 倍。

【特别提示】

比较相对指标与比例相对指标的区别：就是看同类指标的分子、分母是否在同一总体，分属两个总体的同类指标对比是比较相对指标，属于同一总体的则为比例相对指标。

2）强度相对指标

强度相对指标是两个不同总体而有联系的总量指标数值对比的结果，用来表明现象的强度、密度和普遍程度（如电脑台数/学生数，汽车数/人口数，人口数/地域面积）。其计算公式为

$$强度相对指标 = \frac{某一总体指标数值}{另一有联系总体指标数值} \tag{4-10}$$

有些强度相对指标分子和分母互换位置后，就形成了强度相对指标的正指标和逆指标。反映卫生事业对居民服务的保证程度的指标"每千口人的医院床位数＝医院床位数（张）/人口数（千人）"是正指标；"每千人口的医院床位数＝人口数（千人）/医院床位数（张）"是逆指标。一般正指标越大越好，逆指标越小越好。

【例 4-11】 某地区 2011 年总人口为 1 200 万，有 60 000 个医疗机构。

$$则该地区医疗机构网点密度正指标为 \frac{60\,000个}{1\,200万人} = 50个/万人$$

$$分子、分母颠倒一下得到逆指标为 \frac{12\,000\,000人}{60\,000个} = 200人/个$$

【特别提示】

强度相对指标与其他相对指标相比，有 3 个明显的特点。

（1）强度相对指标多用复合单位表示，以对比的两个指标数值的单位作为计量单位。

（2）强度相对指标带有平均的意义，如人均国民收入、人均钢产量等，都具有这种含义。但它不同于平均指标，平均指标分子、分母具有一一对应关系，如人均粮食消费量。

（3）大多数强度相对指标分子与分母可以互换位置，形成正逆两种指标，但说明问题的意义不变。

【知识拓展】

宏观经济指标是体现经济情况的一种方式，主要指标包括国民生产总值、通货膨胀与紧缩、投资指标、消费、金融、财政指标等。宏观经济指标对于宏观经济调控起着重要的分析和参考作用。

1. 国内生产总值

国内生产总值是指一个国家在某一段时期（通常为一年）内所生产的所有最终产品和服务的价值总和。

国内生产总值是最受关注的宏观经济统计数据,是衡量一个国家经济运行规模的最重要指标。国内生产总值增速越快表明经济发展越快,增速越慢表明经济发展越慢,国内生产总值负增长表明经济陷入衰退。通常用支出法来衡量国内生产总值。所谓支出法,就是通过计算在一定时期内整个社会购买最终产品的总支出来计量国内生产总值。在现实生活中,对最终产品的需求包括 4 个部分:居民消费支出、企业投资、政府支出和净出口。

2．通货膨胀与通货紧缩

通货膨胀是指用某种价格指数衡量物价水平的持续、普遍、明显地上涨。通常用消费物价指数来反映通货膨胀水平。消费物价指数是反映一定时期内城乡居民所购买的生活消费品价格和服务项目价格变动趋势和程度的相对数,一般是用当年某一时期的价格水平跟过去一年同一时期的价格水平相比较获得的,该指数用来分析消费品的零售价格和服务价格变动对城乡居民实际生活费用支出的影响程度。通货膨胀不但影响到居民的生活,还会影响个人的投资。

通货紧缩与通货膨胀相反,是指在现行物价水平下,一般商品和劳务的供给量超过需求量,货币数量比商品和劳务少,物价水平下降。通货紧缩通常与经济衰退相伴,表现为投资机会减少,投资收益下降,信贷增长乏力,企业开工不足,消费需求减少,居民收入增加速度缓慢等迹象。

3．国际收支

国际收支是指一个国家在一定时期从国外收进的全部货币资金和向国外支付的全部货币资金之间的对比关系。收支相等称为国际收支平衡,收入大于支出称为国际收支顺差,支出大于收入称为国际收支逆差。一个国家保持国际收支平衡是一个国家经济状况稳定的表现。

4．投资指标

投资指标是指固定资产投资额,是以货币表示的建造和购置固定资产活动的工作量,它是反映一定时期内固定资产投资规模、速度、比例关系和投资方向的综合性指标。按照管理渠道,全社会固定资产投资总额分为基础建设投资、更新改造投资、房地产开发投资和其他固定资产投资 4 个部分。

5．消费指标

社会消费品零售总额。社会消费品零售总额所计量的是各种经济类型的企业销售给居民用于生活消费的商品;销售给机关、团体、部队、学校、企业和事业单位的用作非生产经营性的消费品的总和。它是研究居民生活、社会消费品购买力和货币流通等问题的重要指标。社会消费品零售总额反映国内消费支出情况,对判断国民经济现状和前景具有重要的指导作用。社会消费品零售总额提升,表明消费支出增加,经济情况较好;社会消费品零售总额下降,表明经济景气趋缓或不佳。

城乡居民储蓄存款余额。它是指某一时间点城乡居民存入银行和农村信用社的储蓄金额。

6．金融指标

金融指标包括利率、汇率、货币供应量、金融机构存贷款余额、金融资产总量等。

7．财政指标

财政指标包括财政收入和财政支出。财政收支平衡是最佳状况,所谓平衡就是收支相抵,略有节余。如果国家财政支出大于财政收入,称之为财政赤字。中央政府一般通过发行公债(国债)的方式来弥补财政赤字。

4.3 Excel 在总量指标与相对指标计算中的应用

4.3.1 应用 Excel 计算总量指标

利用 Excel 计算总量指标一般有以下两种情况。

1. 计数

利用 COUNT 或 COUNTIF 函数来实现计数。COUNT 函数用于计算指定单元格区域中包含数字，以及包含参数列表中的数字的单元格个数。COUNTIF 函数用于计算指定单元格区域中满足给定条件的单元格个数。

2. 求和

利用 SUM 或 SUMIF 来实现求和。SUM 函数用于计算指定单元格区域中所有数字之总和。SUMIF 函数用于根据指定条件对若干单元格求和。如下所示：SUMIF（RANGE，CRITERIA，SUM-RANGE）。其中，RANGE 用于条件判断的单元格区域，CRITERIA 为确定哪些单元格将被相加求和的条件，形式可以是数字，表达式或文本。SUM-RANGE 是求和的实际单元。

【例 4-12】 学生的成绩与参加社团活动次数见表 4-5，运用计数与求和函数的计算结果见表 4-6。

表 4-5　学生的成绩与参加社团活动次数

序号	A	B	C
1	学生姓名	成绩	参加社团活动/次
2	刘洋	85	5
3	张元	78	4
4	李敬	不及格	2
5	孙畅	89	7
6	李凯	75	4
7	张灵		3
8	李峰	不及格	3
9	张元樟		5
10	孙浩杰	68	4
11	方想元	92	5

表 4-6　运用计数与求和函数的计算结果

指标含义	函数语法解释	计算结果
B 列包含数字的单元格个数	COUNT（B2：B11）	6
B 列大于等于 75 的单元格个数	COUNTIF（B2：B11，">=75"）	5
B 列包含"不及格"的单元格个数	COUNTIF（B2：B11，"不及格"）	2
B 列空白单元格个数	COUNTBLANK（B2：B11）	2
B 列包含数字的单元格的总和	SUM（B2：B11）	487
B 列大于等于 75 的单元格总和	SUMIF（B2：B11，">=75"）	419
B 列成绩 75 及以上者参加社团活动总数	SUMIF（B2：B11，">=75",C2：C11`）	25
B 列成绩不及格者参加社团活动总数	SUMIF（B2：B11，"不及格",C2：C11）	5
C 列总和（参加社团活动总数）	SUM（C2：C11）	42

4.3.2 应用 Excel 计算相对指标

利用 Excel 计算相对指标，就是利用 Excel 公式，只要掌握了 Excel 的操作方法，就能比较容易地在 Excel 工作表中完成相对指标的计算。现根据表 4-7，举例说明 Excel 计算相对指标的具体操作方法。

表 4-7　我国历次人口普查情况表

序号	A	B	C	D	E	F	G
1	普查年份	总人数/万人	男性人数/万人	女性人数/万人	男性所占比重	女性所占比重	性别比（以女性人数为100）
2	1955	59 435	30 799	28 636			
3	1964	69 458	35 652	33 806			
4	1980	100 818	51 944	48 874			
5	1990	113 368	58 495	54 873			
6	2000	126 583	65 355	61 228			
7	2010	133 972	68 685	65 287			

首先根据计算指标的名称，在工作表中输入数据，然后选定输出区域，（此时该区域是空白的）并定义该区域单元格格式（如小数点保留位数），最后在单元格 E2 中输入公式 "＝C2/B2＊100"，按回车键；在单元格 F2 中输入公式 "＝D2/B2＊100"，按回车键；在单元格 G2 中输入公式 "＝C2/D2＊100"，按回车键。选定单元格 E2：G2，反色显示，用鼠标将公式向下拖动复制至第 7 行，E2：G7 反色显示，松开鼠标后即在选定区域显示出全部计算结果，见表 4-8。

表 4-8　我国历次人口普查相对指标计算结果统计表

序号	A	B	C	D	E	F	G
1	普查年份	总人数/万人	男性人数/万人	女性人数/万人	男性所占比重	女性所占比重	性别比（以女性人数为100）
2	1955	59 435	30 799	28 636	51.82%	48.18%	107.55
3	1964	69 458	35 652	33 806	51.33%	48.67%	105.46
4	1980	100 818	51 944	48 874	51.52%	48.48%	106.28
5	1990	113 368	58 495	54 873	51.60%	48.40%	106.60
6	2000	126 583	65 355	61 228	51.63%	48.37%	106.74
7	2010	133 972	68 685	65 287	51.27%	48.73%	105.20

【统计实例】

第 30 次中国互联网络发展状况统计报告——报告摘要（节选）

一、基础数据

◆ 截至 2012 年 6 月底，中国网民数量达到 5.38 亿人，互联网普及率为 39.9%。2012 年上半年网民增量为 2 450 万人，普及率提升 1.6 个百分点。

- 截至2012年6月底，我国手机网民规模达到3.88亿人，较2011年年底增加了约3 270万人。
- 截至2012年6月底，农村网民规模为1.46亿人，比2011年年底增加1 464万人。
- 2012年上半年使用台式电脑上网的网民比例为70.7%，相比2011年下半年下降了2.7个百分点，手机上网比例则增长至72.2%，超过台式电脑。
- 2012年上半年在网吧上网的网民比例继续下降，为25.8%，与2011年下半年相比下降了2.1个百分点。
- 2012年上半年，中国网民人均每周上网时长由2011年下半年的18.7小时增至19.9小时。
- 网民中，小学及以下、初中学历人群比例均有上升，其中初中学历人群涨幅较为明显，显示出互联网在该人群中渗透速度较快。
- 截至2012年6月底，我国IPv4地址数量为3.30亿，拥有IPv6地址12 499块/32。
- 截至2012年6月底，我国域名总数为873万个，其中.CN域名数为398万个，网站总数升至250万个。

二、特点与趋势

◆ 手机超越台式电脑成为中国网民第一大上网终端

中国网民实现互联网接入的方式呈现出全新格局，在2012年上半年，通过手机接入互联网的网民数量达到3.88亿，相比之下台式电脑为3.80亿，手机成为了我国网民的第一大上网终端。

◆ 手机网络视频用户增长强劲

网络视频用户规模继续稳步增长，2012年上半年通过互联网收看视频的用户增加了约2500万人。手机端视频用户的增长更为强劲，使用手机收看视频的用户超过一亿人，在手机网民中的占比由2011年年底的22.5%提升至27.7%。

◆ 微博用户进入平稳增长期，手机微博保持较快发展

截至2012年6月底，微博的渗透率已经过半，用户规模增速低至10%以下。但微博在手机端的增长幅度仍然明显，用户数量由2011年年底的1.37亿增至1.70亿，增速达到24.2%。

◆ 网络购物用户增长趋于平稳

截至2012年6月底，网络购物用户规模达到2.1亿，网民使用率提升至39.0%，较2011年年底用户增长8.2%。从2011年开始，网络购物的用户增长逐渐平稳，未来网购市场规模的发展，将不仅依托于用户规模的增长，还需要依靠消费深度不断提升来驱动。

◆ 网上银行和网上支付应用增速加快

网上银行和网上支付用户规模在2012年上半年的增速分别达到14.8%和12.3%，截至2012年6月底两者用户规模分别为1.91亿和1.87亿。手机在线支付发展速度突出，截至2012年上半年使用该服务的用户规模为4 440万人，较2011年年底增长约1 400万人。

◆ IPv6地址数大幅增长，全球排名升至第三位

截至2012年6月底，我国拥有IPv6地址数量为12 499块/32，相比上年年底增速达到33.0%，在全球的排名由2011年6月底的第15位迅速提升至第3位。由于全球IPv4地址数已于2011年2月已分配完毕，因而自2011年开始我国IPv4地址数量基本没有变化，当前IP地址的增长已转向IPv6。

（数据来源：中国互联网络发展状况统计报告，2012年7月）

知识框架

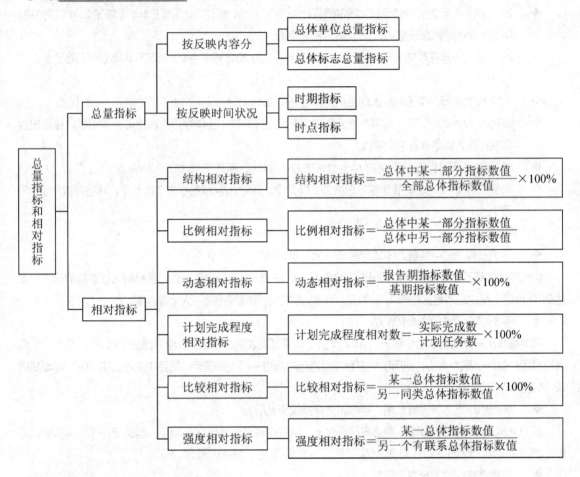

职业能力训练

一、填空题

1. 总量指标按其反映的内容不同可以分为_____和_____；按其反映的时间状况不同可以分为_____和_____；总量指标的计量单位包括_____、_____和_____3种。

2. 相对指标又称相对数，是社会经济现象中两个_____的统计指标数值的对比值。

3. 相对数的表现形式具体有两种，一种是_____，另一种是_____。

4. 某种产品单位成本计划降低4%，实际降低了5%，则成本计划完成程度为_____，除以_____等于_____。

5. 强度相对指标是两个_____而又_____的现象的总量指标对比的比值。它反映现象的_____、_____和_____。

6. 综合指标包括_____指标_____指标和_____指标。

7．年内各月月末职工人数属于_____指标，年内各月商品零售额属于_____指标。
8．两个同类指标动态对比得到的比值叫_____，两个同类指标静态对比得到的比值叫_____。
9．在人口总体中，男性人口数与女性人口数之比计算的是_____相对指标。

二、判断题

1．结构相对指标的计算方法灵活，分子和分母可以互换。　　　　　　　　（　　）
2．用总体部分数值与总体全部数值对比求得的相对指标。说明总体内部的组成状况，这个相对指标是比例相对指标。　　　　　　　　　　　　　　　　　　　　（　　）
3．国民收入中积累额与消费额之比为1∶3，这是一个比较相对指标。　　（　　）
4．总量指标是反映社会经济现象总体规模或水平的一种综合指标。　　　（　　）
5．某企业8月月末实有生产设备1 890台，是时期指标。　　　　　　　（　　）
6．比较相对指标的分子与分母是不能互换的。　　　　　　　　　　　　（　　）
7．我国平均每人占有粮食产量520千克，这是强度相对指标。　　　　　（　　）
8．反映总体内部构成特征指标只能是结构相对数，并且结构相对数的数值一定小于1。
　　　　　　　　　　　　　　　　　　　　　　　　　　　　　　　　　（　　）
9．计划完成相对数的数值大于100%，就说明完成并超额完成了计划。　（　　）
10．同一个总体，时期指标值的大小与时期长短成正比，时点指标值的大小与时点间隔成反比。　　　　　　　　　　　　　　　　　　　　　　　　　　　　　　　（　　）

三、单项选择题

1．2008年我国国内生产总值为95 533亿元，这是（　　）。
　　A．相对指标　　　　B．时点指标　　　　C．总量指标　　　　D．平均指标
2．将不同地区、部门、单位之间同类指标进行对比所得的综合指标为（　　）。
　　A．动态相对指标　　　　　　　　　　B．结构相对指标
　　C．比例相对指标　　　　　　　　　　D．比较相对指标
3．时点指标数值（　　）。
　　A．与时间间隔长短无关　　　　　　　B．通常连续登记
　　C．时间间隔越长，指标数值越大　　　D．具有可加性
4．总量指标按其反映时间状况不同，可以分为（　　）。
　　A．总体总量和标志总量　　　　　　　B．总体总量和时点指标
　　C．标志总量和时期指标　　　　　　　D．时点指标和时期指标
5．结构相对指标用来反映总体内容的（　　）。
　　A．质量关系　　　　　　　　　　　　B．密切关系
　　C．各部分占总体的比重　　　　　　　D．互为因果关系
6．某省2012年预算内工业企业亏损面积达36.7%，这是（　　）。
　　A．总量指标　　　　　　　　　　　　B．时点指标
　　C．时期指标　　　　　　　　　　　　D．相对指标

7．总量指标数值大小（　　）。
　　A．随总体范围扩大而增大　　　　　　B．随总体范围扩大而减小
　　C．随总体范围缩小而增大　　　　　　D．与总体范围大小无关
8．计算结构相对指标时，总体各部分数值与总体数值对比求得的比重之和（　　）。
　　A．小于100%　　　　　　　　　　　B．大于100%
　　C．等于100%　　　　　　　　　　　D．小于或大于100%
9．下列相对数中，属于不同时期对比的指标有（　　）。
　　A．结构相对数　　B．动态相对数　　C．比较相对数　　D．强度相对数
10．某地区2013年国内生产总值为2012年的108.8%，此指标为（　　）。
　　A．结构相对指标　　　　　　　　　　B．比较相对指标
　　C．比例相对指标　　　　　　　　　　D．动态相对指标
11．某地区有15万人口，共有25个医院,平均每个医院要服务5 000人，这个指标是（　　）。
　　A．平均指标　　　　　　　　　　　　B．强度相对指标
　　C．比例相对指标　　　　　　　　　　D．比较相对指标
12．某地区人均粮食产量500千克，是另一地区的1.5倍，这两个指标（　　）。
　　A．都是平均指标　　B．一个是强度相对指标，一个是比较相对指标
　　C．都是比较相对数　　D．一个是平均指标，一个是相对指标
13．一个企业产品销售收入计划增长8%，实际增长20%,则计划超额完成程度为（　　）。
　　A．12%　　　　B．150%　　　　C．111.11%　　　　D．11.11%
14．下列指标属于比例相对指标的是（　　）。
　　A．工人出勤率　　　　　　　　　　　C．每百元产值利税额
　　B．农轻重的比例关系　　　　　　　　D．净产值占总产值的比重

四、多项选择题

1．下列指标属于总量指标的有（　　）。
　　A．国内生产总值　　B．人均利税总额　　C．利税总额
　　D．职工人数　　　　E．固定资产原值
2．下列指标中，属于强度指标的有（　　）。
　　A．人均国内生产总值　　B．人口密度　　C．人均钢产量
　　D．每千人拥有的商业网点数　　　　　　E．人均粮食产量
3．在相对指标中，分子和分母可以相互对换的有（　　）。
　　A．比较相对指标　　　　　　　　　　B．比例相对指标
　　C．动态相对指标　　　　　　　　　　D．结构相对指标
4．下列指标中属于强度相对指标的有（　　）。
　　A．人均国民收入　　　　　　　　　　B．人口自然增长率
　　C．人口密度　　　　　　　　　　　　D．按人口计算平均每人占有粮食产量
　　E．职工出勤率
5．下列指标属于相对指标的是（　　）。
　　A．某地区平均每人生活费245元　　　　B．某地区人口出生率14.3%

C. 某地区粮食总产量 4 000 万吨 D. 某产品产量计划完成程度为 113%
E. 某地区人口自然增长率 11.5‰

6. 下列指标中,属于强度相对指标的有（   ）。
   A. 人均国民收入 B. 人口密度
   C. 商品流通费率 D. 人均粮食产量
   E. 人口自然增长率

7. 下列相对数中,属于同一时期数值对比的指标有（   ）。
   A. 结构相对数 B. 比较相对数 C. 比例相对数 D. 强度相对数

8. 常用的相对指标有（   ）。
   A. 动态相对指标 B. 结构相对指标 C. 强度相对指标
   D. 比例与比较相对指标 E. 计划完成程度相对指标

9. 计划完成情况相对数在形式上各有所异,是由于基数的表现形式不同,从而有（   ）。
   A. 计划数为绝对数形式 B. 计划数为相对数形式
   C. 计划数为平均数形式 D. 计划数为时点数形式
   E. 计划数为时期数形式

10. 总量指标和相对指标的计算和运用原则有（   ）。
    A. 可比性原则 B. 与典型事物相结合原则
    C. 相对指标和总量指标相结合原则 D. 多项指标综合运用的原则
    E. 结合经济内容原则

11. 下列指标属于动态相对指标的有（   ）。
    A. 1980—1990 年我国人口平均增长 1.50%
    B. 1991 年国民生产总值为 1979 年的 240.2%
    C. 1990 年国民生产总值中第一、第二、第三产业分别占 27.5%、45.2%、26.3%
    D. 1995 年国民收入为 1958 年的 2 466.2%
    E. 1995 年国民收入使用额中积累和消费分别 34.5%和 64.5%

12. 相对指标数值的表现形式有（   ）。
    A. 比例数 B. 无名数 C. 结构数
    D. 抽样数 E. 复名数

13. 时期指标的数值（   ）。
    A. 可以连续计量 B. 反映现象在某一时期内状况的总量
    C. 相邻两时期指标具有可加性 D. 其数值大小与时间长短相关

14. 在相对数中,分子和分母可以互换位置的有（   ）。
    A. 结构相对数 B. 比例相对数 C. 比较相对数
    D. 动态相对数 E. 强度相对数

15. 下列统计指标属于时点指标的有（   ）。
    A. 某地区人口数 B. 某地区人口死亡数
    C. 某城市在校学生数 D. 某农场每年拖拉机台数
    E. 某工厂月末在册职工人数

五、简答题

1. 结构相对指标、比例相对指标和比较相对指标有什么不同的特点？请举例说明。
2. 强度相对指标与平均指标的区别是什么？
3. 什么是总量指标？
4. 简述时点指标与时期指标的区别。
5. 计算和应用相对指标应注意什么问题？

六、技能实训

1. 某公司的 3 个企业工业总产值资料见表 4-9。

表 4-9　某公司 3 个企业工业总产值

企　业	工业总产值/万元		完成计划
	计　划	实　际	
甲	680	750	
乙			109.7%
丙	600		
合计	2 000	2 200	

要求：根据表 4-9 各指标之间的关系计算表格中所缺数字。

2. 某地区 2011—2012 年国内生产总值资料见表 4-10。

表 4-10　某地区 2011—2012 年国内生产总值

年　份 国内生产总值/亿元	2010 年	2011 年
总　值	36 450	44 470
其中：第一产业	8 157	8 679
第二产业	13 801	17 427
第三产业	14 447	18 319

要求：

（1）计算 2011 年和 2012 年第一、第二、第三产业的结构相对指标和比例相对指标。

（2）计算该地区国内生产总值，第一、第二、第三产业增加值的动态相对指标及增长百分数。

3. 某公司 2011、2012 年的产量情况见表 4-11。

表 4-11　某公司 2011、2012 年的产量

品　种	2011 年实际产量/吨	2012 年计划产量/吨	2012 年实际产量/吨
甲	35 070	36 000	42 480
乙	15 540	17 500	19 775
丙	7 448	8 350	8 016

要求：计算各产品的产量动态相对数及 2012 年计划完成相对数。

4. 某市某 5 年计划规定,计划期最末一年甲产品产量应达到 70 万吨,实际生产情况见表 4-12。

表 4-12　某市计划期实际生产情况

时间	第一年	第二年	第三年		第四年				第五年			
			上半年	下半年	第一季	第二季	第三季	第四季	第一季	第二季	第三季	第四季
产量/万吨	45	48	25	27	16	16	18	17	18	20	23	25

要求:计算该市甲产品产量 5 年计划完成程度和提前完成计划时间。

5. 分析本章实例中出现了哪些总量指标与相对指标,并指出这些总量指标与相对指标的类型。

6. 阅读经济类的报纸、杂志,理解总量指标与相对指标的应用。

第 5 章

数据分布特征描述

SHUJU FENBU TEZHENG MIAOSHU

【知识目标】

- 理解平均指标的意义与作用
- 理解平均指标的种类与注意问题
- 掌握平均指标的计算
- 理解标志变异指标的概念和作用
- 掌握标志变异指标的计算
- 明确平均指标与变异指标的区别与联系
- 理解平均指标和变异指标的基本理论和分析方法

【技能目标】

- 能正确运用平均指标、标志变异指标分析社会经济问题
- 熟练运用 Excel 进行集中趋势分析
- 熟练运用 Excel 进行离散程度分析

【引导案例】

描述统计分析在企业管理工作中的应用

在一次企业技能比赛中,某车间两个班组(均有5个工人)生产同一种产品。某月两组工人产量数量见表 5-1。

表 5-1 某月两组工人产量

工人编号	1	2	3	4	5	合计	平均
甲组工人产量/件	202	185	208	200	205	1 000	200
乙组工人产量/件	150	250	200	150	250	1 000	200

现如果只能评选一个组为先进班组,如何确定?

分析:经计算两组的平均日产量都是 200 件/人,单从计算结果无法做出评判。可结合变异指标来比较质量好坏。经计算甲组标准差为 7.97 件,乙组标准差为 44.72 件。这说明在劳动效率相同时,甲组劳动生产率的稳定性好于乙组,故应评甲组为先进班组。

在日常的社会经济活动中,需要做各种各样的决策分析,如企业进行投资,如何评价投资风险大小,如何评价企业的投资回报率的高低;企业如何评价自己在行业中的地位等需要通过分析数据,但是使用哪些指标是合适的,可以进行科学的决策分析。通过本章的系统学习,完成对经济现象总体的分布特征进行描述分析的学习。

 5.1 总体分布集中趋势的测定

5.1.1 平均指标的概念、作用及种类

1. 平均指标的概念

平均指标又称统计平均数,它是指同质总体中各单位某一数量标志值在一定时间和空间的条件下所达到的一般水平的综合指标。平均指标就是将现象总体各单位某一数量标志差异抽象化,反应现象总体在一定时空条件下所达到的一般水平或代表水平,如商品的平均价格、粮食的单位面积产量、职工的平均工资等。

理解平均指标时要注意把握以下 3 个特点。

1)平均指标是现象一般水平的代表值

平均指标代表总体各单位标志值的一般水平,反映总体某一数量标志的典型水平或代表水平。

2)平均指标是一个抽象的数值,即将各单位标志值的具体差异抽象化的结果

平均指标将总体各单位某一数量标志的各个差异数值抽象化,概括地反映这一数量标志在具体时间、地点、条件下达到的一般水平,使人们看不到差别。因此,应当一分为二地看待和运用平均指标,要用平均指标和总量指标作为补充来说明问题。

3)平均指标反映总体分布的集中趋势

总体单位的分布,就多数现象来看,表现为正态分布,即接近平均指标的变量值居多,

远离平均指标变量值较少,整个变量数列表现出平均数为中心而左右波动。它是总体分布的重要特征值。

2. 平均指标的作用

平均指标在认识社会经济现象总体数量特征方面的重要作用,主要表现在以下几个方面。

(1) 利用平均指标可以对比同类现象在不同空间条件下一般水平的差异,以反映各地区各单位工作的质量与效果的差异。

(2) 利用平均指标可以对比某一现象在不同时间条件下一般水平的变化情况。

(3) 利用平均指标可以分析现象间的依存关系。例如,将某种农作物的平均亩产量与每亩施肥力量进行比较研究,就可以发现两者之间在一定的范围内存在正变化的关系。

(4) 利用平均指标可以进行数量上的推断。例如,在抽样分析中,根据部分总体单位计算的平均指标,可以用来推断整个总体的平均指标或标志总量。

(5) 利用平均指标可以反映分配数列中各变量值的集中趋势。

3. 平均指标的种类

在社会经济统计中,常用的平均指标有两大类:数值平均数和位置平均数。

1) 数值平均数

数值平均数是根据分布数列中各单位的标志值计算而得到的,有算术平均数、调和平均数、几何平均数等。

2) 位置平均数

位置平均数是根据分布数列中某些标志之所处特殊位置来确定的,有众数和中位数等。

各种平均指标的计算方法不同,指标的含义、应用场合也有所不同,但它们都是总体各单位数量标志值的一般水平的代表值。

5.1.2 平均指标的计算

1. 算术平均数

算术平均数是统计中最常用的最重要的平均指标。其基本公式为

$$算术平均数 = \frac{总体标志总量}{总体单位总量} \tag{5-1}$$

在计算和运用平均指标计算公式时应该注意公式中分子与分母的口径必须保持一致,即分子和分母必须具有一一对应关系,属于同一总体,否则计算出的指标便失去了意义,这也正是平均指标与强度相对指标之间的根本区别。强度相对指标虽然也是两个总量指标之比,但分子分母各属不同的总体,它们之间没有直接的依存关系。

🔍【特别提示】

强度相对指标往往涉及一些人均指标,如人均国民生产总值、全国(地区)人均粮食产量等。但这些人均指标不是平均指标,而是强度相对指标。

由于掌握的资料不同,算术平均数的计算有简单算术平均数和加权平均数之分。

1) 简单算术平均数

在掌握了总体各单位标志值资料的条件下,就可以直接简单算术平均数计算平均指标。其计算公式为

$$\bar{x}=\frac{x_1+x_2+x_3+\cdots+x_n}{n}=\frac{\sum x}{n} \tag{5-2}$$

式中：$\bar{x}$——算术平均数；
x_n——总体各单位变量值；
n——变量值的个数；
$\sum$——求和符号。

【例 5-1】 某工厂某班组 8 名工人的日产量分别为 15、17、19、20、22、22、23、23，求平均日产量。

解：$\bar{x}=\dfrac{\sum x}{n}=\dfrac{(15+17+19+20+22+22+23+23)\text{件}}{8\text{人}}\approx 20$ 件/人

2）加权算术平均数

当变量值已经分组，且各个标志值出现的次数不相同时，就可以采用加权算术平均数的形式计算平均指标。其计算公式为

$$\bar{x}=\frac{x_1f_1+x_2f_2+\cdots+x_nf_n}{f_1+f_2+\cdots+f_n}=\frac{\sum xf}{\sum f} \tag{5-3}$$

式中：x_n——总体各单位变量值；
f——各组变量值出现的频数。

【例 5-2】 某工厂 50 名工人日生产零件数见表 5-2，计算平均数。

表 5-2 某工厂 50 名工人日生产零件统计表

日产零件数/件 x	工人人数/人 f	每组工人生产零件数/件 xf
20	1	20
21	4	84
22	6	132
23	8	184
24	12	288
25	10	250
26	7	182
27	2	54
合 计	50	1 194

解：$\bar{x}=\dfrac{\sum xf}{\sum f}=\dfrac{1194\text{件}\cdot\text{人}}{50\text{人}}=23.88$ 件

权数可以是次数，也可以是比重。若是比重作为权数，则加权算术平均数的计算公式为

$$\bar{x}=\sum x\cdot\frac{f}{\sum f} \tag{5-4}$$

【例5-3】 承例5-2，以各组次数占总次数为权数，计算平均日产量，见表5-3。

表5-3 某工厂50名工人日生产零件统计表

日产零件数/件 x	比重 $\dfrac{f}{\sum f}$	零件数乘以权数 $x \cdot \dfrac{f}{\sum f}$
20	2%	0.4
21	8%	1.68
22	12%	2.64
23	16%	3.68
24	24%	5.76
25	20%	5
26	14%	3.64
27	4%	1.08
合计	100%	23.88

解：$\bar{x}=\sum x \cdot \dfrac{f}{\sum f}=23.88$（件）

由例5-3可以看出，算术平均数的大小不仅取决于研究对象的变量值，而且受各变量值重复出现的频数（f）或频率（$f/\sum f$）大小的影响，如果某一组的频数或频率较大，说明该组的数据较多，那么该组数据的大小对算术平均数的影响就大，反之则小。可见各组频数的多少（或频率的高低）对平均的结果起着一种权衡轻重的作用，因而这一衡量变量值相对重要性的数值称为权数。这里所谓权数的大小，并不是以权数本身值的大小而言的，而是指各组单位数占总体单位数的比重，即权数系数（$f/\sum f$）。权数系数亦称频率，是一种结构相对数。

🔍【特别提示】

如果各组次数完全相同，即各组 f 相等，此时它不再对 $\bar{x}$ 大小产生影响，这时由于 $f_1=f_2=\cdots=f_n$，则可得：$\bar{x}=\dfrac{\sum xf}{\sum f}=\dfrac{f\sum x}{nf}=\dfrac{\sum x}{n}$，可见，简单算术平均数不过是加权算术平均数在各组 f 相等时的特例。

如果是组距数列，各组变量值用组中值代替。当然，利用组中值作为本组平均值计算算术平均数，是在各组内的标志值分布均匀的假定下。在用组距式数列计算加权算术平均数时，如果数列中出现开口组，则该组组中值的计算应利用邻组组距来处理。

🔍【特别提示】

分组数据与未分组数据的计算结果会有一些偏差，应用时应予以注意。

【例5-4】 某商场食品部工人日销售资料及其计算见表5-4。

表5-4 某商场食品部工人日销售资料

按日销售额分组/元	职工人数（f）/人	组中值（x）/元	各组销售额（xf）/元
2 000～2 500	2	2 250	4 500
2 500～3 000	7	2 750	19 250
3 000～3 500	7	3 250	22 750
合　计	16	—	46 500

解：$\bar{x} = \dfrac{\sum xf}{\sum f} = \dfrac{46\,500\text{元}}{16} = 2\,906.25\text{元}$

【知识拓展】

从企业或项目投资的全部资金来源看，不可能是采用单一的筹资方式取得的，而是各种筹资方式的组合。不同的筹资方式有不同的资本成本，在这种情况下，应计算企业或项目的加权平均资本成本。加权平均资金成本往往是判断项目投资和筹资方案可行性的依据。所以正确计算加权平均资金成本关系重大。

加权平均资本成本是指企业各种来源的资本成本的加权平均数。这里的"权数"是指企业最优资本结构中，各种来源资金所占的比重。

计算综合资本成本的方法是，根据不同资金所占的比重加权平均计算所得。加权平均资金成本的计算公式为

$$k_w = \sum_{j=1}^{n} w_j k_j$$

式中：k_w——加权平均资金成本率；

w_j——第 j 种资金来源占全部资金来源的比重；

k_j——第 j 种资金来源的资金成本率；

n——筹资方式的种类。

2．调和平均数

调和平均数是标志值倒数的算术平均数的倒数，又称倒数平均数。根据所给资料的不同，调和平均数也有简单调和平均数与加权调和平均数之分。

1）简单调和平均数

简单调和平均数是标志值倒数的简单算术平均数的倒数。其计算公式为

$$H = \dfrac{n}{\dfrac{1}{x_1} + \dfrac{1}{x_2} + \cdots + \dfrac{1}{x_n}} = \dfrac{n}{\sum \dfrac{1}{x}} \tag{5-5}$$

式中：H——调和平均数；

x——各单位的变量值。

【例 5-5】 一种蔬菜在市场上价格早上 1 元/千克，中午 0.8 元/千克，晚上 0.5 元/千克，现早、中、晚各买一元，求平均价格。

解：$H = \dfrac{n}{\sum \dfrac{1}{x}} = \dfrac{(1+1+1)\text{元}}{\left(\dfrac{1}{1} + \dfrac{1}{0.8} + \dfrac{1}{0.5}\right)\dfrac{\text{元}}{\text{元/千克}}} = 0.7 \text{ 元/千克}$

2）加权调和平均数

当各标志值的量不相等时，就要采用加权调和平均数进行计算。其计算公式为

$$H = \dfrac{m_1 + m_2 + \cdots + m_n}{\dfrac{m_1}{x_1} + \dfrac{m_2}{x_2} + \cdots + \dfrac{m_n}{x_n}} = \dfrac{\sum m}{\sum \dfrac{m}{x}} \tag{5-6}$$

式中：H——调和平均数；

m——各组标志总量。

【例 5-6】 一种蔬菜在市场上价格早上 1 元/千克，中午 0.8 元/千克，晚上 0.5 元/千克，现早、中、晚各买 2 元、3 元、4 元，求平均价格。

解：$H = \dfrac{\sum m}{\sum \dfrac{m}{x}} = \dfrac{(2+3+4) \text{元}}{\left(\dfrac{2}{1} + \dfrac{3}{0.8} + \dfrac{4}{0.5}\right) \text{元}/\text{元/千克}} = 0.66 \text{元/千克}$

当 $m_1 = m_2 = m_3 = \cdots = m_n = m$，则简单调和平均数等于加权调和平均数，即

$$H = \dfrac{\sum m}{\sum \dfrac{m}{x}} = \dfrac{mn}{m\sum \dfrac{1}{x}} = \dfrac{n}{\sum \dfrac{1}{x}}$$

🔍【特别提示】

在社会经济统计中，很少直接计算调和平均数，只是由于掌握的资料不能直接采用算术平均数时，才利用调和平均数形式计算平均指标，这样实际上是将调和平均数作为算术平均数的变形来使用，调和平均数实质上是算术平均数的变形。

当掌握的资料是公式（5-1）中的分母，即总体单位总量，求平均指标用加权算术平均数；

当掌握的资料是公式（5-1）中的分子，即总体标志总量，求平均指标用加权调和平均数。

3．几何平均数

几何平均数是用 n 个变量相乘开 n 次方的算术根来计算的平均数。它反映的是某种特定现象的平均水平，这种现象的标志总量不是各单位的标志值的总和，而是它们的连乘积。

🔍【特别提示】

在统计分析中，几何平均数主要用来计算平均比率或平均发展速度。如果数列中有一个标志值等于零或负值，就无法计算几何平均数。

根据资料的不同，几何平均数也分为简单几何平均数和加权几何平均数。

1）简单几何平均数

简单几何平均数的计算公式为

$$G = \sqrt[n]{x_1 \cdot x_2 \cdots x_n} = \sqrt[n]{\prod x} \tag{5-7}$$

式中：G——几何平均数；

x_n——各个标志值；

n——标志值的个数；

$\prod$——连乘符号。

【例 5-7】 某企业生产某一产品，要经过铸造、金加工、电镀 3 道工序，各工序产品合格率分别为 98%、85%、90%，求 3 道工序的平均合格率。

解：$G = \sqrt[n]{x_1 \cdot x_2 \cdots x_n} = \sqrt[3]{0.98 \times 0.85 \times 0.9} \times 100\% = 90.8\%$

2）加权几何平均数

与算术平均数一样，当资料中的某些变量值重复出现时，就要用加权几何平均数公式进行计算。其计算公式为

$$G = \sqrt[\sum f]{x_1^{f_1} \cdot x_2^{f_2} \cdot x_3^{f_3} \cdots x_n^{f_n}} \tag{5-8}$$

式中：G——几何平均数；
f_n——各变量值出现的次数；
$\sum f$——次数总和。

【例 5-8】 某投资银行 25 年的年利率分别为 1 年 3%，4 年 5%，8 年 8%，10 年 10%，2 年 15%，求平均年利率。

解：平均年本利率 $G = \sqrt[25]{1.03^1 \times 1.05^4 \times 1.08^8 \times 1.1^{10} \times 1.15^2} \times 100\% = 108.6\%$

则整个投资期间的平均年利率 = 108.6% − 100% = 8.6%

4．众数

众数是一种位置平均数。众数是总体中各单位出现次数最多的那个标志值，也就是该总体各单位中最普通、最常出现的标志值。用众数能直观的说明总体各单位该标志值的集中趋势，可以表明社会经济现象的一般水平。

🔍【特别提示】

在实际工作中，众数是应用比较广泛，具有特殊的用途。当某种社会经济现象不可能或无必要全面登记出各单位标志值及各标志值出现的次数来计算算术平均数时，可用最普遍出现的标志值，即众数来代替其一般水平。例如，说明消费者需要的服装、鞋帽等的普遍尺码等都是用众数来表示一般水平。

1）众数的特点

只有当总体单位数比较多，且标志值的分布具有明显的集中趋势时，众数的确定才有意义。如果数据的分布没有明显的集中趋势或最高峰点，众数也可能不存在；如果有两个最高峰点，也可以有两个众数。

众数是以它在所有标志值中所处的位置确定的全体单位标志值的代表值，它不受分布数列的极大或极小值的影响，从而增强了众数对分布数列的代表性。

众数缺乏敏感性。众数的计算只利用了众数组的数据信息，不像数值平均数那样利用了全部数据信息。

2）众数的确定

众数的确定因具体资料的不同而不同。

（1）若是未分组的资料，则直接统计出现次数最多的标志值即可。

（2）在单项式数列情况下，确定众数比较简单，只需通过观察找出次数出现最多的那个标志值即可。

【例 5-9】 某制鞋厂要了解消费者最需要哪种型号的男皮鞋，调查了某百货商场某季度男皮鞋的销售情况，见表 5-5。

表 5-5　某商场男皮鞋销售情况

男皮鞋号码	销售量/双
24.0	11
24.5	85
25.0	120
25.5	508
26.0	323

续表

男皮鞋号码	销售量/双
26.5	101
27.0	52
合　计	1 200

由表 5-5 看出，25.5 的鞋号销售量最多，25.5 就是众数，代表了顾客对男皮鞋所需尺寸的集中趋势。

（3）若所掌握的资料是组距式数列，则只能按一定的方法来推算众数的近似值。其计算公式为

下限公式：　　　　　　$M_0 = L + \dfrac{\Delta_1}{\Delta_1 + \Delta_2} \times d$ 　　　　　　（5-9）

上限公式：　　　　　　$M_0 = U - \dfrac{\Delta_2}{\Delta_1 + \Delta_2} \times d$ 　　　　　　（5-10）

式中：M_0——众数；

　　L——众数所在组下限；

　　U——众数所在组上限；

　　Δ_1——众数所在组次数与其下限的邻组次数之差；

　　Δ_2——众数所在组次数与其上限的邻组次数之差；

　　d——众数所在组组距。

【例 5-10】　3 000 户农民家庭人均年纯收入的资料见表 5-6，求众数。

表 5-6　3 000 户农民家庭人均年纯收入次数分布表

农民家庭人均年纯收入分组/元	农民户数/户
1 000～1 200	240
1 200～1 400	480
1 400～1 600	1 050
1 600～1 800	600
1 800～2 000	270
2 000～2 200	210
2 200～2 400	120
2 400～2 600	30
合　计	3 000

解：根据资料，可以看出众数组为 1 400～1 600 元。

根据下限公式计算：

$$M_0 = L + \dfrac{\Delta_1}{\Delta_1 + \Delta_2} \times d = 1\,400\,\text{元} + \dfrac{1\,050 - 480}{(1\,050 - 480) + (1\,050 - 600)} \times 200\,\text{元} = 1\,511.76\,\text{元}$$

根据上限公式计算：

$$M_0 = U - \dfrac{\Delta_2}{\Delta_1 + \Delta_2} \times d = 1\,600\,\text{元} - \dfrac{1\,050 - 600}{(1\,050 - 480) + (1\,050 - 600)} \times 200\,\text{元} = 1\,511.76\,\text{元}$$

从上面的计算可以看出，用上限公式与下限公式计算得到的结果是相同的。

5. 中位数

中位数也是一种数值平均数。将数据按大小顺序排列起来，形成一个数列，居于数列中间位置的那个数据就是中位数。

从中位数的定义可知，所研究的数据中有一半小于中位数，一半大于中位数。

🔍【特别提示】

在统计数据的处理和分析时，也可以使用中位数作为一般水平的代表。在数列中出现了极端变量值的情况下，用中位数作为代表值要比用算术平均数更好，因为中位数不受极端变量值的影响；如果研究目的就是为了反映中间水平，当然也应该用中位数。

1）中位数的特点

中位数将数据分成两半，一半小于中位数，一半大于中位数。

中位数是以它在所有标志值中所处的位置确定的全体单位标志值的代表值，不受分布数列的极大或极小值影响。

中位数也缺乏敏感性。

2）中位数的确定

中位数的确定也因具体资料的不同而有所不同。

（1）若是未分组的资料，先将标志值按大小排序，然后用公式 $\dfrac{n+1}{2}$ 确定中位数的位置，最后按下面的公式确定中位数：

$$M_e = \begin{cases} x_{\frac{n+1}{2}} & (n\text{为奇数}) \\ \dfrac{x_{\frac{n}{2}} + x_{\frac{n}{2}+1}}{2} & (n\text{为偶数}) \end{cases} \tag{5-11}$$

例如，计算 50 名工人日加工零件数的中位数。中位数的位置在（50+1)/2=25.5，中位数在第 25 个数值（123）和第 26 个数值（123）之间，即 M_e=（123+123）件/2=123 件。

【例 5-11】 第一个数列有 9 个数，按大小排序为 2、3、5、6、9、10、11、13、14，中位数对应的位置为第 5，因此中位数为 9。（奇数项）

第二数列排序为有 10 个数，分别是 2、3、5、6、9、10、11、13、14、15，中位数为第 5 个和第 6 个的平均值，即为 9.5。（偶数项）

（2）数据资料若为单项式数列，计算累计次数，确定中间位置，确定中位数。

【例 5-12】 某车间工人按照日生产量分组资料见表 5-7，计算中位数。

表 5-7 某车间工人的日产零件分组表

日产零件数（x）/件	工人人数（f）/人	向上累计次数
26	6	6
31	7	13
32	14	27
34	27	54

续表

日产零件数（x）/件	工人人数（f）/人	向上累计次数
36	18	72
41	8	80
合　计	80	—

解：中位数的位置在$(n+1)/2=40.5$，按向上累计次数，中位数在第40个数值（34）和第41个数值（34）之间，中位数应在34所在组，即$M_e=(34+34)/2=34$（件）。

（3）若分组资料为组距式数列，确定中位数，应先按$\dfrac{\sum f}{2}$的公式求出中位数所在组的位置，然后再按下限公式或上限公式确定中位数。计算公式为

下限公式：
$$M_e=L+\dfrac{\dfrac{\sum f}{2}-S_{m-1}}{f_m}\times d \tag{5-12}$$

上限公式：
$$M_e=U-\dfrac{\dfrac{\sum f}{2}-S_{m+1}}{f_m}\times d \tag{5-13}$$

式中：M_e——中位数；

　　　L——中位数所在组下限；

　　　U——中位数所在组上限；

　　　f_m——中位数所在组的次数；

　　　$\sum f$——总次数；

　　　d——中位数所在组的组距；

　　　S_{m-1}——中位数所在组以下的累计次数；

　　　S_{m+1}——中位数所在组以上的累计次数。

【例5-13】　3 000户农民家庭人均年纯收入的资料见表5-8，计算中位数。

表5-8　3 000户农民家庭人均年纯收入累计次数分布表

农民家庭人均年纯收入分组/元	农民户数/户	向上累计次数	向下累计次数
1 000～1 200	240	240	3 000
1 200～1 400	480	720	2 760
1 400～1 600	1 050	1 770	2 280
1 600～1 800	600	2 370	1 230
1 800～2 000	270	2 640	630
2 000～2 200	210	2 850	360
2 200～2 400	120	2 970	150
2 400～2 600	30	3 000	30
合　计	3 000	—	—

解：中位数位置为 $\frac{\sum f}{2}=\frac{3\,000}{2}=1\,500$，中位数应该在 1 400～1 600 这一组。

根据下限公式计算为 $M_e=1\,400\text{元}+\dfrac{\dfrac{3\,000}{2}-720}{1\,050}\times 200\text{元}=1\,548.6\text{元}$

根据上限公式计算为 $M_e=1\,600\text{元}-\dfrac{\dfrac{3\,000}{2}-1\,230}{1\,050}\times 200\text{元}=1\,548.6\text{元}$

两个公式的计算结果是一样的。

5.1.3 平均指标的应用中应注意的问题

在统计研究和分析中，平均指标是一种应用十分广泛的统计指标，为了正确地发挥平均指标的作用，保证其科学性，在应用时需遵守以下几项基本原则。

1. 平均指标只能运用于同质总体

所谓同质性，是指社会经济现象总体中的各个单位在被平均的标志上具有的共同特征。只有在同质总体中，总体各单位才具有共同的特征，从而才能按某数量标志计算其平均数，也才能用一个代表性的数值来说明社会经济现象总体的一般水平。这是计算和运用平均指标的基本前提和基本原则。否则，把本质不同的事物放在一起平均，不仅不能反映现象总体的本质特征，反而会抹杀现象间的本质区别，歪曲现象的真实情况。

2. 用组平均数补充说明总平均数

平均指标是根据同质总体计算的，是反映总体一般水平的一个抽象化数值。它虽便于进行对比分析，但也掩盖了同质总体中不同单位的数量差异。因此，要正确地认识事物，应用组平均数补充说明总体平均数，才能全面认识事物。

【例 5-14】 某月某企业生产的两种型号的微波炉销售情况见表 5-9。

表 5-9 某月某企业微波炉销售情况

按型号分组	甲地区				乙地区			
	销售量/台	比重	销售额/元	售价/(元/台)	销售量/台	比重	销售额/元	售价/(元/台)
A 型微波炉	60	60%	30 000	500	80	40%	41 600	520
B 型微波炉	40	40%	15 000	375	120	60%	45 600	380
合　　计	100	100%	45 000	875	200	100%	87 200	900

从表 5-9 中可看出，该企业在甲地区微波炉的平均售价为 450 元，而在乙地区的平均售价却为 436 元，甲地售价高于乙地。但从两种型号微波炉的平均售价看，却都是甲地售价低于乙地。导致这种总平均售价与分型号平均售价不一致的原因，主要就在于平均售价较高的 A 型号微波炉在甲地比在乙地销售量高出 20 个百分点。在这种情况下，如果不用两种型号微波炉各自的平均售价来说明总的平均售价，就不能正确说明这种平均销售价格上的差异。

3. 用分配数列补充说明总平均数

平均指标在反映社会现象总体一般水平的同时，把总体各单位的差异掩盖了，也不能反映总体各单位的分布情况。因此，为揭示事物的本质，更加深入全面地说明问题，在应用平均指标时，要按被平均的数量标志进行分配，编制分配数列来补充说明总平均数。此外，反映现象总体一般水平的平均数，它体现了一定范围内现象总体的共性，但同时又会掩盖被研究现象的个性特征。因此，平均指标应与总体单位的典型事例相结合，以充分发挥平均指标在认识社会经济现象总体方面的积极作用。

【例5-15】 某年某集团公司下属42家企业，按人均实现利润5 000元以下为后进，5 000～7 500 元为一般，7 500～10 000 元为良好，10 000 元以上为优秀的分组资料，见表5-10。

表5-10 某年某集团公司各企业人均实现利润情况

人均实现利润/（千元/人）	组中值	企业数/个	比　重	备　注
5 以下	3.75	7	16.7%	后进企业
5～7.5	6.25	19	45.2%	一般企业
7.5～10	8.75	11	26.2%	良好企业
10 以上	11.25	5	11.9%	优秀企业
合　计	—	42	100.00%	—

根据表 5-10 的资料，该集团公司的人均实现利润为 7 080 元/人，后进企业所占比重为 16.7%。

【统计实例】

应用平均指标判断同类产品的质量

在现实的经济环境中，有些商家往往抓住消费者对经济知识的不熟悉性，做一些文字游戏，以次充好，来欺骗消费者。例如，甲、乙、丙3家家电厂在广告中都声称，它们的某种电子产品在正常情况下的使用寿命均为 8 年，注意这个正常情况下的使用寿命指的是平均使用寿命，但经质量检测部门对这3家销售的产品的使用寿命进行跟踪调查，得到下列结果（单位：年）。

甲厂：4、5、5、5、5、7、9、12、13、15。
乙厂：6、6、8、8、12、9、10、8、14、15。
丙厂：4、7、4、6、4、9、13、16、15、16。

对于一般人来说，看到3家家电厂的广告词后，就会认为它们的产品质量是一样好的，但从质量检测部门跟踪调查数据来看，发现它们的产品质量不一样，说明广告词有问题，但对一般人来说，无从说明。而对熟悉集中趋势方面知识的人来说，这个问题就很容易了。

从质量检测部门的数据来看，对于甲厂电子产品在正常情况下的使用寿命 8 年，它指的是电子产品使用寿命的平均数，算法为

$$\bar{x}_{甲}=\frac{\sum x}{n}=\frac{(4+5+5+5+5+7+9+12+13+15)}{10} 年 = 8 年$$

对于乙厂电子产品在正常情况下的使用寿命 8 年，它指的是电子产品使用寿命的众数。根据众数的算法，先将该组数据按从小到大排序，得序列 6、6、8、8、8、9、10、12、14、15，从序列中可以看出，在此组数中 8 有 3 个，6 有 2 个，9、10、12、14、15 各 1 个，故 8 是众数。而乙厂的平均使用寿命为

$$\bar{x}_{乙}=\frac{\sum x}{n}=\frac{(6+6+8+8+12+9+10+8+14+15)}{10} 年 = 9.6 年$$

对于丙厂电子产品在正常情况下的使用寿命 8 年，它指的是产品使用寿命的中位数，根据中位数的算法，先将该组数据按从小到大排序，分别是 4、4、4、6、7、9、13、15、16、16，由于该组有 10 个数据，由于 10 是偶数，根据中位数算法，中位数应为 $\frac{7+9}{2}=8$，但该厂产品的平均使用寿命是

$$\bar{x}_{丙} = \frac{\sum x}{n} = \frac{(4+7+4+6+4+9+13+16+15+16)\text{年}}{10} = 9.4\text{年}$$

从上述分析可知，虽然3家家电厂在广告中都说电子产品的使用寿命均为8年，但电子产品的真正平均使用寿命分别为8年、9.6年和9.4年，由此可得出乙厂的电子产品的质量最好，丙厂其次，甲厂最差，通过它就可以判断同类产品的产品质量的好坏。

5.2 测定总体分布离散程度

5.2.1 标志变异指标的概念和作用

1．标志变异指标的概念

标志变异指标是指用来说明总体各单位的标志值之间差异程度的综合指标，也称标志变动度。

平均指标是将总体各单位某一数量标志值的差异抽象化，只反映总体的一般水平与共性，反映的是总体的集中趋势，同时也掩盖了总体各单位的数量差异，不能全面描述总体分布的特征。标志变异度指标弥补了这个不足，反映了总体各单位的标志值之间的差异性，从另一方面说明总体分布的特征，反映的是总体分布的离中趋势。因此，平均指标与标志变异指标两者紧密相连，分别从不同角度分析现象的特征。

2．标志变异指标的作用

1）标志变异指标是衡量平均指标代表性大小的重要尺度

平均指标是总体一般数量水平的代表值，其代表性取决于总体各单位的标志值的差异程度，而标志变异指标正是用来反映这种差异的。一般来说，标志变异指标越大，平均数的代表性越小；标志变异指标越小，平均数的代表性越大；标志变异指标为零，平均数就具有完全的代表性。

2）标志变异指标是反映社会经济活动过程的均衡性与协调性的重要指标

标志变异指标是可以反映经济活动过程的均衡性与协调性，说明经济管理工作质量的重要指标。一般来说，变异指标值越小，现象变动越均匀稳定，反之，则均衡性或稳定性较差。

3）标志变异指标是进行抽样推断的重要依据

在抽样方案设计中，调查费用和调查结果的准确性始终是一对矛盾。合理的调查方案就是在一定的调查费用下，取得尽可能准确的调查结果；或在一定精度要求下，花费较少。此时，就需要确定必要抽样项目，而必要抽样数目的大小又直接和被调查总体各单位之间的差异程度有直接的关系。同时，标志变异指标也是计算抽样误差时的重要指标。

5.2.2 标志变异指标的计算

常用的变异指标有全距、平均差、方差、标准差和标准差系数。前面4种与平均数单位相同，最后一种标准差系数是一种相对指标，是与平均指标对比的结果。这些指标中，标准差和标准差系数应用最为广泛。

1．全距

全距也称极差，就是总体各单位标志值中的最大值与最小值的差距，借以表明总体标志值的差异范围的大小。一般用 R 来表示。

未分组或单项分组资料计算全距,其公式为
$$全距 = 最大变量值 - 最小变量值 \qquad (5-14)$$
组距式分组资料有开口组和闭口组两种,一般只就闭口组分组资料计算全距,其公式为
$$全距 = 最大组的上限 - 最小组的下限 \qquad (5-15)$$

🔍 【特别提示】

采用全距可以评价标志变异程度,全距值越小,说明总体各单位变量值越集中,则平均数的代表性就越大;反之,全距值越大,说明总体各单位变量值越分散,则平均数的代表性就越小。

【例 5-16】 有两个班组,甲班组 5 名工人生产产品的件数分别为 120 件、150 件、210 件、250 件、270 件;乙班组 4 名工人生产产品的件数分别为 90 件、100 件、110 件、500 件。它们的全距分别为

$$甲班组的全距 = 270 件 - 120 件 = 150 件$$
$$乙班组的全距 = 500 件 - 90 件 = 410 件$$

由上面的计算可以看出,虽然两个班生产产品的件数平均为 200 件,但由于甲班组的全距为 150 件,小于乙班组全距为 410 件,所以甲班组的平均产量代表性高,甲班组平均产量水平比较均衡。

全距是测定标志变动度最简单的方法,计算简便,而且容易理解,因此很多场合用全距来粗略地说明某些现象的标志变动程度。但由于全距不是根据全部标志值计算的,很容易受极端数值的影响,其结果不能充分反映现象的实际离散程度,因而在应用方面有一定的局限性。

在实际工作中,全距常用来检查产品质量的稳定性和进行质量控制。在正常生产条件下,全距在一定范围内波动,若全距超过给定的范围,就说明有异常情况出现。因此,利用全距有助于及时发现问题,以便采取措施,保证产品质量。

2. 平均差

平均差就是总体各单位标志值对其算术平均数的离差绝对值的算术平均数,它能综合反映总体各单位标志值的变动程度。平均差越大,表示标志变动度愈大;反之,平均差越小,表示变动度愈小。平均差一般用 A.D. 表示。

由于掌握资料的不同,平均差的计算分为简单算术平均差和加权算术平均差两种。

1)简单平均法

在资料未经分组的情况下,平均差可用简单算术平均差计算。其计算公式为

$$A.D. = \frac{\sum |x - \bar{x}|}{n} \qquad (5-16)$$

由于各个标志值与其算术平均数的离差的代数和恒等于零,所以要用离差的绝对值($|x - \bar{x}|$)计算平均差。

【例 5-17】 利用例 5-16 的资料计算甲班组和乙班组的平均差分别为

$$甲班组的平均产量\ \bar{x} = \frac{\sum x}{n} = \frac{(120+150+210+250+270)\ 件}{5} = 200\ 件$$

$$A.D._{甲} = \frac{(|120-200| + |150-200| + |210-200| + |250-200| + |270-200|)\ 件}{5} = 52 件$$

乙班组的平均产量 $\bar{x} = \dfrac{\sum x}{n} = \dfrac{90+100+110+500}{4} = 200$ 件

$$A.D._乙 = \dfrac{(|90-200|+|100-200|+|110-200|+|500-200|)\text{件}}{4} = 150 \text{件}$$

根据标志变异指标测定标准，由于甲班组平均差小，甲班组的平均产量代表性高，甲班组平均产量比乙班组均衡。

2）加权平均法

在资料已经分组的情况下，要计算加权算术平均差，其计算公式为

$$A.D. = \dfrac{\sum |x-\bar{x}| f}{\sum f} \tag{5-17}$$

【例 5-18】 某商场 10 名营业员月销售提成奖资料见表 5-11，计算其平均差。

表 5-11 营业员月销售提成奖分组平均差计算表

奖金额/元 x	营业员/人 f	各组奖金额 xf	离差 $\lvert x-\bar{x} \rvert$	各组总离差 $\lvert x-\bar{x} \rvert f$
200	1	200	240	240
300	1	300	140	140
400	2	800	40	80
500	5	2500	60	300
600	1	600	160	160
合　　计	10	4400	～	920

$$\bar{x} = \dfrac{\sum xf}{\sum f} = \dfrac{4400 \text{元}\cdot\text{人}}{10 \text{人}} = 440 \text{元}$$

$$A.D. = \dfrac{\sum |x-\bar{x}| f}{\sum f} = \dfrac{920 \text{元}\cdot\text{人}}{10 \text{人}} = 92 \text{元}$$

计算结果表明，该公司 10 名营业员月销售提成的平均差为 92 元。

若分组资料为组距资料，则计算平均差时用组中值作各组的标志值，计算过程与单项数列相同。

🔍【特别提示】

平均差不同于全距，它考虑了总体全部单位标志值的差异，能较准确地反映总体各标志值的平均变异程度。

由于平均差采用绝对值的离差形式加以数学假定，在运用上有较大的局限性，因此，需要采用一些数学性能更优越的变异指标，即标准差。

3．方差和标准差

方差和标准差是测度数据变异程度的最重要、最常用的指标。方差是各个数据与其算术平均数的离差平方的平均数，通常以 σ^2 表示。标准差也称均方差，是总体各单位标志值与其算术平均数的离差平方的算术平均数的平方根，即方差的平方根，标准差用 σ 表示。

方差的计量单位和量纲不便于从经济意义上进行解释，所以实际统计工作中多用方差的算术平方根——标准差来测度统计数据的差异程度。

🔍 【特别提示】

标准差与平均差都是反映变量值对其平均数的平均离差，只是采用不同的数学形式来消除正负离差抵消，标准差利用先平方后开方的方式消除正负离差抵消，相对来说，标准差更适合数学运算要求，所以标准差成为综合反映标志变动度的最合理指标。在实际工作应用最为广泛。

采用标准差评价标志变动情况时，标准差越小，各变量值之间的差异程度越小，平均数的代表性就越大；反之，标准差越大，各变量值之间的差异程度越大，平均数的代表性就越小。

根据掌握的资料不同，标准差的计算分为简单平均法和加权平均法两种。

1）简单平均法

对于未分组的资料，方差与标准差的计算公式为

$$\sigma^2 = \frac{\sum(x-\bar{x})^2}{n} \tag{5-18}$$

$$\sigma = \sqrt{\frac{(x-\bar{x})^2}{n}} \tag{5-19}$$

【例 5-19】 某专卖店营业员平均工资 800 元，5 名营业员的工资分别为 650 元、700 元、800 元、850 元、1 000 元。则其标准差为

$$\sigma = \sqrt{\frac{(x-\bar{x})^2}{n}}$$

$$= \sqrt{\frac{\sum[(650-800)^2 + (700-800)^2 + (800-800)^2 + (850-800)^2 + (1000-800)^2]元^2}{5}}$$

$$= 122.47 \text{ 元}$$

2）加权平均法

对于已分组资料，计算平均差时，是将各组标志值与算术平均数的离差平方乘以各组次数，然后除以总次数，再开方。其公式为

$$\sigma^2 = \frac{\sum(x-\bar{x})^2 f}{\sum f} \tag{5-20}$$

$$\sigma = \sqrt{\frac{\sum(x-\bar{x})^2 f}{\sum f}} \tag{5-21}$$

【例 5-20】 某车间 200 名工人日产量分组的统计资料见表 5-12，求其标准差。

表 5-12 某车间 200 名工人日产量分组的统计资料

日产量/千克	工人数/人
25	10
35	70
45	90
55	30
合　　计	200

$$\bar{x} = \frac{(25\times10+35\times70+45\times90+55\times30)\text{千克}\cdot\text{人}}{200\text{人}} = 42 \text{ 千克}$$

$$\sigma = \sqrt{\frac{\sum(x-\bar{x})^2 f}{\sum f}}$$

$$= \sqrt{\frac{[(25-42)^2\times10+(35-42)^2\times70+(45-42)^2\times90+(55-42)^2\times30]\text{千克}^2\cdot\text{人}}{(10+70+90+30)\text{人}}} = 7.8 \text{ 千克}$$

对于组距式数列首先求出其组中值，用组中值作为代表值计算标准差。

【例 5-21】 如将例 5-20 修改为某车间 200 个工人按日产量分组的统计资料及标准差的计算见表 5-13，求其标准差。

表 5-13 工人日产量标准差计算表

日产量/千克	组中值	工人数/人	离差	各组离差平方和
20～30	25	10	−17	2 890
30～40	35	70	−7	3 430
40～50	45	90	+3	810
50～60	55	30	+13	5 070
合　计		200	—	12 200

$$\sigma = \sqrt{\frac{\sum(x-\bar{x})^2 f}{\sum f}} = 7.8 \text{ 千克}$$

标准差是根据总体所有单位的标志值计算出来的，可以全面反映总体各单位标志值的变异程度。

4. 标准差系数

上述讨论的各种标志变异的绝对指标，如平均差、标准差等，是有计量单位的名数，其数值的大小不仅受指标值变动的影响，而且又受平均水平的影响。因此，为了对比分析不同平均水平或计量单位不同的变量数列的标志变动度，不宜直接用平均差或标准差，而应消除计量单位不同及平均水平的影响，计算能反映标志变动的相对指标，即标志变动系数，又称离散系数或变异系数。它是变异指标与算术平均数之比的相对变异指标。可有平均差系数、标准差系数、全距系数。

标志变动系数要是用于对不同组别数据的标志变动程度进行比较，标志变动系数大的说明该组数据的离散程度也就大，标志变动系数小的说明该组数据的离散程度也就小。

常用的是标准差系数，用 v_σ 表示。

标准差系数即标准差除以相应的算术平均数，反映标志值离差的相对水平，其计算公式为

$$v_\sigma = \frac{\sigma}{\bar{x}} \times 100\% \tag{5-22}$$

【例 5-22】 某地区教师人员的月平均收入为 900 元，标准差是 140 元，出租车司机的月平均收入为 2 400 元，标准差为 260 元。从标准差来看，教师收入水平的差异小于出租车司机收入水平的差异。但从差异相对程度看则有

$$\text{教师：} v_\sigma = \frac{\sigma}{\bar{x}} \times 100\% = \frac{140\text{元}}{900\text{元}} \times 100\% = 15.56\%$$

出租车司机：$v_\sigma = \dfrac{\sigma}{\bar{x}} \times 100\% = \dfrac{260元}{2\,400元} \times 100\% = 10.83\%$

教师人员的标准差系数大于出租车司机的标准差系数，说明教师人员收入水平的差异大于出租车司机收入水平的差异，因此，出租车司机的月平均收入代表性要高。

【知识拓展】

标准差与标准差系数已广泛运用于经济管理决策中。

1. 标准差在投资决策中的应用

投资是企业生产经营和发展壮大的必要手段。投资者做出投资决策时，不仅要考虑预期回报，还必须分析比较投资风险。

由于投资风险的客观存在性及其对投资收益的不利性，投资者在进行投资决策时必须而且也应该对投资风险进行分析，尽可能地测定和量化风险的大小。一般用标准差衡量风险大小。当不同项目的期望回报率相同时，用标准差衡量风险程度是合适的，而当不同项目的期望回报率不同时，就不能再用标准差，而必须用一个相对的风险指标——标准差系数，该值越大反映项目的风险越大。

2. 标准差在股市分析中的应用

股票价格的波动是股票市场风险的表现，因此股票市场风险分析就是对股票市场价格波动进行分析。波动性代表了未来价格取值的不确定性，这种不确定性一般用方差或标准差来刻画。

3. 标准差在确定企业最优资本结构中的应用

资本结构指的是企业各种资金来源的比例关系，是企业筹资活动的结果。最优资本结构是指能使企业资本成本最低且企业价值最大的资本结构；产权比率即借入资本与自有资本的构成比例，是反映企业资本结构的重要变量。企业的资产由债务性资金和权益性资金组成，但其风险等级和收益率各不相同。根据投资组合理论，投资的多样化可以分散掉一定的风险，因此资金提供者需要决定投资于债务性资金和权益性资金的比例，以便在权衡风险和收益的情况下保证其利益的最大化。

5.3 Excel 在数据分布特征分析中的应用

5.3.1 应用 Excel 进行集中趋势分析

1. 数值平均数

数值平均数包括算术平均数、调和平均数和几何平均数。它们的操作步骤与情况类似。以算术平均数为例介绍数值平均数的计算。

计算算术平均数时，对于未分组资料可用 AVERAGE（）计算平均数，对于分组资料，可用公式计算。

1）未分组资料

【例 5-23】 根据 100 个灯泡寿命的未分组资料计算平均数。

未分组资料的计算有两种计算方法：

（1）单击任一空单元格，输入"＝AVERAGE（A2：A101）"，按回车键得结果"699.88"，这种方法比较简便直接。

（2）在【插入】菜单中选择【函数】选项，在弹出的【粘贴函数】对话框的左侧【函数分类】中选择【统计】，在右侧的【函数名】中选择【AVERAGE】，弹出【函数参数】对话框，输入原始数据所在单元格区域，确定即可。【函数参数】对话框如图 5.1 所示。

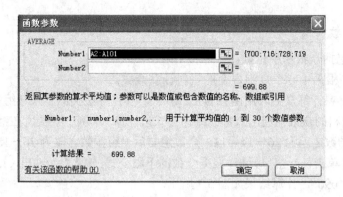

图 5.1 【函数参数】对话框

2）分组资料

【例 5-24】 根据 100 个灯泡的使用寿命的分组资料表计算平均数，如图 5.2 所示。

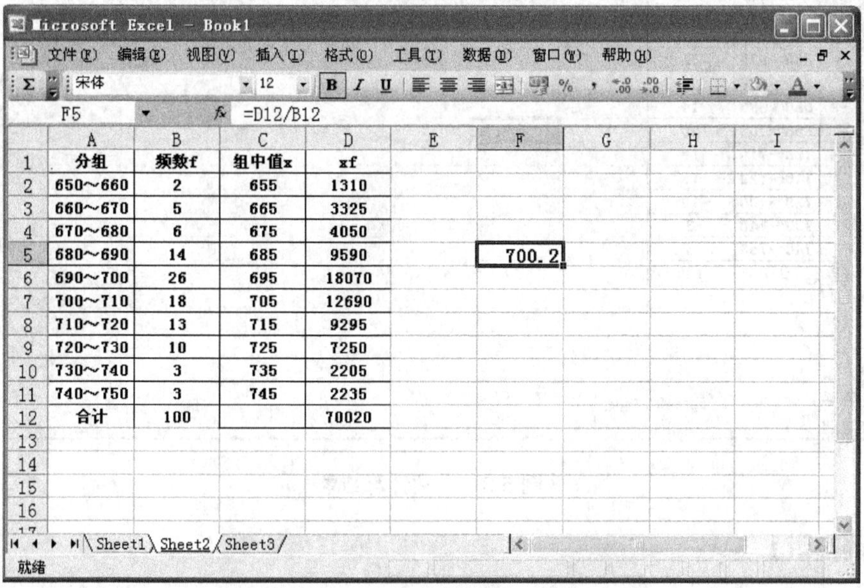

图 5.2 分组资料计算平均数结果

具体做法：求出每组的组中值；计算各组的消费品支出及支出总额，单击 D2 单元格，输入"＝B2＊C2"，按回车键得 D2 结果，然后使用填充柄功能按住鼠标左键向下拖至 D11 单元格，放开鼠标，可得 D3～D11 结果，总额之和可利用 SUM 求和函数，单击 D12 单元格，输入"＝SUM（D2：D11）"，按回车键得 D11 结果；在表外任一单元格中输入"＝D12/B12"，即可得平均数为"700.2"。

在实际生活中，直接利用调和平均数的情况非常少，简单的调和平均数利用 Excel 提供的 HARMEAN（）函数即可，操作方法类似于未分组资料算术平均数的计算。间接的计算调和平均数利用公式计算，操作方法类似于分组资料算术平均数的计算。

几何平均数适用于计算平均比率或平均速度的情况，用 GEOMEAN（）函数计算。

2．位置平均数

位置平均数包括众数和中位数。

【例 5-25】 根据 100 个灯泡寿命的资料计算众数。

使用未分组资料计算众数时用函数 MODE（），操作方法类似于未分组资料算术平均数的计算。计算分组资料的众数则利用众数的统计公式来计算。本例中众数所在组为下限为 690 元，众数组与前一组频数之差为 26－14＝12，众数组与后一组频数之差为 26－18＝8，众数组组距为 700－690＝10。单击任一空单元格，根据众数的下限公式，输入“＝690＋（12/（11＋8））＊10”，按回车键得结果“696”。计算结果如图 5.3 所示。

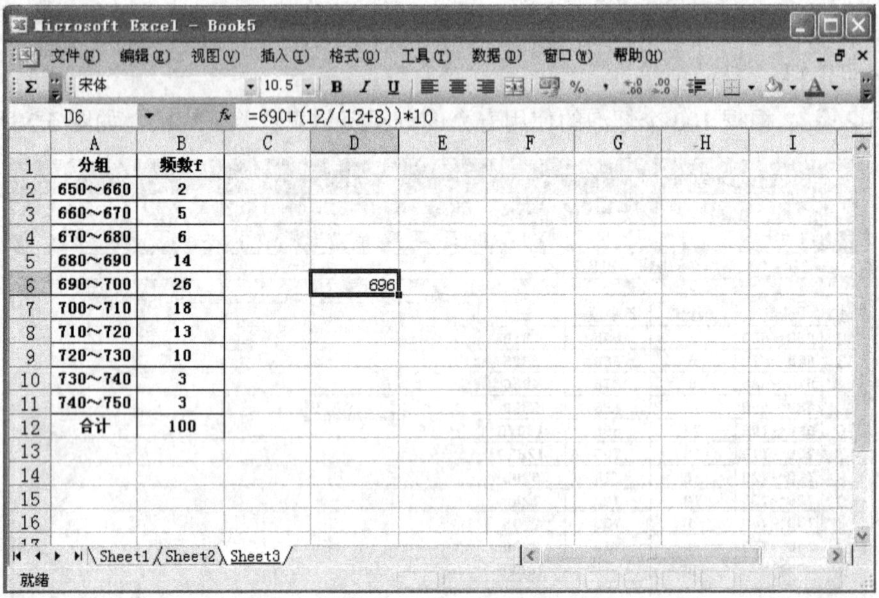

分组	频数f
650～660	2
660～670	5
670～680	6
680～690	14
690～700	26
700～710	18
710～720	13
720～730	10
730～740	3
740～750	3
合计	100

图 5.3　众数计算结果

【特别提示】

中位数的操作方法类似于众数。Excel 提供的中位数函数为 MEDIAN（）。

5.3.2　离散程度描述

1．极差

在 Excel 中求极差，分为以下两种情况。

（1）资料未排序，如求例 5-20 的原始数据资料的极差，先利用 MAX（）和 MIN（）函数求得最大值和最小值。单击任一空单元格，此处为 B2，输入“＝MAX（A2：A101）”，按回车键得最大值“749”；再单击任一空单元，此处为 B3，输入“＝MIN（A2：A101）”，按回车键得最小值“651”；最后单击任一空单元格，输入“＝B2～B3”得极差为 98 小时。

（2）资料排序，用最大值和最小值直接相减可得极差。

2．平均差

在 Excel 中求平均差，未分组资料使用 AVEDEV（）函数；分组资料利用公式计算获得。

1）未分组资料

【例 5-26】 根据 100 个灯泡寿命的未分组资料计算平均差。

未分组资料计算平均差有两种方法：

（1）单击任一空单元格，输入"＝AVEDEV（A2：A101）"，按回车键得结果"15.37"。

（2）在【插入】菜单中选择【函数】选项，在弹出的【粘贴函数】对话框的左侧【函数分类】中选择【统计】，在右侧的【函数名】中选择【AVEDEV】，弹出【函数参数】对话框，输入原始数据所在单元格区域，确定即可得结果"15.37"。

2）分组资料

【例 5-27】 根据 100 个灯泡寿命分组表计算平均差。

根据 100 个灯泡寿命的频数分布表的分组资料绘制表，如图 5.4 所示，计算其平均差。操作步骤如下：

第一步：计算出平均数，其计算过程参见本节数值平均数分组资料例 5-24 的计算步骤。本例使用前面求得的平均数 700.2 小时。

第二步：计算各组灯泡寿命与平均寿命的离差的绝对值。本例首先求得组中值与平均数的差，单击 D2 单元格，输入"＝C2－700.2"，按回车键得 D2 结果，再使用填充柄功能按住鼠标左键向下拖，至 D11 单元格，放开鼠标，可得 D3～D11 结果；然后求离差的绝对值，单击 E2 单元格，输入"＝ABS（D2）"，按回车键得 E2 结果，再使用填充柄功能按住鼠标左键向下拖，至 E11 单元格，放开鼠标，可得 E3～E11 结果。

第三步：计算离差的绝对值与频数的乘积。单击 F2 单元格，输入"＝E2＊B2"，按回车键得 F2 结果，再使用填充柄功能按住鼠标左键向下拖，至 F11 单元格，放开鼠标，可得 F3～F11 结果。乘积之和可利用 SUM 求和函数，单击 F12 单元格，输入"＝SUM（F2：F11）"，按回车键得 F12 结果"1531.2"。

第四步：计算平均差。在表外任一单元格（本例中为 H10）中输入"＝F12/B12"，即可得平均差为"15.312"。

	A	B	C	D	E	F	G	H
1	分组	频数f	组中值x	X-平均数	|X-平均数|	|X-平均数|*f		
2	650～660	2	655	-45.2	45.2	90.4		
3	660～670	5	665	-35.2	35.2	176		
4	670～680	6	675	-25.2	25.2	151.2		
5	680～690	14	685	-15.2	15.2	212.8		
6	690～700	26	695	-5.2	5.2	135.2		
7	700～710	18	705	4.8	4.8	86.4		
8	710～720	13	715	14.8	14.8	192.4		
9	720～730	10	725	24.8	24.8	248		
10	730～740	3	735	34.8	34.8	104.4		15.312
11	740～750	3	745	44.8	44.8	134.4		
12	合计	100				1531.2		

图 5.4 分组资料计算平均差结果

3．标准差与方差

在 Excel 中求标准差与方差，未分组资料使用函数；分组资料利用公式计算获得。

1）未分组资料

在 Excel 中，用于计算标准差的函数有两个：一个是计算样本标准差的函数 STDEV（），另一个是计算总体标准差的函数 STDEVP（）。相对应地，计算方差的函数也有两个：一个是计算样本方差的函数 VAR（），另一个是计算总体方差的函数 VARP（）。

无论是样本资料还是总体资料，利用函数计算标准差和方差的方法都有两种操作方法，见例 5-28 和例 5-29。

【例 5-28】 假设 100 个灯泡的寿命资料是样本资料，计算其标准差与方差。

（1）单击任一空单元格，输入"=STDEV（A2：A101）"，按回车键得结果"19.65"。

（2）在【插入】菜单中选择【函数】选项，在弹出的【粘贴函数】对话框的左侧【函数分类】中选择【统计】，在右侧的【函数名】中选择【STDEV】，弹出【函数参数】对话框，输入原始数据所在单元格区域，确定同样得结果"19.65"。与方差计算操作步骤类似，将函数替换为样本方差函数 VAR 即可。

【例 5-29】 假设 100 个灯泡的寿命资料是总体资料，计算其标准差与方差。

同样是两种操作方法：

（1）单击任一空单元格，输入"=STDEVP（A2：A101）"，按回车键得结果"19.55"。

（2）在【插入】菜单中选择【函数】选项，在弹出的【粘贴函数】对话框的左侧【函数分类】中选择【统计】，在右侧的【函数名】中选择【STDEVP】，弹出"函数参数"对话框，输入原始数据所在单元格区域，确定同样得结果"19.55"。与方差操作步骤类似，将函数替换为总体方差函数 VAP（）即可。

2）分组资料

【例 5-30】 根据 100 个灯泡的寿命的资料计算其标准差与方差。

根据频数分布表的分组资料绘制表，如图 5.5 所示，操作步骤如下。

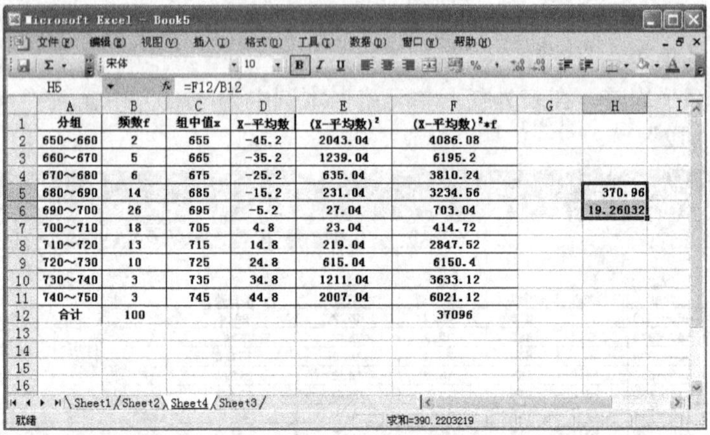

图 5.5 分组资料计算标准差和方差的结果

第一步：计算出平均数，其计算参见例 5-24 计算步骤。本例使用例 5-24 求得的平均数 700.2。

第二步：计算各组灯泡寿命与平均寿命的离差的平方。本例首先求得组中值与平均数的差，单击 D2 单元格，输入"=C2-700.2"，按回车键得 D2 结果，再使用填充柄功能按住鼠标左键向下拖，至 D11 单元格，放开鼠标，可得 D3～D11 结果；然后求离差的平方，单击 E2 单元格，输入"=D2*D2"，按回车键得 E2 结果，再使用填充柄功能按住鼠标左键向下拖，至 E11 单元格，放开鼠标，可得 E3～E11 结果。

第三步：计算离差的平方与频数的乘积。单击 F2 单元格，输入"=E2*B2"，按回车键得 F2 结果，再使用填充柄功能按住鼠标左键向下拖，至 F11 单元格，放开鼠标，可得 F3～F11 结果。乘积之和可利用 SUM 求和函数，单击 F12 单元格，输入"=SUM（F2：F11）"，按回车键得 F12 结果"37096"。

第四步：计算方差和标准差。在表外任一单元格（本例中为 H6）中输入“＝F12/B12”，可得方差为“370.96”；再在表外任一单元格（本例中为 H6）输入“＝SQRT（H5）”，按回车键得标准差“19.26”。或在表外任一单元格中输入“＝SQRT（F12/B12）”，可直接得标准差为“19.26”。

4．离散系数

在对两个平均数不同的总体进行离散程度的比较时，使用标准差或方差是不适宜的，必须使用反映离散程度的相对数来比较，即使用离散系数来比较。

【例 5-31】 有两个不同水平的资料如下。

甲组：50 55 50 60 65 55 70 70 60 60

乙组：10 10 15 16 12 13 15 14 12 12

根据资料计算，甲组的平均数为 59.5，标准差为 6.87；乙组的平均数为 12.9，标准差为 1.97，若根据 6.87＞1.97 而判断甲组的离散程度大于乙组，或乙组的平均数的代表性高于甲组是不正确的。因为两组的水平相差悬殊，所以采用离散系数来比较，甲组的离散系数为 11.6%，乙组的离散系数为 15.3%。11.6%＜15.3%，由此判断甲组的离散程度小于乙组，而不是甲组的离散程度大于乙组。

其操作步骤如下：首先计算平均数，然后计算标准差，最后利用公式计算离散系数，本例结果如图 5.6 所示。简而言之，就是将前面的平均数与标准差的操作步骤结合。

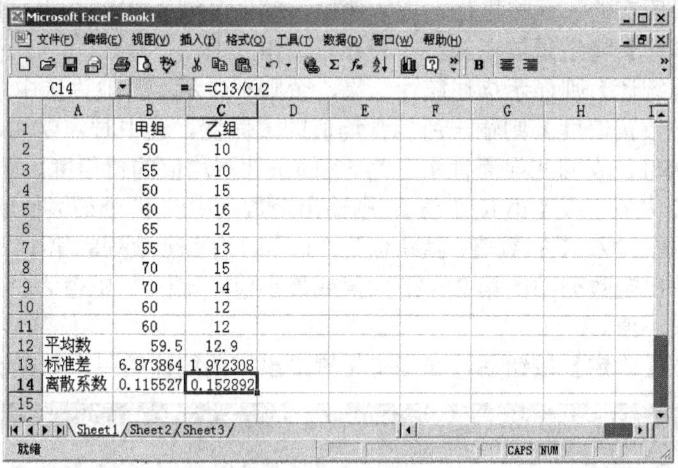

	A	B	C
1		甲组	乙组
2		50	10
3		55	10
4		50	15
5		60	16
6		65	12
7		55	13
8		70	15
9		70	14
10		60	12
11		60	12
12	平均数	59.5	12.9
13	标准差	6.873864	1.972308
14	离散系数	0.115527	0.152892
15			

图 5.6 离散系数计算结果

5.3.3 描述统计工具应用

本节前两个小节是利用函数与公式来计算相应的特征值以描述数据的集中趋势与离散程度。对于统计数据的一些常用的统计量，如平均数、标准差等，Excel 提供了一种更加简便的方法——描述统计工具。用 Excel 描述统计工具可以同时给出平均数、标准误差、中位数（中值）、众数（模式）、样本标准差（标准偏差）、方差、峰度、极差（区域）、最小值、最大值、总和、观测数和置信度等十几个常用的统计量描述数据分布规律。以例 5-32 为操作范例介绍 Excel 描述统计工具的操作方法。

【例 5-32】 根据 100 个灯泡的寿命的资料计算其标准差与方差。

1．排列样本数据

在使用描述统计工具之前，先将样本数据排成一列并排序，本例中为 A2∶A101。

2．使用描述统计工具的操作步骤

第一步：单击【工具】菜单，选择【数据分析】选项。弹出【数据分析】对话框，从其对话框的【分析工具】列表框中选择【描述统计】，单击【确定】按钮，弹出【描述统计】对话框。

第二步：确定【输入区域】和【输出选项】，如图 5.7 所示。

1）确定输入区域

在【描述统计】对话框的【输入区域】框中输入分析数据所在的单元格区域。在本例中，输入区域为$A$1:$A$101。分组方式中指出输入区域中的数据是按行还是按列排列，本例为【逐列】。若输入区域包括列标志行，则选中【标志值位于第一行】复选框，如果输入区域无标志项，Excel 自动在输出区域加上【列 1】、【列 2】等作为标志。本例选中此复选框。

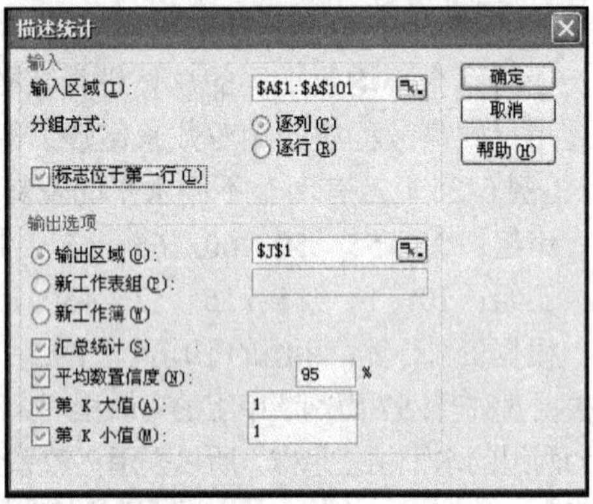

2）确定输出选项

图 5-7 【描述统计】对话框

在【描述统计】对话框中可以指定结果的输出去向，输出去向有 3 种。在【输出区域】框中输入输出结果所在的单元格区域。在本例中，输出区域为$D$2。也可以通过选择【新工作表】或【新工作簿】将结果放在新工作表或新工作簿中。

若选中【汇总统计】则显示描述统计结果，否则不显示。一般为选中。

若选中【平均数置信度】则输出所包含均值的置信度。选中时需要输入置信度，本例中输入的置信度为 95%，表明在显著性水平为 5%的条件下均值的置信度。

若选中【第 K 大值】或【第 K 小值】，则输出全数列中的 K 个最大值或最小值。选中时，需在右侧的文本框中输入 K 的数值，默认值为"1"，即输出全数列的第 1 个最大值或最小值，若输入"2"，则输出全数列中的第 2 个最大值或最小值。本例中 K 值为"1"，即输出第 1 个最大值和第 1 个最小值。

第三步：单击【确定】按钮后，在指定位置给出描述统计结果，如图 5.8 所示。

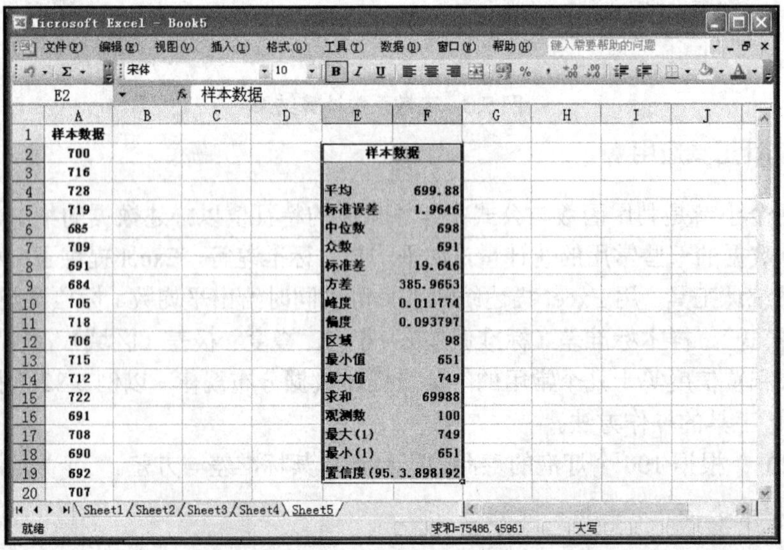

图 5.8 描述统计结果

知识框架

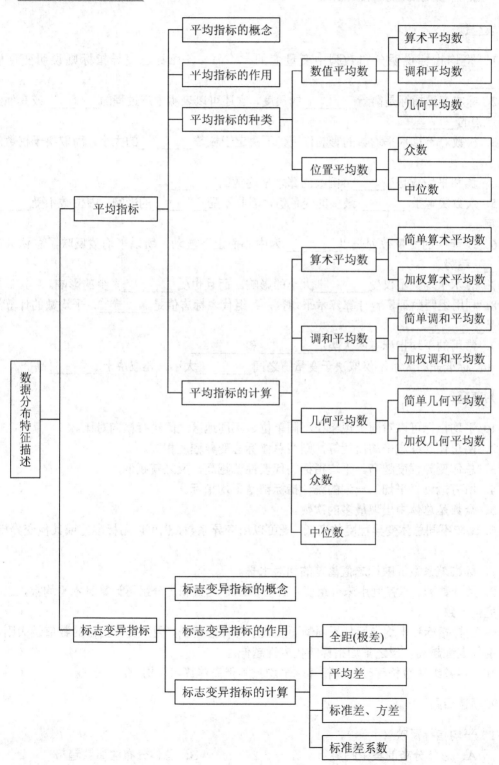

职业能力训练

一、填空题

1．平均指标说明分布数列中变量值的_____，而标志变异指标则说明变量值的_____。

2．标志变异指标是衡量_____的尺度，它还可以表明生产过程的_____或其他经济活动过程的_____。

3．权数对于算术平均数的影响作用，不决定于权数_____的大小，而取决于权数的比重大小。

4．调和平均数是_____倒数的算术平均数的_____。

5．众数决定于_____最多的变量值，因此不受_____的影响；中位数不受_____的影响。

6．统计中的变量数列是以_____为中心而上下波动，所以平均数反映了总体分布的_____趋势。

7．算术平均数不仅受_____大小的影响，而且也受_____多少的影响。

8．利用组距数列资料计算算术平均数，各组代表标志值是_____，平均数的计算结果只能是_____。

9．常用的平均指标有两大类：_____和_____。

10．标准差的大小不仅取决于变量值之间_____大小，还取决于_____高低。

二、判断题

1．平均指标可以对同类现象在不同单位、不同地区之间进行横向对比。（　　）

2．两总体的标志平均值相等，则两总体标志变异程度相同。（　　）

3．总体变异程度越高，平均指标的代表性就越高，反之就越低。（　　）

4．所有冠以"平均"一词的统计指标都是平均指标。（　　）

5．众数是总体中出现最多的次数。（　　）

6．比较不同总体变异程度的高低，既可以用变异系数，也可以用标准差或其他变异指标。（　　）

7．标准差系数反映标志值离差的相对水平。（　　）

8．某一数列，直接利用未分组资料计算算术平均数和先分组再计算算术平均数，二者的结果完全一致。（　　）

9．变异指标和平均指标从不同侧面反映了总体的特征，因而变异指标的数值越大则平均指标的代表性越高，反之平均指标的代表性越低。（　　）

10．当各组次数相等时，加权算术平均数等于简单算术平均数。（　　）

三、单项选择题

1．平均指标反映（　　）。
　　A．总体分布的集中趋势　　　　B．总体分布的离散趋势
　　C．总体分布的大概趋势　　　　D．总体分布的一般趋势

2. 标志变异指标中最容易受极端值影响的是（　　）。
   A．全距　　　　　　B．平均值　　　　　C．标准差　　　　　D．标准差系数
3. 平均差与标准差的主要区别在于（　　）。
   A．意义不同　　　　　　　　　　　　　B．计算条件不同
   C．计算结果不同　　　　　　　　　　　D．数学处理方法不同
4. 加权算术平均数的大小（　　）。
   A．主要受各组标志值大小的影响，而与各组次数的多少无关
   B．主要受各组次数大小的影响，而与各组标志值的多少无关
   C．既受各组标志值大小的影响，又受各组次数多少的影响
   D．既与各组标志值的大小无关，也与各组次数的多少无关
5. 如果你的业务是提供足球运动鞋的号码，那么，下列平均指标对你更有用的是（　　）。
   A．算术平均数　　　B．几何平均数　　　C．中位数　　　　　D．众数
6. 众数是（　　）。
   A．出现次数最少的次数　　　　　　　　B．出现次数最少的标志值
   C．出现次数最多的标志值　　　　　　　D．出现次数最多的频数
7. 标准差越小，则反映变量值（　　）。
   A．越集中，平均数代表性越小　　　　　B．越分散，平均数代表性越小
   C．越分散，平均数代表性越大　　　　　D．越集中，平均数代表性越大
8. 标志变异指标说明变量的（　　）。
   A．变动趋势　　　　B．集中趋势　　　　C．离中趋势　　　　D．一般趋势
9. 标志变异指标中最常用的有（　　）。
   A．全距　　　　　　B．标准差　　　　　C．平均差　　　　　D．标准差系数
10. 为了比较两个不同总体标志的变异程度，必须利用（　　）。
    A．全距　　　　　　B．平均差　　　　　C．标准差　　　　　D．标准差系数

四、多项选择题

1. 平均指标的作用是（　　）。
   A．反映总体的一般水平
   B．对不同时间、不同地点、不同部门的同质总体平均指标进行对比
   C．测定总体各单位分布的离散程度
   D．测定总体各单位分布的集中趋势
   E．反映总体的规模
2. 平均指标和标志变异指标的关系是（　　）。
   A．标志变异指标越大，平均数代表性越大
   B．标志变异指标越大，平均数代表性越小
   C．标志变异指标越小，平均数代表性越大
   D．标志变异指标越小，平均数代表性越小
   E．平均指标与标志变异指标两者紧密联系，分别从不同角度分析现象的特征
3. （　　），加权算术平均数等于简单算术平均数。
   A．各组次数相等　　　　　　　　　　　B．各组标志值相等

  C．变量数列为组距变量数列　　　　D．各组次数都为1
  E．各组次数占总次数的比重相等
4．关于众数，说法正确的是（　　）。
  A．众数是一种位置平均数
  B．众数适用于总体单位数较多，有明显集中趋势的情况
  C．众数是总体出现次数最多的标志值
  D．众数不受极端值的影响
  E．众数是处于变量数列中点位置的标志值
5．标志变异指标可以说明（　　）。
  A．分配数列中变量的离中趋势
  B．分配数列中标志值的变动范围
  C．分配数列中各标志值的离散程度
  D．总体单位标志值的分布特征
  E．分配数列中各标志值的集中趋势
6．下列变异指标中，用无名数表示的有（　　）。
  A．全距　　　　　　B．平均差　　　　　　C．标准差
  D．平均差系数　　　E．标准差系数
7．标志变异指标的作用有（　　）。
  A．可以表明物质供应的均衡性　　　B．要受到数列平均水平高低的影响
  C．是说明总体特征的统计指标　　　D．可以说明数列中变量值的离中趋势
  E．是衡量平均数代表性大小的尺度
8．比较两组工作成绩发现平均指标甲组小于乙组，标准差甲组大于乙组，由此可推断（　　）。
  A．乙组平均水平代表性高于甲组　　B．甲组平均水平代表性高于乙组
  C．乙组工作的均衡性好于甲组　　　D．甲组工作的均衡性好于乙组
  E．甲组标志变异程度大于乙组
9．将各组变量值都扩大1倍，则（　　）。
  A．平均指标值不变　　　　　　　　B．平均指标值扩大1倍
  C．标准差不变　　　　　　　　　　D．标准差系数不变
  E．所有指标都扩大1倍
10．平均指标的应用原则是（　　）。
  A．现象总体的同质性　　　　　　　B．用组平均数补充说明总平均数
  C．用分配数列补充说明总平均数　　D．用标志变异指标补充说明总平均数

五、简答题

1．什么是平均指标？平均指标有哪些特点和作用？
2．什么是权数？它对平均数起什么作用？在什么情况下，简单算术平均数和加权算术平均数的计算结果相等？
3．众数和中位数是如何计算的？它们为什么称为位置平均数？
4．什么是变异指标？有什么作用？
5．什么是标准差系数？计算它有何意义？

六、技能实训

1. 某公司所属企业 10 月的工人保险资料见表 5-14。

表 5-14　某公司所属企业 10 月的工人保险资料

按月保险金额分组/元	各组工人占工人总数的比重
100～200	20%
200～300	55%
300 以上	25%
合　计	100%

要求：计算该公司工人的平均保险金额。

2. 某班组 25 名工人日产量分组资料见表 5-15。

表 5-15　某班组 25 名工人日产量分组资料

日产量/件	工人数/人
12	1
13	2
14	3
15	4
16	5
17	4
18	3
19	2
20	1
合　计	25

要求：
（1）运用 Excel 计算平均数
（2）计算 Excel 计算标准差。

3. 某产品在甲、乙两个市场的交易资料见表 5-16。

表 5-16　某产品在甲、乙两个市场的交易资料

品　种	价格/（元/千克）	甲市场成交额/万元	乙市场成交量/万千克
甲	2.2	1.2	1
乙	2.8	2.8	0.5
丙	3	1.5	0.5
合　计	—	5.5	2

要求：哪个市场的评价高？高的原因是什么？

4. 某企业准备投资开发新产品，现有甲、乙两个方案可供选择，经预测，甲、乙两个方案的预期投资收益率见表 5-17。

表 5-17　甲、乙两个方案的预期投资收益率

市场状况	概率	预期投资收益率	
		甲方案	乙方案
繁荣	0.40	32%	40%
一般	0.40	17%	15%
衰退	0.20	−3%	−15%

要求：
(1) 计算甲、乙两个方案预期收益率的期望值。
(2) 计算甲、乙两个方案预期收益率的标准差。
(3) 计算甲、乙两个方案预期收益率的标准差系数。
(4) 若企业的决策者是风险回避者，最终会选择甲方案还是乙方案？

5．某地区抽样调查职工家庭收入资料见表 5-18。

表 5-18　某地区抽样调查职工家庭收入资料

按平均每人月收入分组/元	职工户数/户
100～200	6
200～300	10
300～400	20
400～500	30
500～600	40
600～700	240
700～800	60
800～900	20

要求：
(1) 计算职工家庭平均每人月收入（用算术平均数公式）。
(2) 计算依下限公式计算确定中位数和众数。
(3) 运用 Excel 完成 (1)、(2) 的计算。

6．某调查机构对甲、乙两市居民家用空调拥有量进行了调查，其分组资料（样本量均为 1 000 户）见表 5-19。

表 5-19　甲、乙两市居民家庭空调拥有量分布

空调拥有量/（台/户）	甲市样本		乙市样本	
	户数/户	频率	户数/户	频率
0	57	5.7%	—	—
1	218	21.8%	228	22.8%
2	435	43.5%	486	48.6%
3	156	15.6%	165	16.5%
4	80	8.0%	76	7.6%
5	54	5.4%	45	4.5%
合计	1 000	100%	1 000	100%

要求:
(1) 计算两市的平均家庭拥有的空调数量。
(2) 计算两市的平均家庭拥有的空调数量的众数、中位数。
(3) 计算两市的平均家庭拥有的空调数量标准差、标准差系数,判断两市空调拥有量的差异程度。
(4) 运用 Excel 完成 (1)、(2)、(3) 的计算。

7. 两个生产班组的日产量资料见表 5-20。

表 5-20 两个班组的日产量资料

甲班组		乙班组	
日产量/千克	工人数/人	日产量/千克	工人数/人
5	6	8	11
7	10	12	14
9	12	14	7
10	8	15	6
13	4	16	2
合 计	40	合 计	40

要求:
(1) 运用 Excel 完成相关计算。
(2) 哪个班组工人的平均日产量的代表性高?

8. 两种不同水稻品种,分别在 5 个田块上试种,其产量见表 5-21。

表 5-21 两种水稻在 5 个田块上的产量

甲品种		乙品种	
田块面积/亩	产量/千克	田块面积/亩	产量/千克
1.2	600	1.5	840
1.1	495	1.4	770
1.0	445	1.2	540
0.9	540	1.0	520
0.8	420	0.9	450

要求:
(1) 分别计算两品种的单位面积产量。
(2) 计算两个品种亩产量的标准差和标准差系数。
(3) 假定生产条件相同,确定哪一个品种具有较大稳定性。
(4) 运用 Excel 完成 (1)、(2) 的计算。

第 6 章

抽样推断分析

CHOUYANG TUIDUAN FENXI

【知识目标】

- 理解抽样推断的含义
- 理解抽样误差的含义并掌握其计算方法
- 掌握区间估计的方法
- 掌握样本的确定方法
- 理解假设检验的含义和两类错误
- 掌握假设检验的方法

【技能目标】

- 培养学生使用抽样调查方法分析解决复杂问题能力
- 培养学生通过样本数据对总体进行估计推断的能力
- 熟练运用 Excel 软件进行抽样推断分析的操作

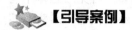
【引导案例】

抽样推断在客户满意度调查中的应用

某公司市场部非常重视调查顾客对其品牌的满意情况,市场部的管理目标是使消费者对其品牌的满意程度一直保持在75%的水平以上。最近,市场部经理接到一些消费者的抱怨,也得到一些消费者的表扬,这使他对目前的顾客满意程度产生了怀疑,客户的满意度是否发生了变化,为此市场部委托一家市场调查公司进行抽样调查。调查人员在该地区随机抽取了500个有效样本,其中有384人对其品牌表示满意,再以0.1的显著性水平检验顾客满意度是否发生了变化。

分析:抽样调查无论是在自然科学领域还是在社会科学领域均有着广泛的运用,如产品质量控制、检测灯泡的使用寿命、检验产品包装的重量是否符合标准、检查零件的尺寸是否符合要求的尺寸等,只能采取抽样调查等。

抽样调查的原则是什么?应该确定抽取多少的样本单位?如何控制抽样带来的误差以保证抽取的样本可以代表总体?如何利用样本数据进行总体参数估计?如何利用样本的实际资料来检验事先对总体某些数量特征所作的假设是否可信?本章将系统介绍抽样推断的基本理论与方法。

6.1 抽样推断

6.1.1 抽样推断的含义、特点及作用

1. 抽样推断的含义

抽样推断是按照随机原则,从全部研究总体中抽取一部分单位进行调查,并依据所获得的数据对总体的某一数量特征做出具有一定可靠程度的估计与推断的一种统计方法。抽样推断的全过程就是抽样调查。

所谓随机原则,是指在抽取样本时,排除人们主观意图的作用,使得总体中的各单位均以相等的机会被抽中。随机原则又称等可能性原则。例如,对一批产品进行质量检查时,从全部产品中随机抽取部分产品进行检测,计算合格率,以此来推断全部产品的合格率等。

2. 抽样推断的基本特点

(1)抽样推断是以样本指标推断总体数量特征。统计研究的目的是认识社会经济现象总体的数量特征,但并不是所有的经济现象都可以通过全面调查可以完成。有些社会经济现象只能进行非全面调查,只能利用样本指标与总体指标之间的内在关系,用样本指标去推断总体数量特征。

(2)抽样推断选取样本单位时必须遵循随机原则。抽样推断要求所选的样本能充分代表总体,只有严格遵循随机原则,才能保证所选样本结构与总体结构相同或两者的分布相一致,才能按照概率论的原则计算抽样误差,并对总体资料进行推断。

(3)抽样误差可以事先计算并加以控制。抽样推断是用样本来推总体数量特征,必然会产生误差,但抽样误差可以事先计算,并且可以控制在一定的范围内,以保证抽样推断的准确性。

3. 抽样推断的作用

(1)抽样推断能完成其他调查方式不能完成的调查任务。在实际生活中,有时不可能或

不必要进行全面调查，则可以采用抽样调查方法来推断总体的特征。例如，对无限总体不能采用全面调查。另外，有些产品的质量检查具有破坏性，如电视机使用寿命检验、罐头的防腐期限试验、轮胎的里程试验等，这些调查所使用的测试手段对产品具有破坏性，不可能进行全面调查，只能采用抽样调查。

（2）抽样推断的结果可以对全面调查资料的结果进行检查和修正。全面调查涉及面宽，工作量大，参加人员多，很容易产生登记性或计算性误差，则可以在全面调查之后进行抽样复查，根据抽样结果计算差错率，并以此为依据检查和修正全面调查结果，从而提高全面调查质量，如我国的人口普查工作。

（3）利用抽样推断原理进行假设检验以对事物做出正确的判断。例如，某厂生产的产品每包重量为 50 克，标准差 0.64 克，随机抽取 100 包进行调查，每包平均重量为 49.5 克，可否直接判断该批产品重量不符合要求呢？不能盲目下结论，必须根据抽样数据进行假设性检验，根据显著性差异程度做出判断。

（4）抽样调查可以用于工业生产过程的质量控制。在工业产品成批或大量连续生产过程中，利用抽样调查可以检验生产过程是否正常，及时供给信息，进行质量控制，保证生产质量稳定。

6.1.2 抽样的基本概念

1. 总体和样本

1) 总体

全及总体简称总体，是指所要调查的研究对象的全部单位构成的整体。总体单位数通常用 N 表示。

2) 样本

抽样总体简称样本，又称子样，是从总体中按照随机原则随机抽取出来部分单位构成的总体。样本的单位数通常用 n 表示。

2. 参数与统计量

1) 参数

参数又称总体指标，是用来描述总体数量特征的综合指标。

本章中所要研究的参数主要有总体平均数 $\bar{X}$、总体方差 σ^2、总体标准差 σ、总体成数 P、总体成数平均数 $\bar{X}_P$、总体成数标准差 σ_P 等。

对于变量总体，由于各单位的标志可以用数量表示，因此可以计算总体平均数，通常用 $\bar{X}$ 表示。设 X 为总体的某一变量，其 N 项变量值为 X_1、X_2、…、X_n，则总体平均数为

$$\bar{X}=\frac{\sum X}{N} \quad 或 \quad \bar{X}=\frac{\sum XF}{\sum F} \tag{6-1}$$

就变量总体而言，其总体方差和标准差计算公式分别为

$$\sigma^2=\frac{\sum(X-\bar{X})^2}{N} \quad 或 \quad \sigma^2=\frac{\sum(X-\bar{X})^2 F}{\sum F} \tag{6-2}$$

$$\sigma=\sqrt{\frac{\sum(X-\bar{X})^2}{N}} \quad 或 \quad \sigma=\sqrt{\frac{\sum(X-\bar{X})^2 F}{\sum F}} \tag{6-3}$$

对于属性总体，由于各单位标志不能用数量表示，因此总体参数常以成数或比重来表示。

通常以 P 表示总体中具有某种标志表现即"是"的单位数在总体单位数中所占的比重；以 Q 表示不具有某种标志表现即"非"的单位数所占的比重。设总体 N 个单位中，有 N_1 个单位具有某种标志表现，N_0 个单位不具有某种标志表现，且 $N=N_1+N_0$，则总体成数为

$$P=\frac{N_1}{N}, \quad Q=\frac{N_0}{N}=\frac{N-N_1}{N}=1-P \tag{6-4}$$

🔍【特别提示】

统计上把只表现为"是"与"非"的标志称为是非标志，也称交替标志，如性别标志等。

在属性总体条件下，可以把"是"与"非"两种标志表现进行量化处理，用"1"表示"是"，即具有某种标志表现，用"0"表示"非"，即不具有某种标志表现，那么"是"的成数就可视为是非标志的平均数，从而计算出属性总体的平均数、方差和标准差，公式分别为

$$\bar{X}_P=\frac{\sum XF}{\sum F}=\frac{0\times N_0+1\times N_1}{N_0+N_1}=\frac{N_1}{N}=P \tag{6-5}$$

$$\sigma_P^2=\frac{(0-P)^2 N_0+(1-P)^2 N_1}{N_0+N_1}=\frac{P^2 N_0+Q^2 N_1}{N} \tag{6-6}$$

$$=P^2 Q+Q^2 P=PQ(P+Q)=P(1-P)$$

$$\sigma_P=\sqrt{P(1-P)} \tag{6-7}$$

【例6-1】红光灯泡厂生产的10 000只灯泡中，有9 550只是合格品，有450只是不合格产品，则

$$P=\frac{N_1}{N}=\frac{9\ 550只}{10\ 000只}=95.5\% \qquad Q=\frac{N_0}{N}=\frac{450只}{10\ 000只}=4.5\%$$

$$\bar{X}_P=\frac{\sum XF}{\sum F}=\frac{0\times N_0+1\times N_1}{N_0+N_1}=\frac{N_1}{N}=P=95.5\%$$

$$\sigma_P=\sqrt{P(1-P)}=\sqrt{95.5\%\times 4.5\%}=20.73\%$$

2）统计量

根据样本各单位标志值计算的反映样本特征的指标称为统计量，也称样本指标。它是用来估计总体参数的。统计量主要有样本平均数 $\bar{x}$、样本方差 S^2、样本标准差 S、样本成数、样本非标志的方差和标准差。

对于变量总体，样本平均数表示样本内各单位某一标志值的一般水平。其计算公式为

$$\bar{x}=\frac{\sum x}{n} \quad 或 \quad \bar{x}=\frac{\sum xf}{\sum f} \tag{6-8}$$

样本方差反映样本中各单位标志值的离散程度

样本的方差和样本标准差的计算公式分别为

$$S^2=\frac{\sum(x-\bar{x})^2}{n} \quad 或 \quad S^2=\frac{\sum(x-\bar{x})^2 f}{\sum f} \tag{6-9}$$

$$S=\sqrt{\frac{\sum(x-\bar{x})^2}{n}} \quad 或 \quad S=\sqrt{\frac{\sum(x-\bar{x})^2 f}{\sum f}} \tag{6-10}$$

对于属性总体而言，设样本 n 个单位中有 n_1 个单位具有某种属性，n_0 个单位不具有某种

属性，$n_1+n_0=n$，p 为样本中具有某种属性的单位数所占的比重，q 为不具有某种属性的单位数所占的比重，则抽样成数为

$$p=\frac{n_1}{n}, \quad q=\frac{n_0}{n}=\frac{n-n_1}{n}=1-p \tag{6-11}$$

非标志的方差和标准差的计算公式分别为

$$S_p^2 = p(1-p) \tag{6-12}$$

$$S_p = \sqrt{p(1-p)} \tag{6-13}$$

3. 样本容量和样本个数

样本容量和样本个数是两个有联系但又完全不同的概念。

样本容量是指一个样本所包含的位数。

样本个数又称样本可能数目，是指从一个总体上可能抽取的样本个数。

4. 重复抽样和不重复抽样

在抽样调查中，抽取样本的方法有两种：重复抽样和不重复抽样。

1）重复抽样

重复抽样又称重置抽样、放回抽样，是指从全及总体 N 个单位中随机抽取一个容量为 n 的样本，每次抽中的单位经登录其有关标志表现后又放回总体，再从总体中抽取下一个样本单位。

🔍【特别提示】

在重复抽样方法中，每一个单位都有被重复抽中的机会，每次抽样的总体单位数是不变的，每个单位在每次抽取中被选中的机会是均等的。

2）不重复抽样

不重复抽样又称不重置抽样、不放回抽样，是指从全及总体 N 个单位中随机抽取一个容量为 n 的样本，每次抽中的单位登录其有关标志表现后不再放回总体，下一次则从剩下的单位中继续抽取，如此反复，最终抽取一个样本。

🔍【特别提示】

在不重复抽样方法中，每个单位至多被抽中一次，每次抽取一个单位后，下一次抽取的总体单位数减少一个，先后抽取的单位被抽中的机会是不均等的。

6.1.3 抽样的组织形式

抽样的组织形式主要有以下几种，见表 6-1。

表 6-1 抽样组织的主要形式

抽样组织形式	概念解释	特征
简单随机抽样	也称纯随机抽样，是指在进行抽样时，对总体不经过任何形式的整理和加工，完全随机地从总体中抽取样本单位的抽样方式	简单随机抽样方式一般采用抽签法或随机数数字生成法。抽签法即先将全及总体各个单位按照某种自然的顺序编上号，并做成号签，以抽签的发方式任意抽取所需单位数，然后按照抽中的号码得到对应的调查单位加以登记调查。抽签法适用于总体单位数目较小的情况

续表

抽样组织形式	概念解释	特征
类型抽样	又称或分类抽样,是在总体中所有单位按某一主要标志分组的基础上,从各组中再按随机原则抽取样本单位的组织形式	类型抽样将分组法与随机抽样原则结合在一起,该抽样方式适用于总体单位标志值差异比较大的情况
等距抽样	又称机械抽样或系统抽样,是事先将总体各单位按某一标志排列,然后按照固定顺序和相同的间隔抽取样本单位的一种抽样组织形式	等距抽样该抽样方式的随机性体现在抽取的第一个样本单位上,当第一个样本单位确定后,其他单位也就确定了,因此,要保证第一单位选取的随机性
整群抽样	也称分群抽样或集团抽样,是将总体各单位划分成若干群,然后以群为单位,从中随机抽取一些群,对选中群的所有单位进行全面调查的抽样方式	与前几种抽样的最大区别在于,前3种方式都是一个一个抽取样本单位,而整群抽样是成群的抽取样本单位
多阶段抽样	多阶段是在组织抽样时,不是从总体中一次直接抽取样本单位,而是把抽样过程分成几个过渡阶段进行。到最后才具体抽取样本单位。它是先抽大单位,再在大单位中抽小单位,在小单位中抽更小单位,直到抽出最终能取得推断总体的基本单位为止	当总体单位分布范围很广泛,总体单位数很多的情况下,可以采用多阶段抽样进行调查。如从总体中采取一次直接抽取足够多的样本很困难时,可采用多阶段抽样

注:前4种方式都属于单阶段抽样,都是经过一次抽样就可以确定样本。

【知识拓展】

所谓随机数表,是指含有一系列组别的随机数字的表格,表格中数字的出现及其排列是随机形成的。查随机数表时,可以竖查、横查、顺查、逆查;可以用每组数字左边的头几位数,也可以用其右边的后几位数,还可以用中间的某几个数字。这些都需要事先定好。但一经决定采用某一种具体做法,就必须保证对整个样本的抽取完全遵从统一规则。随机数字生成法适用于总体数目很大的情况。

6.2 抽样误差

6.2.1 抽样误差的概念

在统计工作,统计结果和实际数值之间往往存在一定的差异,称为统计误差。统计误差的来源主要有两类。

(1)登记性误差,也称调查误差,是指在调查登记过程中发生的误差,如由于观察、测量、记录、计算等产生的错误而引起的误差,这类误差是可以避免的。

(2)代表性误差,在抽样调查中,是指由于用样本不足以代表总体而产生的误差。而代表性误差的根据产生原因的不同又可分为两种:一是系统性误差,是由于违反随机抽样原则而产生的误差,这种误差只要遵循随机原则就可以避免,因此可以通过有效组织抽样工作而避免;二是随机性误差,是遵守随机抽样原则进行抽样但样本本身的结构与总体结构不完全一致而产生的误差,抽样误差不可消除,但可以计算和控制。统计误差的分类如图 6.1 所示。

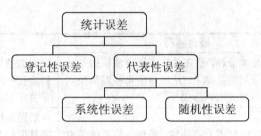

图 6.1 统计误差的分类

🔍【特别提示】

在本章中所说的抽样误差指的就是随机性误差。

抽样误差是指由于随机抽样的偶然因素使样本各单位的结构不足以代表总体各单位的结构而产生的误差。

6.2.2 抽样平均误差

1. 抽样平均误差的含义

抽样误差表示了样本指标与总体指标之间的离差绝对数,如抽样平均数与总体平均数之间的离差 $(\bar{x}-\bar{X})$。但是在抽样调查中,总体指标数值是未知的,因此实际抽样误差是无法计算的。而且由于抽样误差是随机的,因此也不能以某一个样本的误差来代表所有样本与总体之间的误差,应该用抽样平均误差来反映抽样误差平均水平。

抽样平均误差是根据随机原则抽样时,所有可能出现的样本指标的标准差。它反映样本平均数(样本成数)与总体平均数(总体成数)的平均误差程度,一般用 μ 来表示。其理论计算公式如下。

样本平均数的抽样平均计算公式为

$$\mu_{\bar{x}}=\sqrt{\frac{\sum(\bar{x}-\bar{X})^2}{\text{样本可能数目}}} \tag{6-14}$$

样本成数的抽样平均计算公式为

$$\mu_{P}=\sqrt{\frac{\sum(p-P)^2}{\text{样本可能数目}}} \tag{6-15}$$

这两个公式是理论公式,在实际抽样中,由于总体指标未知,而且也无法也不必要将总体中可能的样本全部抽取出来,因而该公式实际上无法进行计算。

2. 抽样平均误差的计算

根据抽样平均误差与总体标准差之间的关系推导抽样平均误差的实际计算公式如下。

1) 抽样平均数的抽样平均误差计算

重复抽样的抽样平均误差的计算公式为

$$\mu_{\bar{x}}=\sqrt{\frac{\sigma^2}{n}}=\frac{\sigma}{\sqrt{n}} \tag{6-16}$$

不重复抽样的抽样平均误差的计算公式为

$$\mu_{\bar{x}}=\sqrt{\frac{\sigma^2}{n}\left(\frac{N-n}{N-1}\right)} \tag{6-17}$$

当总体单位数 N 很大时，$N-1$ 接近于 N，即可用 N 代替 $N-1$，则上列公式可简化为

$$\mu_{\bar{x}} = \sqrt{\frac{\sigma^2}{n}\left(1-\frac{n}{N}\right)} \tag{6-18}$$

2）抽样成数的抽样平均误差计算

重复抽样的抽样平均误差的计算公式为

$$\mu_p = \sqrt{\frac{P(1-P)}{n}} = \frac{\sigma_P}{\sqrt{n}} \tag{6-19}$$

不重复抽样的抽样平均误差的计算公式为

$$\mu_p = \sqrt{\frac{P(1-P)}{n}\left(1-\frac{n}{N}\right)} = \sqrt{\frac{\sigma_P^2}{n}\left(1-\frac{n}{N}\right)} \tag{6-20}$$

🔍【特别提示】

以上所有的公式中，不论是抽样平均数的抽样平均误差，还是抽样成数的抽样平均误差，所用的标准差都是总体的标准差。但实际上，无论是在抽样之前，还是在抽样之后，总体的标准差都是未知的。因此，一般都用样本总体的相应指标来代替。

【例 6-2】 从某学院 2012 级的 2 000 名学生中，按简单随机抽样方式抽取 40 名学生，对公共理论课的考试成绩进行检查，得知其平均成绩为 78.75 分，标准差为 12.13 分，试根据重复抽样和不重复抽样的方法分别计算抽样平均误差。

按重复抽样计算抽样平均误差：

$$\mu_{\bar{x}} = \sqrt{\frac{\sigma^2}{n}} = \frac{\sigma}{\sqrt{n}} = \frac{12.13 \text{分}}{\sqrt{40}} = 1.92 \text{分}$$

按不重复抽样计算抽样平均误差：

$$\mu_{\bar{x}} = \sqrt{\frac{\sigma^2}{n}\left(\frac{N-n}{N-1}\right)} = \sqrt{\frac{(12.13\text{分})^2}{40}\left(1-\frac{40}{2000}\right)} = 1.9\text{分}$$

【例 6-3】 某企业生产的产品，按正常生产经验，合格率为 95%，现从 5 000 件产品中抽取 50 件进行检验，求合格率的抽样平均误差。

解：重复抽样条件下，合格率的抽样平均误差为

$$\mu_p = \sqrt{\frac{P(1-P)}{n}} = \sqrt{\frac{0.95 \times 0.05}{50}} = 3.08\%$$

不重复抽样条件下，合格率的抽样平均误差为

$$\mu_p = \sqrt{\frac{P(1-P)}{n}\left(1-\frac{n}{N}\right)} = \sqrt{\frac{0.95 \times 0.05}{50}\left(1-\frac{50}{5000}\right)} = 3.07\%$$

3．影响抽样误差的因素

（1）抽样单位数的多少。在其他条件不变的情况下，抽样平均误差与样本单位数呈反向变动。即抽样单位数越多，样本越能代表总体特征，抽样平均误差就越小；反之，样本单位数越小，抽样平均误差越大。

（2）总体各单位标志值的差异程度。在其他条件不变的情况下，抽样平均误差与样本各单位呈同向变动。总体内各单位标志值的差异程度越小，抽样平均误差就越小。反之，总体内各单位标志值的差异程度越大，抽样平均误差就越大。

(3)抽样方法。抽样方法不同,抽样误差也不同。在其他条件不变的情况下,不重复抽样的误差比重复抽样的误差要小。

(4)抽样的组织形式。选择不同的抽样组织形式,也会有不同的抽样误差。

6.2.3 抽样极限误差

1. 抽样极限误差的含义

抽样极限误差又称允许误差,是指样本指标与总体指标之间的可能误差范围。

由于总体指标是确定的,而样本指标是随机的,总是围绕着总体指标变动,它与总体指标可能会产生正的或负的离差,这些离差均是抽样指标的随机变量,因而难以避免,只能将其控制在预先要求的误差范围。

抽样极限误差通常用样本指标可允许变动的上限或下限与总体指标的绝对离差表示,记作Δ。用$\Delta_{\bar{x}}$和Δ_p分别表示抽样平均数和抽样成数的抽样极限误差,则有

$$|\bar{x}-\bar{X}| \leqslant \Delta_{\bar{x}} \qquad (6-21)$$

$$|p-P| \leqslant \Delta_p \qquad (6-22)$$

上面的不等式可以变换为下列不等式关系:

$$\bar{x}-\Delta_{\bar{x}} \leqslant \bar{X} \leqslant \bar{x}+\Delta_{\bar{x}}$$

$$p-\Delta_p \leqslant P \leqslant p+\Delta_p$$

这个变动范围被称为估计区间。

2. 抽样极限误差的概率度

基于概率估计的要求,抽样极限误差通常需要以抽样平均误差$\Delta_{\bar{x}}$或Δ_p为标准单位来衡量。抽样极限误差Δ是单个样本值与总体指标值之间的绝对离差,而抽样平均误差μ是所有可能样本值与总体指标值之间的平均离差,用抽样极限误差与抽样平均误差相比,得出的相对数称为抽样误差的概率度,从而使由单一样本值得到的抽样极限误差标准化,它表示误差范围为抽样平均误差的若干倍,是测量估计可靠程度的一个参数,用t表示。计算公式为

$$t=\frac{\Delta_{\bar{x}}}{\mu_{\bar{x}}}=\frac{|\bar{x}-\bar{X}|}{\mu_{\bar{x}}} \quad \text{或} \quad \Delta_{\bar{x}}=t\mu_{\bar{x}} \qquad (6-23)$$

$$t=\frac{\Delta_p}{\mu_p}=\frac{|p-P|}{\mu_p} \quad \text{或} \quad \Delta_p=t\mu_p \qquad (6-24)$$

概率度t与相应概率$F(t)$列于表6-2。

表6-2 概率度t与相应概率$F(t)$列表

概率度t	概率$F(t)$/(%)
1.00	68.27
2.00	95.45
3.00	99.73
1.64	90.00
1.96	95.00
2.58	99.00

6.3 抽样估计的方法

抽样估计是指利用实际调查计算的样本指标值来估计相应的总体指标的数值。由于总体指标是表明总体数量特征的参数,所以也称参数估计。参数估计有点估计和区间估计两种方法。

6.3.1 点估计

点估计也称定值估计,是指用样本指标的实际值直接作为总体相应指标的估计值的一种估计方法。

点估计的基本特点是,根据总体指标的结构形式设计样本指标作为总体参数的估计量,并以样本指标的实际值作为相应总体参数的估计值。

一般以样本平均数的实际值作为相应总体平均数的估计值,以样本成数的实际值作为相应总体成数的估计值等,即 $\bar{x}=\bar{X}$,$\bar{p}=P$。

点估计的缺点是没有考虑抽样估计的误差,也没有考虑估计的可靠性程度。点估计的优点是由于点估计原理直观、计算简单。因此在实际工作中,对于误差比较小或即使抽样误差比较大也不妨碍认识和判断时,可以使用此方法。

6.3.2 区间估计

1. 区间估计的概述

区间估计是在一定的概率把握程度下,根据样本指标和抽样极限误差估计总体指标所在可能范围的方法。

区间估计的基本特点是根据给定的概率保证程度的要求,利用实际样本资料,给出总体指标估计值的上限与下限,即给出可能覆盖的总体指标的区间范围。

由 6.2.3 节内容可知,其基本公式为

$$\bar{x}-\Delta_{\bar{x}} \leqslant \bar{X} \leqslant \bar{x}+\Delta_{\bar{x}}$$

$$p-\Delta_p \leqslant P \leqslant p+\Delta_p$$

由于 $\Delta_{\bar{x}}=t\mu_{\bar{x}}$ 或 $\Delta_p=t\mu_p$,因此,区间估计的一般公式可以表示为

$$\bar{x}-t\mu_{\bar{x}} \leqslant \bar{X} \leqslant \bar{x}+t\mu_{\bar{x}} \tag{6-25}$$

$$p-t\mu_p \leqslant P \leqslant p+t\mu_p \tag{6-26}$$

置信区间又称估计区间,是指由低限到高限两个数值所构成的可能范围,由样本指标和极限误差组成。考虑了估计的准确性问题。

置信概率是指区间估计的概率保证程度,也称置信度。它是表明样本指标与总体指标的误差不超过一定范围的概率有多大,考虑估计的可靠性问题。

区间估计考虑了估计结果的准确程度,又同时考虑估计结果的可靠程度,所以区间估计是参数估计的主要方法。

区间估计有 3 个要素,即样本指标、抽样平均误差和概率度。

2．区间估计的方法

在进行抽样的区间估计时，根据给定的条件不同，有两种估计方法。

1）给定极限误差，要求对总体指标做出区间估计

【例6-4】 某企业对生产的某批电子器件进行检验，随机抽取100只，测得平均耐用时间为1 000小时，标准差为50小时，合格率为94%。若耐用时间的允许误差范围不超过10小时，试估计该批产品平均耐用时间的区间及其概率保证程度。

解：已知 $\bar{x}=1\,000$ 小时，$\sigma=50$ 小时，$\Delta_x=10$ 小时

平均标准误差：$\mu_x=\dfrac{\sigma}{\sqrt{n}}=\dfrac{50\text{小时}}{\sqrt{100}}=5\text{小时}$

根据给定的极限误差 Δ_x，计算如下。

耐用时间的下限：$\bar{x}-\Delta_x=(1\,000-10)$ 小时 $=990$ 小时

耐用时间的上限：$\bar{x}+\Delta_x=(1\,000+10)$ 小时 $=1\,010$ 小时

即耐用时间的估计区间为 [990，1 010]。

根据 $t=\dfrac{\Delta_{\bar{x}}}{\mu_{\bar{x}}}=\dfrac{10}{5}=2$，查概率表得 $F(t)=95.45\%$。

估计该批产品的平均耐用时间为 990~1 010 小时，有 95.45%的概率保证程度。

【例6-5】 某企业对生产的某批电子器件进行检验，随机抽取100只，测得合格率为94%。若合格率估计的误差范围不超过2.45%，试估计该批产品合格率的区间及其概率保证程度。

解：已知 $p=94\%$，$\Delta_p=2.45\%$

抽样平均误差：$\mu_p=\sqrt{\dfrac{p(1-p)}{n}}=\sqrt{\dfrac{0.94\times 0.06}{100}}=\sqrt{\dfrac{0.0564}{100}}=2.38\%$

根据给定的 Δ_p，计算：

合格率下限：$p-\Delta_p=94\%-2.45\%=91.55\%$

合格率上限：$p+\Delta_p=94\%+2.45\%=96.45\%$

根据 $t=\dfrac{\Delta_p}{\mu_p}=\dfrac{2.45\%}{2.38\%}=1.03$，查概率表得 $F(t)=69.70\%$。

由以上计算结果，估计该批产品的合格率为 91.55%~96.45%，有 69.70%的概率保证程度。

2）给定概率保证程度，要求对总体指标做出区间估计

【例6-6】 某外贸公司出口一种袋装食品，规定每袋规格不低150克，现用重复抽样的方法抽取其中的100袋进行检验，其抽样结果见表6-3。

表6-3 某袋装食品质量规格资料

每袋质量/克	袋　　数
148~149	10
149~150	20
150~151	50
151~152	20
—	100

试以 99.73%的概率估计这批食品平均每袋质量的范围。

解：样本平均数：$\bar{x}=\dfrac{\sum xf}{\sum f}=\dfrac{15\,030\text{克}\cdot\text{袋}}{100\text{袋}}=150.3\text{克}$

样本标准差：$\sigma=\sqrt{\dfrac{\sum(x-\bar{x})^2 f}{\sum f}}=0.87\text{克}$

抽样平均误差：$\mu_x=\dfrac{\sigma}{\sqrt{n}}=\dfrac{0.87\text{克}}{\sqrt{100}}=0.087\text{克}$

抽样极限误差：$\Delta_x=t\mu_x=3\times 0.087\text{克}=0.261\text{克}$

平均每袋质量的估计的上限：$\bar{x}+\Delta_x=(150.3+0.261)\text{克}=150.561\text{克}$

平均每袋质量的估计的下限：$\bar{x}-\Delta_x=(150.3-0.261)\text{克}=150.039\text{克}$

平均每袋质量的区间范围：[150.039，150.561]。

以 99.73%的概率保证，该批食品平均每袋质量为 150.039～150.561 克。

【例 6-7】 以例 6-6 材料为基础，若以 99.73%的概率保证估计这批食品的合格率范围。

$$n_1=50+20=70$$

样本合格率：$p=\dfrac{70}{100}=0.7$

合格率的抽样平均误差：$\mu_p=\sqrt{\dfrac{p(1-p)}{n}}=\sqrt{\dfrac{0.7\times 0.3}{100}}=0.045\,8$

抽样极限误差：$\Delta_p=t\mu_p=3\times 0.045\,8=0.137\,4$

合格率的上限：$p+\Delta_p=0.7+0.137\,4=83.74\%$

合格率的下限：$p-\Delta_p=0.7-0.137\,4=56.26\%$

合格率的区间范围：[56.26%，83.74%]。

以 99.73%的概率保证，该批食品包装的合格率为 56.3%～83.7%。

6.4　确定样本容量

6.4.1　影响样本容量的主要因素

样本单位数越多，样本的代表性越大，抽样误差越小，抽样估计就越可靠。但样本容量过多会增加不必要的人力、物力和费用开支，造成浪费。样本容量减少，又会使抽样误差增大，达不到所需要的准确程度。基本原则是，在保证预期的抽样估计可靠程度的要求下，抽取的样本单位数不宜过多。

影响样本容量的因素主要有以下几个方面。

（1）总体各单位标志变异程度。总体标志变异程度大，要求样本容量大些；反之，总体标志变异程度小，样本容量可以小些。

（2）抽样方法。在其他条件相同的情况下，重复抽样要比不重复抽样多抽取一些样本单位。

（3）抽样组织形式。一般来说，类型抽样和等距抽样的样本容量要小于简单随机抽样的样本容量。

（4）极限误差的大小。如果允许误差大，样本容量就小；反之，如果允许误差小，样本容量就大。

（5）抽样估计的可靠程度即概率 $F(t)$ 的大小。如果估计的可靠程度要求越高即 $F(t)$ 越大，样本容量就越多；反之，如果估计的可靠程度要求越低，即 $F(t)$ 越小，样本容量就越少。

6.4.2 必要样本容量的计算公式

以简单随机抽样为例，确定必要的样本容量的公式如下。

1）估计总体平均数的必要样本容量

重复抽样的总体平均数的必要样本容量的计算公式为

$$n=\frac{t^2\sigma^2}{\Delta_{\bar{x}}^2} \tag{6-27}$$

不重复抽样的总体平均数的必要样本容量的计算公式为

$$n=\frac{Nt^2\sigma^2}{N\Delta_{\bar{x}}^2+t^2\sigma^2} \tag{6-28}$$

【例6-8】 某食品厂要检验本月生产的 10 000 袋某产品的重量，根据以往的资料，这种产品每袋质量的标准差为 25 克。如果要求在概率保证程度为 95%，平均每袋质量的误差不超过 5 克，应抽查多少袋产品？

解：由题意可知 $N=20\,000$，$\sigma=25$ 克，$\Delta_{\bar{x}}=5$ 克，根据 $F(t)=95\%$，则 $t=1.96$。

重复抽样：$n=\dfrac{t^2\sigma^2}{\Delta_{\bar{x}}^2}=\dfrac{1.96^2\times(25\text{克/袋})^2}{(5\text{克/袋})^2}\approx 95$ 克

不重复抽样：$n=\dfrac{Nt^2\sigma^2}{N\Delta_{\bar{x}}^2+t^2\sigma^2}=\dfrac{1.96^2\times(25\text{克/袋})^2\times 10\,000}{(5\text{克/袋})^2\times 10\,000\text{袋}+1.96^2\times(25\text{克/袋})^2}\approx 96$ 袋

2）估计总体成数的必要样本容量

重复抽样的总体成数的必要样本容量的计算公式为

$$n=\frac{t^2P(1-P)}{\Delta_p^2} \tag{6-29}$$

不重复抽样的总体成数的必要样本容量的计算公式为

$$n=\frac{Nt^2P(1-P)}{N\Delta_p^2+t^2P(1-P)} \tag{6-30}$$

【例 6-9】 对某罐头厂生产的罐头质量进行抽样调查，抽样极限误差为 5%，概率为 0.954 5，并已知过去进行同样抽样调查其不合格率为 10%，试求必要的样本容量。

根据题意可知：$t=2$，$P=90\%$，$\Delta_p=5\%$

重复抽样：$n=\dfrac{t^2P(1-P)}{\Delta_p^2}=\dfrac{2^2\times 90\%\times(1-90\%)}{(5\%)^2}=144$

6.4.3 计算必要样本容量应注意的问题

在确定样本容量的过程中，可能会有一些需要注意的应用性问题。

（1）在实际工作中，常使用重复抽样下的简单随机抽样公式。

（2）公式中的总体标准差与总体成数一般可以利用历史经验数据或样本数据代替。

（3）对同一总体，根据总体平均数和总体成数计算出的样本容量不相等时，应选取较大的一个作为必要抽样数目，以保证抽样推断的精确性和可靠性。

6.5 参数假设检验

6.5.1 假设检验的含义

假设检验是抽样推断的一个重要内容。假设检验是利用样本的实际资料来检验事先对总体某些数量特征所做的假设是否可信的一种统计分析方法。

它和参数估计一样，都是利用样本资料对总体特征进行某种推断，但两者推断角度不同。参数估计是根据样本指标以一定的把握程度估计总体参数取值范围，更准确地说，是对总体参数进行了区间估计；假设检验则先对总体参数值提出一个假设，然后利用样本信息，以一定的概率水平去判断这个假设是否成立。

6.5.2 假设检验的步骤

一个完整的假设检验过程，通常包括以下 4 个步骤。

1．提出统计假设

对每个假设检验问题，一般可同时提出两个相反的假设：原假设和备择假设。原假设又称零假设，是正待检验的假设，记为 H_0；备择假设是拒绝原假设后可供选择的假设，记为 H_1。原假设和备择假设是相互对立的，检验结果两者必取其一。接受 H_0 则必须拒绝 H_1；反之，拒绝 H_0 则必须接受 H_1。

一般地，假设有 3 种形式。

（1）$H_0：\mu=\mu_0$；$H_1：\mu\neq\mu_0$。这种形式的假设检验称为双侧检验。

（2）$H_0：\mu=\mu_0$；$H_1：\mu<\mu_0$（或 $H_0：\mu\geq\mu_0$；$H_1：\mu<\mu_0$）。这种形式的假设检验称为左侧检验。

（3）$H_0：\mu=\mu_0$；$H_1：\mu>\mu_0$（或 $H_0：\mu\leq\mu_0$；$H_1：\mu>\mu_0$）。这种形式的假设检验称为右侧检验。

左侧检验和右侧检验统称为单侧检验。原假设和备择假设不是随意提出的，应根据所检验问题的具体背景而定。如果对所研究问题只需判断有无显著差异或要求同时注意总体参数偏大或偏小的情况，则采用双侧检验。如果所关心的是总体参数是否比某个值偏大（或偏小），则宜采用单侧检验。

2．选取样本统计量

在参数的假设检验中，如同在参数估计中一样，要借助于样本统计量进行统计推断。用于假设检验问题的统计量称为检验统计量。在不同的条件下应选择不同的检验统计量。

3．选择显著性水平 α 及确定临界值

显著性水平 α 是指当原假设为正确时人们却把它拒绝了的概率或风险。通常取 $\alpha=0.05$ 或 $\alpha=0.01$，这表明，做出接受原假设的决定时，其正确的可能性为 95% 或 99%。即拒绝原

假设所冒的风险,用 α 表示。给定了显著性水平 α,就可由有关的概率分布表查得临界值,从而确定 H_0 的接受区域和拒绝区域。临界值就是接受区域和拒绝区域的分界点。

4. 做出判断

根据样本资料计算出检验统计量的具体值,并用以与临界值比较,做出接受或拒绝原假设 H_0 的结论。如果检验统计量的值落在拒绝区域内,说明样本所描述的情况与原假设有显著性差异,应拒绝原假设;反之,则接受原假设。

6.5.3 假设检验中的两类错误

根据检验统计量的相关数值可以做出接受或拒绝原假设的判断,由于是由样本推总体,判断可能会出现错误,因此,在进行假设检验时可能会犯错误。

假设检验可能犯两种类型的错误,见表 6-4。

表 6-4 假设检验中的两类错误

错误类型	说 明
第一类错误:弃真错误	弃真错误指的是 H_0 客观上真实但被检验所拒绝。犯这种错误的概率就是显著水平 α
第二类错误:纳伪错误	纳伪错误指的是 H_0 客观上不真实但被检验所接受。犯这种错误的概率用 β 来表示

【特别提示】

在实际工作中进行假设检验时应充分考虑这两种错误发生的可能性。

6.5.4 总体平均数和总体成数检验

1. 总体平均数的假设检验

1) 总体方差已知时对正态总体平均数的假设检验

设总体 $X \sim N(\mu, \sigma^2)$,总体方差 σ^2 为已知,$(x_1, x_2, \cdots, x_n)$ 为总体的一个样本,样本平均数为 $\bar{x}$。现在的问题是对总体均值 μ 进行假设检验。$H_0: \mu = \mu_0$(或 $\mu \leq \mu_0$、$\mu \geq \mu_0$)。

根据抽样分布定理,样本平均数 $\bar{x}$ 服从 $N(\mu, \sigma^2/n)$,所以如果 H_0 成立时,检验统计量 z 及其分布为

$$z = \frac{\bar{x} - \mu_0}{\sigma/\sqrt{n}} \sim N(0, 1) \tag{6-31}$$

根据已知的总体方差 σ^2、样本容量 n 和样本平均数 $\bar{x}$,计算出检验统计量 z 的值。对于给定的检验水平,查正态分布表可得临界值,将所计算的 z 值与临界值比较,便可做出检验结论。

【例 6-10】 假设某产品的重量服从标准差为 60 正态分布,现在从一批产品中随机抽取 16 件,测得平均重量为 820 克,试以显著性水平 $\alpha = 0.01$ 检验原假设 $\bar{X} = 800$ 克。

解:根据题意,提出假设 $H_0: \mu = 800$;$H_1: \mu \neq 800$

检验统计量:$z = \frac{\bar{x} - \mu_0}{\sigma/\sqrt{n}} = \frac{820 - 800}{60/\sqrt{16}} = 1.67$

由 $\alpha = 0.01$,查正态分布表得临界值 $z_{0.005} = 2.58$。

由于 $z=1.67<2.58$，所以应接受 H_0 而接受 H_1，即这批产品的重量符合标准。

2）总体方差未知时对正态总体均值的假设检验

设总体 $X\sim N(\mu,\sigma^2)$，但总体方差 σ^2 未知，此时对总体均值的检验不能用上述 z 检验法，用 t 统计量：

$$t=\frac{\bar{x}-\mu_0}{S/\sqrt{n}}\sim t(n-1) \tag{6-32}$$

根据样本信息计算其具体值；对于给定的检验水平 α，由 t 分布表查得临界值；将所计算的 t 值与临界值比较，做出检验结论。

【例 6-11】 某种产品配件的长度服从均值为 12 厘米，标准差未知的正态分布，若高于或低于 12 厘米则认为不合格，从某厂生产的产品中抽得 10 件进行检验，在 0.05 的显著性水平下检验该厂生产的配件是否符合要求。样本数据（厘米）：12.2，10.8，12，11.8，11.9，12.4，11.3，12.2，12，12.3。

解：根据题意，提出假设 H_0：$\mu=12$；H_1：$\mu\neq 12$

根据已知数据求得 $\bar{x}=11.89$，$S=0.4932$

检验统计量 $t=\dfrac{\bar{x}-\mu_0}{S/\sqrt{n}}=\dfrac{11.89-12}{0.4932/\sqrt{10}}=-0.7053$

由 $\alpha=0.05$，查正态分布表得临界值 $t_{0.025}(10-1)=2.262$

由于 $|t|=0.7053<t_{0.025}(10-1)=2.262$，所以接受 H_0 拒绝 H_1，即该厂生产的零件符合要求。

2. 总体成数假设检验

总体成数假设检验检验步骤与总体平均数检验时的步骤相同，只是检验统计量不同。
提出待检验的假设：

$$H_0：P=P_0；H_1：P\neq P_0（或 P<P_0，P>P_0）$$

检验统量为

$$z=\frac{p-P_0}{\sqrt{\dfrac{p(1-p)}{n}}}\sim N(0,1) \tag{6-33}$$

【例 6-12】 某公司市场部非常重视品牌顾客满意度调查，要使其顾客满意度一直保持在 65% 以上，市场经理委托一家市场调查公司在该地区抽查了 315 名有效样本，其中有 214 人表示对该品牌满意，以 0.1 的显著性水平检验顾客满意度是否发生了变化。

解：依题意，可建立如下假设：

$$H_0：P=0.65；H_1：P\neq 0.65$$

样本比例 $p=\dfrac{214}{315}=0.6794$

$$z=\frac{p-P_0}{\sqrt{\dfrac{p(1-p)}{n}}}=\frac{0.6794-0.65}{\sqrt{\dfrac{0.6794\times 0.3206}{315}}}=1.118$$

给定 $\alpha=0.1$，查正态分布表得 $\mu_{\alpha/2}=\mu_{0.05}=1.645$

由于 $|z|<\mu_{\alpha/2}$，应接受原假设，即客户满意度没有发生改变。

6.6 Excel 在抽样推断分析中的应用

6.6.1 应用 Excel 进行总体平均数区间估计

1. 总体标准差未知的情况下进行总体平均数的区间估计

总体标准差未知的情况下,可用样本标准差代替总体方差,用自由度为 $n-1$ 的 t 统计量进行平均数的区间估计。一般主要用到的函数有平均数函数 AVERAGE、样本标准差函数 STDEV、t 分布函数 TINV,利用这些函数构造一个用于推断统计的工作表。

【例 6-13】 为了确定灯泡的使用寿命(小时),在一批灯泡中随机抽取 100 只进行测试,所得结果如下:

700	716	728	719	685	709	691	684	705	718	706	715	712	722	691	708	690	692
707	701	708	729	694	681	695	685	706	661	735	665	668	710	693	697	674	658
698	666	696	698	706	692	691	747	699	682	698	700	710	722	694	690	736	689
696	651	673	749	708	727	688	689	683	685	702	741	698	713	676	702	701	671
718	707	683	717	733	712	683	692	693	697	664	681	721	720	677	679	695	691
713	699	725	726	704	729	703	696	717	688								

请利用 Excel 统计函数,求在概率 95%的保证下,灯泡使用寿命的估计区间。

具体的操作步骤如下,各步的计算结果如图 6.2 所示。

图 6.2 推断统计结果

第一步:输入样本数据。

第二步:输入相关变量的名称。本例中为 E 列的内容,相对应的 F 列为变量值所在单元格。

第三步:计算要求的量的数值。

(1) 计算样本个数。单击 F3 单元格,输入"=COUNT(A:A)",按回车键后在单元格内显示出样本数据的个数,即 A 列中的数据的个数。

（2）计算样本均值。单击 F4 单元格，输入"＝AVERAGE（A：A）"，按回车键后在单元格内显示出样本均值。

（3）计算样本标准差。单击 F5 单元格，输入"＝STDEV（A：A）"，按回车键后在单元格内显示出样本标准差。

（4）计算样本标准误差。单击 F6 单元格，输入"＝F5/SQRT（F3）"，按回车键后在单元格内显示出样本标准误差，样本标准误差=样本标准差/SQRT（样本个数）。

（5）输入置信度。单击 F7 单元格，输入"＝95%"，按回车键后在单元格内显示出置信度"95%"。

（6）计算自由度。单击 F8 单元格，输入"＝F3－1"，按回车键后在单元格内显示出自由度"99"（自由度=样本个数－1）。

（7）计算 t 值。单击 F9 单元格，输入"＝TINV（1－F7，F8）"，按回车键后在单元格内显示出 t 值 [t 值=TINV（1－置信度，自由度）]。

（8）计算置信区间半径。单击 F10 单元格，输入"＝F9＊F6"，按回车键后在单元格内显示出置信区间半径的值（置信区间半径=t 值＊标准误差）。

（9）计算置信区间的上限。单击 F11 单元格，输入"＝F4＋F10"，按回车键后在单元格内显示出置信区间的上限的数值（置信区间的上限=样本均值＋置信区间半径）。

（10）计算置信区间的下限。单击 F12 单元格，输入"＝F4－F10"，按回车键后在单元格内显示出置信区间的上限的数值（置信区间的上限=样本均值＋置信区间半径）。

结果表明该批灯泡的寿命区间为[695.98，703.78]。

2．总体标准差已知的情况下进行总体平均数的区间估计

总体标准差未知的情况下，可用 CONFIDENCE（alpha，standard-dev，size）进行总体平均数的区间估计。

【例 6-14】 抽取 100 灯泡做样本，测得灯泡寿命平均数为 700，假定灯泡寿命服从正态分布，标准差为 20，要求在概率 95%的保证下，进行灯泡使用寿命的估计区间。

具体的操作步骤如下。

第一步：在数据工作表中选择任一单元格，然后在【插入】菜单中选择【函数】选项，或单击工具栏中的【函数】按钮，弹出【插入函数】对话框，如图 6.3 所示。选择统计函数【CONFIDENCE】。

第二步：单击【确定】按钮，弹出【函数参数】对话框，在对话框中输入各项数据，如图 6.4 所示。

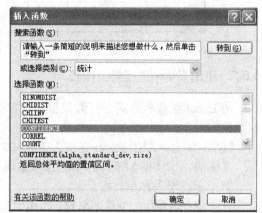

图 6.3 【插入函数】对话框

其中：Alpha 框输入显著性水平，本例中为 0.05；Standard_dev 框输入总体标准差，本例为 20；Size 输入样本容量，本例为 100。

第三步：得到结果。

单击【确定】按钮得到结果，允许误差为 3.92，用样本平均数加 3.92 得到上限为 703.92，用样本平均数减 3.92 得到上限为 696.08，表明该批灯泡的寿命区间为[696.08，703.92]，如图 6.5 所示。

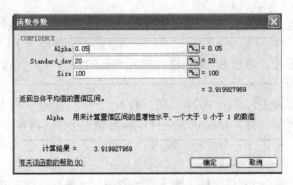

图 6.4 【函数参数】对话框

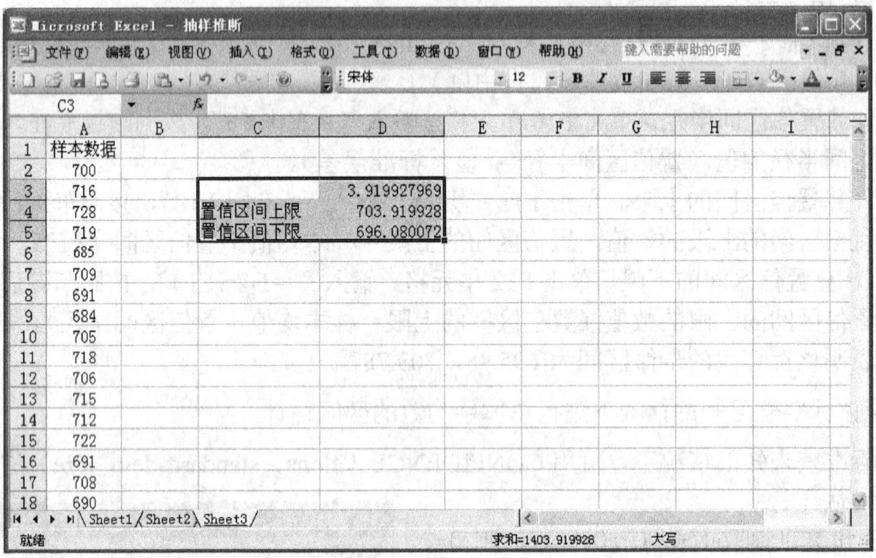

图 6.5 区间估计结果

6.6.2 应用 Excel 进行假设检验

用 Excel 函数和公式进行假设检验与参数估计类似，参考 Excel 统计函数进行假设检验的相关操作。

【例 6-15】 利用 Excel 完成方差未知时一个总体平均数的假设检验。

具体的操作步骤如下，各步的计算结果如图 6.6 所示。

第一步：输入样本数据。

第二步：输入相关变量的名称。本例中为 C 列的内容，相对应的 D 列为变量值所在单元格。

第三步：计算要求的量的数值。

（1）计算样本均值。单击 D2 单元格，输入"=AVERAGE（A1：A10）"，按回车键后在单元格内显示出样本均值。

（2）计算样本标准差。单击 D3 单元格，输入"=STDEV（A1：A10）"，按回车键后在单元格内显示出样本标准差。

（3）计算样本个数。单击 D4 单元格，输入"=COUNT（A1：A10）"，按回车键后在单元格内显示出样本数据的个数，即 A 列中的数据的个数。

（4）计算 t 值。单击 D5 单元格，输入"=（D2－12）/（D3/SQRT（D4））"，其中"12"是题目中给出的总体均值。

（5）计算临界值。单击 D6 单元格，输入"＝TINV（0.05，D4－1）"，按回车键后在单元格内显示出 t 值（t 值＝TINV（1－置信度，自由度））。

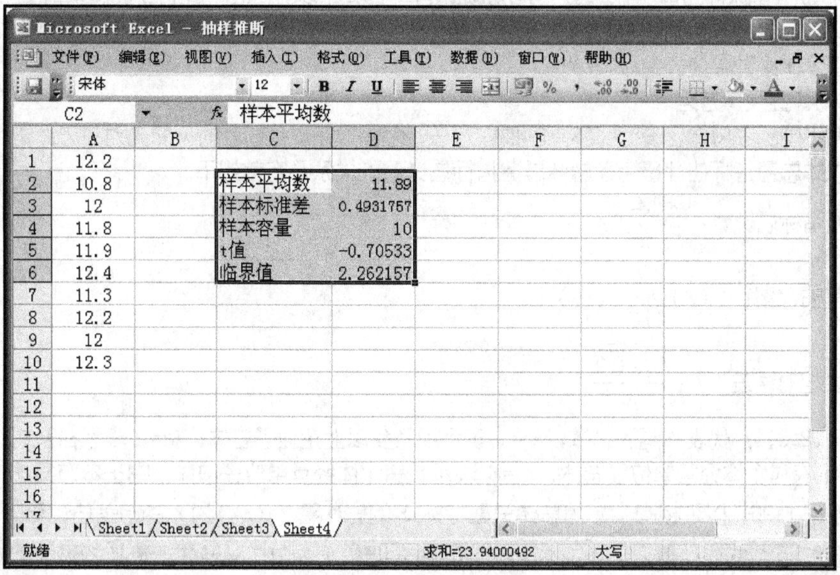

图 6.6 假设检验结果

结果表明，由于 $|t|=0.7053<t_{0.025}(10-1)=2.262$，所以接受 H_0 拒绝 H_1，即该厂生产的零件符合要求。

【统计实例】

规模以下工业抽样调查实施方案（节选）

1. 调查总体划分

根据国民经济核算要求，首先将规模以下工业总体划分成两个子总体，即年销售收入 500 万元以下的非国有工业企业，以下简称企业子总体；全部个体经营工业单位，以下简称个体经营单位子总体。

根据调查总体的分布状况、抽样框现状及我国目前行政管理体制特点，各地的抽样调查设计可以将企业子总体再划分成两个子总体，即乡及乡以上年销售收入 500 万元以下的非国有工业企业，以下简称乡及乡以上企业；销售收入 500 万元以下的村及村以下工业企业，以下简称村及村以下企业。同样可以将个体经营单位划分成农村个体经营工业单位和城镇个体经营工业单位两个子总体。

需要强调的是，对两个子总体的进一步划分的主要目的是为了适应各种不同的抽样框，并非要求得到各子总体的数据。各地可以根据本地区抽样框的条件，采取不同的方法划分子总体，但要求能区分出企业和个体经营单位两种类型。

2. 基本抽样方法

基本原则是，对调查总体中有企业名录库的部分采用目录抽样，没有企业名录库的部分采用整群抽样。若抽样框条件许可，应对所有规模以下工业企业采用目录抽样，对个体经营单位采用整群抽样。目前，考虑到各地企业名录库的状况及上述 4 个子总体的分布特点，方案设计了 4 种抽样方法，供各地选择使用。

（1）一阶段目录抽样。根据省级企业名录库直接抽取样本企业，有名录库的企业都应采取此方法。

（2）一阶段整群抽样。在省一级直接抽取行政村，以村、街道或居委会作为群单位。主要用于农村和城镇个体经营单位和未建企业名录库的村及村以下企业。

(3) 二阶段整群抽样。第一阶段抽取省辖区内的市辖区、县级市和县（以下简称县、区），第二阶段抽取样本县、区内的行政村，以村作为群单位。主要用于农村个体经营单位。村及村以下企业若无名录库，也可以采取此方法。根据各地情况，有条件的省（市、区）也可对城镇个体经营单位采用以街道或居委会为群单位的整群抽样。

(4) 二阶段目录抽样。第一阶段抽取省辖区内的县、区，第二阶段抽取样本县、区内的个体经营单位。主要用于城镇个体经营单位。

3. 总体估计量及其方差

方案根据不同的子总体，设计了不同的抽样方法。因此，在进行估计时，要先对子总体进行估计，然后估计总体。总体总量指标估计量与子总体总量指标估计量的关系及方差如下。

总体总量指标估计量：$\hat{Y}=\sum_{k=1}^{4}\hat{Y}_k$

$\hat{Y}$ 的方差估计量：$v(\hat{Y})=\sum_{k=1}^{4}v(\hat{Y}_k)$

$\hat{Y}$ 的最大相对误差：$r=\dfrac{t\sqrt{v(\hat{Y})}}{\hat{Y}}$

其中：k（$=1,2,3,4$）代表不同子总体，$k=1$ 表示乡及乡以上企业子总体，$k=2$ 表示村及村以下企业子总体，$k=3$ 表示农村个体经营单位子总体，$k=4$ 表示城镇个体经营单位子总体。由于本方案规定的概率度为95%，故 t 等于1.96，以下相同。$\hat{Y}$ 为总体总量指标 Y 的估计量，$v(\hat{Y})$ 为 $\hat{Y}$ 的方差估计量。$\hat{Y}_k$ 为第 k 个子总体的总量指标 Y_k 的估计量，$v(\hat{Y}_k)$ 为 $\hat{Y}_k$ 的方差估计量。r 为总体总量估计量 $\hat{Y}$ 的最大相对误差。有关各子总体的抽样方法及估计量计算方法在以下有关部分进行说明。

4. 抽样精度

规模以下工业抽样调查以省为总体控制抽样精度，具体要求是，在95%的概率保证程度下，各省（区、市）的核心指标——工业总产值的最大相对误差控制在10%以内，即 $r\leqslant 10\%$。同时，要求全省（区、市）规模以下工业总体的企业单位数指标的最大相对误差控制在15%以内，即 $r\leqslant 15\%$。

抽样精度是以全部年销售收入500万元以下的非国有工业企业和个体经营工业单位作为一个总体设置的，即要求总体工业总产值估计值的最大相对误差不超过10%，并非要求每个子总体工业总产值的最大相对误差控制都在10%以内。

各子总体的抽样精度 r_k 与总体抽样精度 r 的关系为

$$r^2=\sum_{k=1}^{4}\left(\dfrac{Y_k}{Y}\right)r_k^2$$

式中：Y 为总体总量指标值，Y_k 为第 k 个子总体的总量指标值，r 为总体总量指标估计值的最大相对误差，r_k 为第 k 个子总体的总量指标估计值的最大相对误差。

例如，若4个子总体的总量相等且取 $r_1=r_2=r_3=r_4=r'$，则可得到：

$$r^2=(1/4)^2\times(r_1^2+r_2^2+r_3^2+r_4^2)=(1/4)\times r'^2$$

因为 $r=10\%$，所以 $r'=20\%$，即4个子总体的工业总产值总量指标的最大相对误差都控制在20%以内即可。

再如，若4个子总体的总量占抽样总体总量的比重分别为乡及乡以上企业占1/4，村及村以下企业占1/2，农村个体经营单位占1/5，城镇个体经营单位占1/20，则有：

$$r^2=(1/4)^2r_1^2+(1/2)^2r_2^2+(1/5)^2r_3^2+(1/20)^2r_4^2$$

式中：满足 $r=10\%$ 的 r_1、r_2、r_3 和 r_4 的取值有许多种组合。例如，分别取值16%、12%、20%和25%，计算得 $r=8.5\%$，可满足方案 $r\leqslant 10\%$ 的要求。

确定 r_k 的目的是为了分别计算各子总体的样本量，各地应利用有关资料及本地区的实际情况测算并确定 r_k。不同子总体的最大相对误差可以相等，也可不相等，但彼此之间的差异不宜过大。一般原则是，占总体总量比重大的子总体，r_k 应相对较小，即控制的抽样精度较高；占总体总量比重小的子总体，r_k 应相对较大。

调查设计共分为4个部分，主要是针对不同的子总体及抽样框采取了不同的抽样设计。第一部分为一阶段目录抽样，第二部分为二阶段整群抽样，第三部分为二阶段目录抽样，第四部分为一阶段整群抽样。

（资料来源：中华人民共和国国家统计局网站）

知识框架

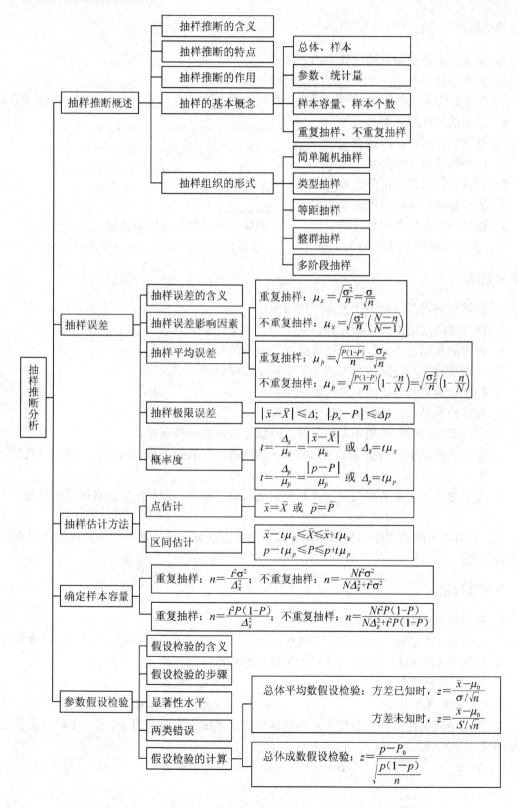

职业能力训练

一、填空题

1. 从全及总体中随机抽取样本的方法有_____和_____两种。
2. 参数估计有_____和_____两种方法。
3. 在重复抽样条件下，抽样平均数的平均误差大小受_____和_____两个因素的影响。
4. 常用的抽样组织形式有_____、_____、_____、_____、_____。
5. 影响抽样误差的因素有_____、_____、_____、_____。
6. 区间估计有3个要素，即_____、_____和_____。
7. 假设一般包括两部分，即_____和_____。
8. 假设检验中可能出现两类错误：_____和_____。
9. 抽样误差范围决定估计的_____，而概率保证程度决定估计的_____。
10. 重复抽样平均误差的大小与_____呈反向变动，与_____呈同向变动。

二、判断题

1. 抽样极限误差总是大于抽样平均误差。（   ）
2. 抽样推断是用部分推断总体，因此误差是不可避免的。（   ）
3. 用来测量估计可靠程度的指标是抽样误差的概率度。（   ）
4. 一般情况下，重复抽样误差小于不重复抽样误差。（   ）
5. 抽样误差就其本质而言是代表性误差。（   ）
6. 假设检验是统计推断的一项重要内容。（   ）
7. 在计算误差时，如果不知道总体方差就无法计算抽样误差。（   ）
8. 在假设检验中，当接受了未知的不真实状态，把假的当真的接受了，称为弃真错误。（   ）
9. 显著性水平表示备择假设为真时拒绝原假设的概率，即拒绝原假设所冒的风险。（   ）
10. 样本单位数的多少与总体各单位标志值的变异程度成反比，与抽样极限误差范围的大小成正比。（   ）

三、单项选择题

1. 随机抽样的基本要求是（   ）。
   A．准确性原则　　　　B．随机性原则　　　　C．代表性原则　　　　D．可靠性原则
2. 反映样本指标与总体指标之间的平均误差程度的指标是（   ）。
   A．平均数离差　　　　　　　　　　　　　　B．概率度
   C．抽样平均误差　　　　　　　　　　　　　D．抽样极限误差
3. 在简单随机重复抽样条件下，当抽样平均误差缩小为原来的1/2时，则样本单位数为原来的（   ）倍。
   A．2　　　　　　　　B．3　　　　　　　　C．4　　　　　　　　D．1/4

4. 反映样本指标与总体指标之间的平均误差程度的指标是（   ）。
   A．平均数离差   B．概率度
   C．抽样平均误差   D．抽样极限误差
5. 抽样误差是指（   ）。
   A．随机抽样产生的代表性误差   B．调查中所产生的系统性误差
   C．调查中所产生的登记性误差   D．计算过程中产生的误差
6. 对某种连续生产的产品进行质量检验，要求每隔一小时抽出 10 分钟的产品进行检验，这种抽查方式是（   ）。
   A．简单随机抽样   B．类型抽样   C．整群抽样   D．等距抽样
7. 在一定的抽样平均误差条件下（   ）。
   A．扩大极限误差范围，可以提高推断的可靠程度
   B．扩大极限误差范围，会降低推断的可靠程度
   C．缩小极限误差范围，可以提高推断的可靠程度
   D．缩小极限误差范围，不改变推断的可靠程度
8. 在其他条件不变的情况下，抽样单位数增加一倍，则抽样平均误差（   ）。
   A．扩大为原来的 4 倍   B．缩小为原来的 1/4
   C．缩小为原来的 70.7%   D．扩大为原来的 4 倍
9. 事先将总体各单位按某一标志排列，然后依固定顺序和间隔来抽选各单位的抽样组织形式是（   ）。
   A．分层抽样   B．简单随机抽样   C．整群抽样   D．机械抽样
10. 在双侧检验中，如果实际的 t 值大于临界值，则（   ）。
    A．拒绝原假设   B．接受原假设   C．拒绝备择假设   D．无法判断
11. 在企业对其产品进行抽样检验，结果甲产品合格率为 90%，乙产品合格率为 80%，在抽样数目相等的前提下，抽样误差（   ）。
    A．甲产品大   B 乙产品大   C 相等   D．无法判断
12. 假设检验的显著性水平是指当原假设实际正确时，检验统计量落在（   ）。
    A．接受域   B．拒绝域   C．置信区间   D．检验域
13. 在一次假设检验中当显著性水平为 0.01，原假设被拒绝时，则显著性水平为 0.05 时，（   ）。
    A．一定会被拒绝   B．不会被拒绝
    C．有可能拒绝原假设   D．需要重新检验
14. 对某行业职工收入情况进行抽样调查，得知其中 80% 的职工收入在 800 元以下，抽样平均误差为 2%，当概率为 95.45% 时，该行业职工收入在 800 元以下所占比重是（   ）。
    A．等于 78%   B．大于 84%   C．76%~84%   D．小于 76%
15. 在抽样推断中，抽样误差是（   ）。
    A．可以避免的   B．可避免且可控制
    C．不可避免且无法控制   D．不可避免但可控制

四、多项选择题

1. 从总体中抽取样本单位的具体方法有（   ）。
   A．简单随机抽样   B．重复抽样   C．不重复抽样
   D．等距抽样   E．非概率抽样

2. 抽样推断的特点是（　　）。
   A．由推算认识总体的一种认识方法　　B．按随机原则抽取样本单位
   C．运用概率估计的方法　　D．可以计算，但不能控制抽样误差
   E．可以计算并控制抽样误差
3. 简单随机抽样（　　）。
   A．试用于总体各单位呈均匀分布的总体
   B．适用于总体各单位标志变异较大的总体
   C．在抽样之前要求对总体各单位加以编号
   D．最符合随机原则
   E．是各种抽样组织形式中最基本最简单的一种形式
4. 抽样推断中，样本容量的多少取决于（　　）。
   A．总体标准差的大小　　B．允许误差的大小
   C．抽样估计的把握程度　　D．总体参数的大小
   E．抽样方法和组织形式
5. 总体参数区间估计必须具备的 3 个要素是（　　）。
   A．样本单位数　　B．样本指标
   C．总体指标　　D．抽样误差范围
   E．抽样估计的置信度
6. 区间估计中总体指标所在范围（　　）。
   A．是一个可能范围　　B．是绝对可靠的范围
   C．不是绝对可靠的范围　　D．是有一定把握程度的范围
   E．是毫无把握的范围
7. 抽样估计中的抽样误差（　　）。
   A．是不可避免要产生的　　B．是可以通过改进调查方式来消除的
   C．是可以事先计算出来的　　D．只能在调查结束后才能计算的
   E．其大小是可能控制的
8. 要增大抽样估计的概率保证程度，可采用的方法有（　　）。
   A．增加样本容量　　B．缩小抽样误差范围
   C．扩大抽样误差范围　　D．提高估计精度
   E．降低估计精度
9. 在抽样平均误差一定的条件下（　　）。
   A．扩大极限误差，可以提高推断的可靠程度
   B．缩小极限误差，可以提高推断的可靠程度
   C．扩大极限误差，只能降低推断的可靠程度
   D．缩小极限误差，只能降低推断的可靠程度
   E．扩大或缩小极限误差与推断的可靠程度无关
10. 概率度是指（　　）。
    A．置信概率　　B．以抽样平均误差为单位
    C．是表明抽样估计可靠程度的一个参数　　D．表示极限误差是平均误差的几倍
    E．是样本指标与总体指标的绝对误差范围

五．简答题

1．什么是抽样推断？抽样推断具有什么特点？
2．什么是抽样误差？影响抽样误差的因素有哪些？
3．什么是区间估计？什么是点估计？各自有什么特点？
4．影响样本容量的因素有哪些？
5．什么是假设检验？简述假设检验中的两类错误。

六、技能实训

1．在 4 000 件成品中按不重复方法抽取 200 件进行检查结果有废品 8 件。

要求：当概率为 0.954 5（$t=2$）时，试估计这批成品废品量的范围。

2．采用简单重复抽样的方法，抽取一批产品中的 200 件作为样本，其中合格品为 195 件。

要求：

（1）计算样本的抽样平均误差。

（2）以 95.45% 的概率保证程度对该产品的合格品率进行区间估计（$t=2$）。

（3）应用 Excel 完成（1）、（2）的计算。

3．某企业生产一种新的电子元件，用简单随机重复抽样方法抽取 100 只做耐用时间试验，测试结果，平均寿命 6 000 小时，标准差 300 小时。

要求：

（1）试在 95.45%（$t=2$）概率保证下，估计这种新电子元件平均寿命区间。

（2）应用 Excel 完成（1）中的区间估计。

4．某企业按纯随机抽样组织方式，从一批产品中抽取 2 000 件，经检查废品有 100 个。

要求：

（1）在 95.45% 的概率保证下，估计这批产品废品率的范围。

（2）如果允许的极限误差减少到原来的 3/4，概率保证程度为 99.73%，问需要抽取多少件产品？

（3）应用 Excel 完成（1）、（2）的计算。

5．假定某统计总体被研究标志的标准差为 30，若要求抽样极限误差不超过 3，概率保证程度为 99.73%。

要求：

（1）在重复抽样应抽取多少样本单位？

（2）若抽样极限误差缩小一半，在同样的条件下应抽取多少样本单位？

6．某品牌的机器包装食盐，每袋净质量 x（单位：克）服从正态分布，规定每袋净质量为 500 克，标准差不能超过 10 克。某天开工后，为检验机器工作是否正常，从包装好的食盐中随机抽取 9 袋，测得其净质量如下：497 克，507 克，510 克，475 克，484 克，488 克，524 克，491 克，515 克。

要求：

（1）以显著性水平 $\alpha=0.05$ 检验这天包装机工作是否正常。

（2）应用 Excel 完成（1）中的假设检验。

7. 调查人员在调查某企业的主要生产线时，被告知性能良好生产稳定，产品合格率可达 99%。随机抽查了 200 件产品，其中 195 件产品合格。

要求：

（1）判断厂方的宣称是否可信？（$\alpha = 10\%$）

（2）应用 Excel 完成（1）中的假设检验。

8. 结合统计调查与统计整理任务的技能实训，根据这两个任务所设计的技能实训进行深入统计分析，通过计算样本平均指标，判断抽样误差，在确定抽样极限误差的基础上对总体进行抽样估计和假设检验。

第 7 章

时间数列分析

SHIJIAN SHULIE FENXI

【知识目标】
- 理解时间数列的概念、种类和编制原则
- 掌握时间数列水平指标、速度指标的计算方法
- 掌握长期趋势、季节变动分析技术

【技能目标】
- 能运用时间数列水平指标、速度指标描述客观现象的发展状态
- 能运用时间数列分析,揭示客观事物发展的长期趋势和季节规律

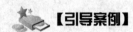
【引导案例】

时间数列分析在经济生活中的应用

2011年金价上涨创纪录,投资者排队购买金币。2012年,随着金价的下跌,美国人对金币的兴趣下降。美国铸币局最新数据显示,2012年前5个月铸币局共销售28.35万金衡盎司黄金,同比下跌44.9%。5月银币销售环比增长89.1%至288万金衡盎司,同比下跌21.3%。前5个月银币销量为1 453万金衡盎司,同比下降23.1%。

在上述报道中,出现了"同比"和"环比"这两个媒体高频词语,它们是什么意思?又是怎样得来的?我们将在本章得到答案。

7.1 时间数列

7.1.1 时间数列的概念

社会经济现象随着时间推移不断发展变化,关于社会经济现象的统计指标在是不同时间观察记录的。所谓时间数列(也称动态数列或时间序列),是指将各个不同时间的社会经济统计指标,按时间先后顺序排列而形成的。

例如,将广东省2006—2011年的国内生产总值指标按照时间顺序排列,就形成了表7-1所示的时间数列。

表7-1 广东省2006—2011年国内生产总值时间数列

年 份	2006	2007	2008	2009	2010	2011
国内生产总值/亿元	26 588	31 777	36 797	39 483	45 473	52 674

上述数列表明,时间数列有两个构成要素:一个是时间,另一个是各时间上相应的统计指标数值。在时间数列中,指标数值也称发展水平。

时间数列对于现象发展动态分析具有十分重要的意义,其主要作用可概括为以下几个方面。

(1)时间数列可以反映现象发展变化过程和历史情况。

(2)利用时间数列计算动态分析指标,可以反映现象发展变化的方向、速度、趋势和规律。

(3)利用时间数列对现象发展变化趋势与规律的分析,可以进行动态预测。

(4)将多个时间数列纳入同一模型中研究,可以揭示现象之间相互联系的程度及动态演变关系。

7.1.2 时间数列的种类

按时间数列指标表现形式的不同,可以把时间数列分为绝对数时间数列、相对数时间数列和平均数时间数列3种。

【特别提示】

绝对数时间数列是最基本的数列,相对数时间数列和平均数时间数列是派生数列。

1. 绝对数时间数列

当时间数列中的各项指标都是统计绝对数时,称为绝对数时间数列,又称总量指标时间数列。它可以反映现象总量的发展变化过程和趋势。由于统计绝对数有时期数和时点数之分,所以,绝对数时间数列又分为时期数列和时点数列两种。

1) 时期数列

当时间数列中的每项指标都是时期数时,称为时期数列。时期数列中每一个指标数值都是反映现象在一段时期内发展过程的总量或绝对水平。表 7-1 中的广东省国内生产总值数列就是时期数列。

时期数列具有 3 个显著特点。

(1) 指标数值通过连续登记的方式取得。

(2) 指标数值大小与其所属时期长短有直接相关。一般来说,指标所属时期越长,指标值越大;反之,指标值越小。

(3) 数列中的指标可以直接相加。由于数列中的每项指标都是反映现象在一定时间内的累计总量,因而相加后可以表明现象在更长发展过程中的累计总量。例如,对以月产值编制的时间数列,可以进行每年一累计,编制成以年为时间单位的时间数列。

2) 时点数列

当时间数列中的每项指标都是时点数时,称为时点数列。该数列中每项指标数值都是反映现象在某一时点(瞬间)的规模或水平。表 7-2 中的我国年末人口数就是时点数列。

表 7-2 2006—2010 年我国年末人口数

年　　份	2006	2007	2008	2009	2010
年末人口数/万人	131 448	132 129	132 802	133 474	134 100

与时期数列比较而言,时点数列也有 3 个特点。

(1) 时点数列中的指标数值是通过间断性调查登记取得的。

(2) 时点数列中各指标数值的大小与间隔长短没有直接关系。这里"间隔"是指相邻两个时点之间的时间长度。数据的大小受事物本身增减变化的影响,而不受时点间隔长短的影响。

(3) 时点数列中各项指标数据不能直接相加。由于时点数列的各项数据都是事物在某一时点上所达到的水平,几个指标相加后会有大量的重复计算,无法表明现象的实际规模和水平。因此,相加后的数据没有任何实际意义。

【特别提示】

时期数列与时点数列的区别和总量指标中时期指标与时点指标的区别一致。

2. 相对数时间数列和平均数时间数列

相对数时间数列也称相对指标时间数列,平均数时间数列又称平均指标时间数列。前面已经指出,相对数和平均数是由绝对数派生出来的。相对数和平均数反映社会经济现象达到的相对水平和平均水平,把一系列相对数或平均数按时间先后顺序排列起来,就得到相对数或平均数时间数列。例如,表 7-3 的人均产值为相对数时间数列,而职工平均工资为平均数时间数列。

表 7-3　某公司 2008—2012 年人均产值和职工平均工资

年份	2008	2009	2010	2011	2012
人均产值/万元	8.5	10	12	15	20
职工平均工资/万元	5	6	7.5	9	12

相对数或平均数时间数列反映了社会经济现象之间相互联系的发展过程。在经济统计分析中，往往把绝对数、相对数和平均数时间数列结合起来，以便从多方位对社会经济现象进行分析。

7.1.3　时间数列的编制原则

编制时间数列的目的，是要对客观现象进行动态对比分析，以认识现象的发展变化过程和规律性。这就要求时间数列中各项指标要具有可比性，而要做到可比，编制时间数列必须遵循一定的原则，这些原则可以概括为以下 4 个方面。

1. 时间长度应当一致

时间长度一致对于时期数列而言，就是要求数列中各项指标所属的时期长短应当一致。对于时点数列而言，就是要求数列各指标间的间隔时间长短应尽可能一致。一般情况下，都应遵循一致性原则，但在特殊情况下也可编制时期或间隔不等的时间数列。

2. 总体范围应当一致

时间数列中各项指标所属的总体范围必须一致。这里所谓总体范围主要指地区的行政区划范围或部门的隶属关系范围。如果总体范围前后发生了的变化，那么，数列中的数据就不能前后直接比较，必须经过调整统一后才能进行比较分析。

3. 指标内容应当一致

时间数列中的每项指标都反映着某一特定的现象内容，在一个时间数列中，每项指标的含义和内容必须严格一致，否则，它就无法反映特定现象的发展趋势和规律。如果用一个前后指标性质不一致的时间数列进行动态对比分析，就会形成错误的结论。

4. 计算方法应当一致

由于同一种统计指标的计算方法、计算价格和计量单位有多种，为了使数列中各项指标具有可比性，在同一个时间数列中的所有指标应采用同一的计算方法、计算价格、计量单位。例如，年平均人数的计算可以用年初和年末人数进行简单平均求得，也可用年初和各个月末人数进行序时平均求得。如果编制年平均人数时间数列，各年平均人数的计算，只能根据研究目的要求选用其中的一种方法。

7.2　分析时间数列水平指标

时间数列描述了现象的发展过程和结果，但它还不能直接反映现象各期的增减数量、变动速度和规律性，为深刻揭示现象的这些特征，需计算一系列的动态分析指标，如发展水平、平均发展水平、增长量、平均增长量、发展速度、平均发展速度、增长速度、平均增长速度等。其中前 4 种称为动态分析的水平指标，后 4 种称为动态分析的速度指标。

7.2.1 发展水平

发展水平是时间数列中各具体时间条件下的数值,反映事物的发展变化在一定时期内或时点上所达到的水平。发展水平是计算其他所有动态分析指标的基础,用符号 a 表示。

发展水平可以表现为统计绝对数,称为绝对水平;也可以表现为统计相对数,称为相对水平;还可以表现为统计平均数,称为平均水平。

根据发展水平在时间数列中的位置不同,发展水平有最初水平、中间水平和最末水平3种。在同一个时间数列 a_0, a_1, a_2, $\cdots$, a_{n-1}, a_n 中,最早出现的发展水平 a_0 称为最初水平;最晚出现的发展水平 a_n 称为最末水平;其余所有中间时间的发展水平 a_1, a_2, $\cdots$, a_{n-1} 称为中间水平。

【特别提示】

在对时间数列中的发展水平进行比较分析时,通常将要分析研究的那个时期的发展水平称为报告期水平,将作为比较基础时期的发展水平称为基期水平。

7.2.2 平均发展水平

将时间数列中各个发展水平加以平均而得到的平均数称为平均发展水平,用以反映现象在一段时间内发展变化所达到的一般水平。平均发展水平又称序时平均数或动态平均数。

平均发展水平可以根据任何一种时间数列计算,但从计算方法上讲,根据绝对数时间数列计算平均发展水平是最基本的方法。

1. 根据绝对数时间数列计算平均发展水平

绝对数时间数列有时期数列和时点数列之分,其平均发展水平的计算方法是不同的。

1) 时期数列平均发展水平的计算

根据时期数列计算平均发展水平,一般直接采用简单算术平均法计算,即将观察期内的各时期数据相加,再除以相应的时期数。用公式表示为

$$\bar{a} = \frac{a_1 + a_2 + \cdots + a_n}{n} = \frac{\sum a}{n} \tag{7-1}$$

式中: $\bar{a}$ ——平均发展水平;
$a_1, a_2, \cdots, a_n$ ——各时期的发展水平;
n ——时期项数(发展水平的个数)。

2) 时点数列平均发展水平的计算

时点数列有连续时点数列和间断时点数列两种,而每一种又各有两种表现形式,计算时要区别对待。

(1) 由连续时点数列计算平均发展水平。

连续时点数列是将逐日登记的资料按照时间先后顺序排列而形成的时间数列。总的来说,根据连续时点数列计算平均发展水平就是将各个时点的数据相加再除以时点数,采用算术平均法计算。如果数据未分组,则采用简单算术平均法(见例7-1);如果数据已分组,采用加权算术平均法(见例7-2)。

① 间隔相等的连续时点数列的平均发展水平。资料未经分组,逐日登记,又是逐日排列的,可称为间隔相等的连续时点数列。这种情况计算平均数采用简单算术平均法。

【例 7-1】 某企业 4 月上旬每天的职工人数见表 7-4,要求计算该企业 4 月上旬每天的平均职工人数。

表 7-4 某企业 4 月上旬职工人数统计表

日 期	1	2	3	4	5	6	7	8	9	10
职工人数/人	250	250	250	262	262	258	258	266	272	272

解:该企业日平均人数为

$$\bar{a}=\frac{\sum a}{\sum n}=\frac{(250+250+250+262+262+258+258+266+272+272)人}{10}=260人$$

② 间隔不等的连续时点数列的平均发展水平。如果将例 7-1 中的资料进行整理分组,只在职工人数发生变动时才加以登记,则称为间隔不等的连续时点数列。表 7-4 的数据整理后可得表 7-5 所示的间隔不等的连续时点数列。

表 7-5 某企业 4 月上旬职工人数统计表

日 期	1	4	6	8	9
职工人数/人	250	262	258	266	272

间隔不等的连续时点数列计算平均发展水平要用加权算术平均法。其计算公式为

$$\bar{a}=\frac{a_1f_1+a_2f_2+\cdots+a_nf_n}{f_1+f_2+\cdots+f_n}=\frac{\sum af}{\sum f} \tag{7-2}$$

【例 7-2】 某企业 4 月上旬职工人数变动情况见表 7-5,要求计算该企业 4 月上旬的平均职工人数。

解:该企业日平均人数:

$$\bar{a}=\frac{\sum af}{\sum f}=\frac{(250\times3+262\times2+258\times2+266\times1+272\times2)日·人}{(3+2+2+1+2)日}=260人$$

【例 7-3】 某企业 7 月的产品库存量及其变动情况见表 7-6 和表 7-7,要求计算该企业 7 月的平均库存量。

表 7-6 某企业 7 月的库存量统计表

日 期	1~7	8~13	14~21	22~25	26~31
库存量/吨	46	53	46	56	53

表 7-7 某企业 7 月的库存量变动情况统计表

日 期	1	8	14	22	26
库存量/吨	46	53	46	56	53

解:表 7-7 所示的间隔不等的连续时点数列实际上是经表 7-6 整理分组所得,因此用加权算术平均法得该企业日平均库存量为

$$\bar{a}=\frac{\sum af}{\sum f}=\frac{(46\times7+53\times6+46\times8+56\times4+53\times6)日·吨}{(7+6+8+4+6)日}=\frac{1550日·吨}{31日}=50吨$$

（2）由间断时点数列计算平均发展水平。

间断时点数列指的是间隔一段时间对现象在某一时点上所表现的状况进行一次性登记，并将登记数据按照时间先后顺序排列所形成的时间数列。

在实际统计工作中，要统计每一个时点上的数字显然是一项相当繁杂的工作，为方便起见，通常只能每隔一定的时间统计一次，时点一般定在期初或期末（如月初、月末、年初、年末等），这样每次统计间隔相等；或者是仅当现象的数量发生变动时进行统计，这样每次统计间隔就不相等。以下分别介绍间隔相等与间隔不等的间断时点时间数列平均发展水平的计算。

① 间隔相等的间断时点数列的平均发展水平。计算间隔相等的间断时点数列的平均发展水平分两个步骤，首先计算各个间隔期内的平均水平，然后再将各间隔期平均水平进行平均，求得全数列平均发展水平。其计算公式为

$$\bar{a}=\frac{\frac{a_1+a_2}{2}+\frac{a_2+a_3}{2}+\cdots+\frac{a_{n-1}+a_n}{2}}{n-1}=\frac{\frac{a_1}{2}+a_2+a_3+\cdots+a_{n-1}+\frac{a_n}{2}}{n-1} \qquad (7-3)$$

公式（7-3）表明，间隔相等的间断时点数列的平均发展水平是"数列指标之和，首尾两项各半，项数减 1 去除"，故又称为"首末折半法"。

【例 7-4】 某企业 2012 年第二季度空调的库存量资料见表 7-8。试求该企业第二季度空调月平均库存量。

表 7-8 某企业 2012 年第二季度空调的库存量资料　　　　　　　　　　单位：台

库存登记时间	3月31日	4月30日	5月31日	6月30日
库存量/台	66	72	64	68

解：

$$\bar{a}=\frac{\left(\frac{a_1}{2}+a_2+\cdots+a_{n-1}+\frac{a_n}{2}\right)台}{n-1}=\frac{\left(\frac{66}{2}+72+64+\frac{68}{2}\right)台}{4-1}=67.67 台$$

② 间隔不等的间断时点数列的平均发展水平。计算间隔不等的间断时点数列的平均发展水平时，要先求出各间隔期内的平均水平，然后用各间隔期的时间长度作权数，对各间隔期的平均水平进行加权平均求得全数列的平均发展水平。其计算公式为

$$\bar{a}=\frac{\left(\frac{a_0+a_1}{2}\right)f_1+\left(\frac{a_1+a_2}{2}\right)f_2+\cdots+\left(\frac{a_{n-1}+a_n}{2}\right)f_n}{f_1+f_2+\cdots+f_n} \qquad (7-4)$$

公式（7-4）通常称为加权序时平均法。

【例 7-5】 某商场 2012 年某商品库存资料见表 7-9，要求计算该商场的年均库存量。

表 7-9 某商场 2012 年某商品库存资料

时间	1月初	3月初	7月初	10月初	12月末
库存量/件	1 500	600	900	1 600	1 000

解：

$$\bar{a}=\frac{\left(\frac{a_0+a_1}{2}\right)件f_1+\left(\frac{a_1+a_2}{2}\right)件f_2+\cdots+\left(\frac{a_{n-1}+a_n}{2}\right)件f_n}{f_1+f_2+\cdots+f_n}$$

$$=\frac{\left(\frac{1\,500+600}{2}\right)件\times 2+\left(\frac{600+900}{2}\right)件\times 4+\left(\frac{900+1\,600}{2}\right)件\times 3+\left(\frac{1\,600+1\,000}{2}\right)件\times 3}{2+4+3+3}$$

$$=1\,062.5 \text{件}$$

即该商场 2012 年该商品年均库存量为 1 062.5 件。

2. 根据相对数时间数列计算平均发展水平

根据相对数时间数列计算序时平均数时，不能用相对数时间数列的各个指标数值直接相加除以项数来求得，而应先分别计算出构成相对数时间数列分子和分母的两个绝对数列的序时平均数，然后将这两个序时平均数相除求得序时平均数。

若设相对数时间数列的各项指标为 $a_i=b_i/c_i$，则相对数时间数列平均发展水平的计算公式为

$$\bar{a}=\bar{b}/\bar{c} \tag{7-5}$$

计算时，应先分析对比的分子和分母是时期数还是时点数，以及是哪一种时点数，然后再按照前面所述的相应公式计算。具体有 3 种情形。

（1）分子和分母均为时期数时，其计算公式为

$$\bar{a}=\frac{\bar{b}}{\bar{c}}=\frac{\frac{\sum b}{n}}{\frac{\sum c}{n}}=\frac{\sum b}{\sum c} \tag{7-6}$$

【例 7-6】 某企业某产品产量计划及完成情况见表 7-10，要求计算第一季度该产品产量计划平均完成程度。

表 7-10 某企业某产品产量计划完成情况

时间	1月	2月	3月
A 实际产量/吨	420	560	714
B 计划产量/吨	400	500	700
C 计划完成/（%）	105	112	102

解：

$$\bar{a}=\frac{\sum b}{\sum c}=\frac{(420+560+714)吨}{(400+500+700)吨}=1.059（或105.9\%）$$

即该企业第一季度产量计划平均完成程度为 105.9%。

（2）分子和分母均为时点数列，其计算公式则有

$$\bar{a}=\frac{\bar{b}}{\bar{c}}=\frac{\frac{a_1}{2}+a_2+\cdots+\frac{a_n}{2}}{\frac{b_1}{2}+b_2+\cdots+\frac{b_n}{2}}=\frac{\frac{a_1}{2}+a_2+\cdots+\frac{a_n}{2}}{\frac{b_1}{2}+b_2+\cdots+\frac{b_n}{2}} \tag{7-7}$$

【例7-7】 某地区2008—2012年从业人数见表7-11,求该地区2008—2012年第三产业从业人员占全部从业人员数的平均比重。

表7-11 某地区2008—2012年从业人数

年 份	2008	2009	2010	2011	2012
第三产业从业人员数/百人	15 456	16 851	17 901	18 375	18 679
全部从业人员数/百人	67 199	67 947	68 850	69 600	69 957
第三产业人员数所占比重/(%)	23.0	24.8	26.0	26.4	26.7

解:

$$\bar{a}=\frac{\frac{a_1}{2}+a_2+\cdots+\frac{a_n}{2}}{\frac{b_1}{2}+b_2+\cdots+\frac{b_n}{2}}=\frac{\left(\frac{15\,456}{2}+16\,851+17\,901+18\,375+\frac{18\,679}{2}\right)\text{百人}}{\left(\frac{67\,199}{2}+67\,947+68\,850+69\,600+\frac{69\,957}{2}\right)\text{百人}}=25.53\%$$

即该地区2008—2012年第三产业从业人员平均比重为25.53%。

(3) 分子和分母为不同性质的数列,即一个为时期数列,另一个为时点数列时,应根据数列性质选用适当的方法,先分别计算出分子数列和分母数列的序时平均数,然后再将两个序时平均数对比以求得相对数时间数列的序时平均数。

3. 根据平均数时间数列计算平均发展水平

由于平均数时间数列有静态数列和动态数列两种。静态平均数时间数列是由总体标志总量时间数列和总体单位总数时间数列的对应项相对比而形成的时间数列。其计算平均发展水平的方法与相对数时间数列平均发展水平的计算方法一样,先分别对分子数列和分母数列计算平均数,再将两个动态平均数对比计算平均数时间数列的平均发展水平。

动态平均数时间数列是由各时期的平均发展水平按时间顺序排列而形成的时间数列。若间隔期相等,采用简单算术平均数方法计算动态平均数时间数列的平均发展水平;若间隔期不等,则要以间隔期长度为权数,采用加权算术平均数方法计算动态平均数时间数列的平均发展水平。

【例7-8】 某企业某年上半年商品流转资料见表7-12,试求该企业上半年各月平均流转次数。

表7-12 某企业上半年商品流转统计表

月 份	1	2	3	4	5	6
商品销售额/万元	230	300	240	250	264	294
平均库存额/万元	100	100	120	125	110	140
商品流转次数	2.3	3.0	2.0	2.0	2.4	2.1

解:该企业上半年各月平均流转次数为

$$\bar{c}=\frac{\bar{a}}{\bar{b}}=\frac{(230+300+240+250+264+294)/6}{(100+100+120+125+110+140)/6}=2.27\text{次}$$

7.2.3 增长量

增长量是报告期发展水平与基期发展水平之差。用公式表示

增长量=报告期水平-基期水平

随着所选择基期的不同，增长量可以分为逐期增长量、累计增长量和年距增长量。

1. 逐期增长量

逐期增长量是报告水平与前一期水平之差，说明报告期比前一期增长的绝对数量，用公式表示为

$$a_i - a_{i-1}(i=1,2,3\cdots,n)$$

2. 累计增长量

累计增长量是报告期水平与某一固定时间的水平（通常为最初水平）之差，说明报告期比某一固定时间增长的绝对数量，即某一段较长时期内的总增长量。用公式表示为

$$a_i - a_0(i=1,2,3\cdots,n)$$

3. 逐期增长量和累计增长量的关系

逐期增长量和累计增长量存在以下数量依存关系。

（1）累计增长量等于相应的时期的逐期增长量之和，即

$$(a_1-a_0)+(a_2-a_1)+\cdots+(a_n-a_{n-1})=(a_n-a_0) \tag{7-8}$$

（2）相邻两期的累计增长量之差等于相应时期的逐期增长量为

$$(a_n-a_0)-(a_{n-1}-a_0)=a_n-a_{n-1} \tag{7-9}$$

【例 7-9】 根据表 7-13 某地区年末人口数资料，计算人口逐期增长量和累计增长量。

表 7-13 某地区年末人口数

年　份	2007	2008	2009	2010	2011	2012
年末人口数/人	121 121	122 389	123 626	124 810	125 909	126 583
逐期增长量/人	—	1 268	1 237	1 184	1 099	674
累计增长量/人	—	1 268	2 505	3 689	4 788	5 462

4. 年距增长量

在实际统计分析中，为了消除季节变动的影响，也常常计算年距增长量指标。年距增长量是本期发展水平与上年同期发展水平之比，其公式表示为

$$年距增长量 = 本期发展水平 - 上年同期发展水平$$

【例 7-10】 某市 2012 年春节旅游黄金周接待游客 47.59 万人次，2011 年同期接待 43 万人次，求春节旅游黄金周接待游客年距增长量。

解：年距增长量＝（47.59－43）万人次＝4.59 万人次

7.2.4 平均增长量

平均增长水平也称平均增长量，它是逐期增长量的序时平均数。计算平均增长量可以将各逐期增长量相加除以逐期增长量个数，用简单算术平均法计算；也可以将累积增长量除以时间数列项数减 1。用公式表示为

$$平均增长量 = \frac{逐期增长量之和}{逐期增长量项数} = \frac{累计增长量}{时间数列项数-1} \tag{7-10}$$

【例 7-11】 根据例 7-9 资料，计算某地区 2007—2012 年年平均增加人口。

解：$平均增长量 = \frac{(1\,268+1\,237+1\,184+1\,099+674)人}{5年} = \frac{(5\,462)人}{(6-1)年} \approx 1092$ 人/年

🔍 【特别提示】

平均增长量是逐期增长量的序时平均数,而不是累计增长量的序时平均数。

7.3 分析时间数列速度指标

7.3.1 发展速度

发展速度是反映社会经济发展快慢的相对指标。计算公式为

$$发展速度 = \frac{报告期水平}{基期水平} \times 100\% \tag{7-11}$$

在通常情况下,报告期水平总是大于 0,因此发展速度指标值也总是表现为正数。当发展速度指标值大于 0 小于 1 时,表明报告期水平低于基期水平;当发展速度指标值等于 1 或大于 1 时,表明报告期水平达到或超过基期水平。由于采用的基期不同,发展速度有环比发展速度和定基发展速度之分。

1. 环比发展速度

环比发展速度也称逐期发展速度,是报告期水平与前一期水平之比。计算公式为

$$a_1/a_0,\ a_2/a_1,\ a_3/a_2,\ \cdots,\ a_n/a_{n-1}$$

2. 定基发展速度

定基发展速度则是报告期水平与某一固定时期水平(通常为最初水平或特定时期水平)之比,表明现象在较长时期内总的发展速度,也称总速度。计算公式为

$$a_1/a_0,\ a_2/a_0,\ a_3/a_0,\ \cdots,\ a_n/a_0$$

3. 环比发展速度和定基发展速度的数量关系

(1)环比发展速度的连乘积等于相应时期的定基发展速度。

$$\frac{a_1}{a_0} \times \frac{a_2}{a_1} \times \frac{a_3}{a_2} \times \cdots \times \frac{a_n}{a_{n-1}} = \frac{a_n}{a_0} \tag{7-12}$$

(2)相邻时期的定基发展速度之比等于相应时期的环比发展速度。

$$\frac{a_n/a_0}{a_{n-1}/a_0} = \frac{a_n}{a_{n-1}} \tag{7-13}$$

根据以上两个数量关系式,可以进行相互推算。

【例 7-12】 某产品外贸进出口量各年环比发展速度资料如下,2008 年为 103.9%,2009 年为 100.9%,2010 年为 95.5%,2011 年为 101.6%,2012 年为 108%,试计算 2012 年以 2007 年为基期的定基发展速度。

解:$\dfrac{a_{2012}}{a_{2007}} = \dfrac{a_{2008}}{a_{2007}} \times \dfrac{a_{2009}}{a_{2008}} \times \dfrac{a_{2010}}{a_{2009}} \times \dfrac{a_{2011}}{a_{2010}} \times \dfrac{a_{2012}}{a_{2011}}$

$= 103.9\% \times 100.9\% \times 95.5\% \times 101.6\% \times 108\%$

$= 109.87\%$

4．年距发展速度

在实际统计分析工作中，为了消除季节变动的影响，类似于前面的年距增长量指标，也常计算年距发展速度，用以说明报告期水平与上年同期水平对比达到的相对程度。用公式表示为

$$\text{年距发展速度} = \frac{\text{本年某月（季）发展水平}}{\text{去年同月（季）发展水平}} \times 100\% \tag{7-14}$$

根据例 7-10 资料计算，该市春节旅游黄金周接待游客人次的年距发展速度为 47.59/43＝110.67%。

7.3.2 平均发展速度

平均发展速度是经济社会现象各期环比发展速度的平均数，用以反映现象在较长一段时期内逐期平均发展变化的程度。

🔍【特别提示】

平均发展速度只能是环比发展速度的平均数，而不能是各期定基发展速度的平均数。

平均发展速度的计算方法通常采用两种方法，即几何平均法和方程式法。两种计算方法应用条件各不相同。下面只介绍几何平均法（又称水平法）。

根据环比发展速度的连乘积等于定基发展速度，当计算平均发展速度时，不能采用算术平均法，而应采用几何平均法。其计算公式为

$$\bar{x} = \sqrt[n]{x_1 \cdot x_2 \cdot x_3 \cdots x_n} = \sqrt[n]{\prod x} \tag{7-15}$$

式中： $\bar{x}$ ——平均发展速度；
$x_1, x_2, \cdots, x_n$ ——各期环比发展速度；
n ——时期数；
$\prod$ ——连乘符号。

由于环比发展速度的连乘积等于相应的定基发展速度，因此平均发展速度的公式也可写成

$$\bar{x} = \sqrt[n]{\frac{a_n}{a_0}} \tag{7-16}$$

又由于公式（7-16）中的 $\dfrac{a_n}{a_0}$ 表示现象的总发展速度，所以如果用 R 表示总速度，则平均发展速度的公式又可写成：

$$\bar{x} = \sqrt[n]{R} \tag{7-17}$$

【例 7-13】 某企业增加值 2007 年为 200 万元，2012 年为 320.64 万元，试计算平均发展速度。

解： $\bar{x} = \sqrt[n]{\dfrac{a_n}{a_0}} = \sqrt[5]{\dfrac{320.64}{200}} \approx 109.9\%$

所以该企业增加值平均发展速度为 109.9%。

【特别提示】

这里有必要指出，用几何平均法计算的平均发展速度只取决于 a_0 和 a_n 的大小，各个中间水平的变化、波动对其没有影响。因此，为提高平均发展速度的代表性，在计算时应注意 a_0 和 a_n 是否受特殊因素的影响，以及中间各期发展水平是否存在增减变化或阶段性波动。必要时，应以分阶段平均发展速度来补充说明总平均发展速度。

7.3.3 增长速度

增长速度是增长量与基期水平的比值，用以反映现象报告期水平比基期水平的增长程度。其基本计算公式为

$$增长速度 = \frac{增长量}{基期水平} \times 100\% = \frac{报告期水平 - 基期水平}{基期水平} \times 100\% \tag{7-18}$$

$$= \frac{报告期水平}{基期水平} \times 100\% - 1$$

从式（7-18）可以看出，增长速度与发展速度有着密切的关系，即

$$增长速度 = 发展速度 - 1（或 100\%） \tag{7-19}$$

【特别提示】

增长速度一般用百分数表示，增长速度大于 0，表明现象的发展是增长的，增长速度小于 0，表明现象的发展是下降（负增长）的。

由于基期的确定方法不同，增长速度的具体计算方法也有两种，即环比增长速度和定基增长速度。

1. 环比增长速度

环比增长速度是报告期逐期增长量与前一期发展水平之比，用以反映现象逐期增长的程度。用公式表示为

$$环比增长速度 = \frac{逐期增长量}{前一期水平} \times 100\% = 环比发展速度 - 1 \tag{7-20}$$

2. 定基增长速度

定基增长速度是报告期累计增长量与固定基期水平之比，用以反映现象在较长一段时期内总的增长程度。其计算公式为

$$定基增长速度 = \frac{累计增长量}{固定基期水平} \times 100\% = 定基发展速度 - 1 \tag{7-21}$$

【例 7-14】 某企业几年来产量不断增长。已知 2008 年比 2007 年增长 20%，2009 年比 2007 年增长 50%，2010 年比 2009 年增长 25%，2011 年比 2010 年增长 15%，2012 年比 2007 年增长 132.5%。试计算表 7-14 的空缺数字。

解：将已知资料列入表 7-14。

表 7-14　某企业 2008—2012 年产量增长速度已知资料

年　份	2008	2009	2010	2011	2012
环比增长速度	20%	②	25%	15%	⑤
定基增长速度	①	50%	③	④	132.5%

表中：

① 2008年定基增长速度＝20%
② 2009年环比增长速度＝[（1+50%）/（1+20%）]－1＝25%
③ 2010年定基增长速度＝[（1+20%）×（1+25%）×（1+25%）]－1＝87.5%
④ 2011年定基增长速度＝[（1+87.5%）×（1+15%）]－1＝115.6%
⑤ 2012年环比增长速度＝[（1+132.5%）/（1+115.6%）]－1＝7.8%

【特别提示】

计算和应用增长速度时要注意两个问题。

（1）环比增长速度和定基增长速度之间没有直接的换算关系，如果两者之间要换算，需要通过发展速度进行换算。例如，把各期环比增长速度全部加1，变成环比发展速度，将所有环比发展速度连乘，得到定基发展速度，再将定基发展速度减去1，就得到了定基增长速度。

（2）当报告期水平和基期水平表明的是不同方向的数据时，不宜计算增长速度。例如，某公司基期利润为－2万元（亏损），报告期利润为+6万元（盈利），若套用上述公式计算增长速度，则计算结果：增长速度＝[6－（－2）]/（－2）＝－4（倍）。这显然与实际情况不相符，对这种情况一般只用文字表达，而不计算增长速度。

3. 年距增长速度

为了消除季节变动的影响，也常计算年距增长速度，用公式表示为

$$年距发展速度 = \frac{年距增长量}{去年同月（季）发展水平} \times 100\% = 年距发展速度 - 1 \quad (7-22)$$

根据例7-10资料，该市春节旅游黄金周接待游客人次的年距增长速度为110.67%－1＝10.67%。

7.3.4 平均增长速度

平均增长速度是现象环比增长速度的平均水平，用以反映现象在较长一段时期内逐期递增的相对程度，又称递增率或递减率。

【特别提示】

需要注意的是，平均增长速度不能直接根据环比增长速度时间数列计算。

平均增长速度的计算是根据环比发展速度时间数列计算出平均发展速度之后，通过下述关系式换算得到的：

$$平均增长速度 = 平均发展速度 - 1（或100\%） \quad (7-23)$$

平均发展速度始终为正值，而平均增长速度则可能是正值，也可能是负值。

【例7-15】 某企业2012年实现利润864万元，计划到2017年利润达到987万元，问该企业以平均每年多大的速度递增才能实现目标？

解：$\bar{x} = \sqrt[n]{\frac{a_n}{a_0}} = \sqrt[5]{\frac{987}{864}} \approx 102.7\%$，平均增长速度＝102.7%－1＝2.7%

即该企业以每年2.7%的递增速度发展，到2017年就可以达到预期目标。

7.4 分析时间数列趋势

7.4.1 影响时间数列的主要因素

客观现象的发展变化是多种因素影响的综合结果，由于各种因素的影响方向和强弱程度不同，具体的时间数列呈现出不同的变动形态。动态分析的任务之一就是要对构成时间数列的各种因素加以分解和测定，以便对未来的状况做出判断和预测。构成时间数列的各种因素，按其性质和作用不同，可大致分解为以下 4 种。

1. 长期趋势（T）

长期趋势变动是时间数列中最基本的规律性变动。长期趋势是指现象在一个相当长的时期内持续发展变化的总态势，如持续上升、下降和基本持平。长期趋势变动是由于现象受到各个时期普遍的、持续的、决定性的基本因素影响的结果。例如，一般情况下，由于人口增长、资源开发、科技进步等因素影响，社会生产的总量呈增长变动的趋势。

2. 季节变动（S）

季节变动是指时间数列受自然季节变换和社会习俗等因素影响而发生的有规律的周期性波动，如有许多商品的销售随季节变动而呈淡旺季之分。季节变动的周期为一年或一年以内（如一月、一周等）。

3. 循环变动（C）

循环变动是指社会经济发展中的一种近乎规律性的盛衰交替变动。其成因比较复杂，周期一般在一年以上，长短不一。循环变动按引起的原因和周期长短不同又可分为 4 种类型。

（1）长期循环变动，主要是受重大技术革命影响的结果，周期可长达 50~60 年。

（2）中长期循环变动，周期在 20 年左右，造成这种循环变动的物质基础是由于建筑业的周期性波动。

（3）中期循环变动，周期为 8~10 年，其变动的物质基础是周期性的固定资产的大规模更新。

（4）短期循环变动，周期为 2~4 年，其形成原因可能是固定资产更新和周期性的技术变革。

4. 不规则变动（I）

不规则变动是指除了上述各种变动以外，现象因临时的、偶然的因素而引起的随机变动，这种变动无规则可循，如地震、水灾、战争等所引起的变动。从长期来看，有些偶然因素的个别影响是可以互相抵消一部分的。

 【知识拓展】

时间序列预测法就是通过编制和分析时间序列，根据时间序列所反映出来的发展过程、方向和趋势，进行类推或延伸，借以预测下一段时间或以后若干年内可能达到的水平。其内容包括：收集与整理某种社会现象的历史资料；对这些资料进行检查鉴别，排成数列；分析时间数列，从中寻找该社会现象随时间变化而变化的规律，得出一定的模式；以此模式去预测该社会现象将来的情况。

7.4.2 长期趋势分析

长期趋势分析的任务就是要反映现象发展变化的长期趋向，掌握现象变化的规律，将长期趋势从时间数列中分离出来，以便更好地测定和分析其余因素的变动。测定长期趋势的方法主要有以下 3 种。

1. 时距扩大法

时距扩大法是测定长期趋势最简便的一种方法。它是将原来时距较短的时间数列加工整理成时距较长的时间数列，以便消除现象因时距较短而受偶然因素影响所引起的不均匀波动。通过扩大时距，可以整理出能呈现事物变动总趋势的新的时间数列。

【例 7-16】 某钢铁企业 1989—2012 年的钢铁产量见表 7-15，试用时距扩大法反映钢铁产量的长期变化趋势。

表 7-15 某钢铁企业 1989—2012 年的钢铁产量表

年 份	产量/万吨	年 份	产量/万吨	年 份	产量/万吨	年 份	产量/万吨
1989	124	1995	126	2001	135	2007	142
1990	125	1996	128	2002	132	2008	140
1991	126	1997	130	2003	133	2009	143
1992	123	1998	127	2004	134	2010	144
1993	122	1999	132	2005	138	2011	146
1994	124	2000	133	2006	136	2012	148

从表 7-15 中可以看出，在 24 年间，该钢铁企业的产量发展并不均匀，中间有几次小的波动。如果把时距扩大为 4 年，则可整理成表 7-16 所示新的时间数列。

表 7-16 某钢铁企业 1996—2012 年的钢铁产量表

时 期	总产量/万吨	平均年产量/万吨
1989—1992	498	124.50
1993—1996	500	125.00
1997—2000	522	130.50
2001—2004	534	133.50
2005—2008	556	139.00
2009—2012	581	145.25

从表 7-16 可以看出，时距扩大为 4 年，把个别年份的偶然因素影响给消除掉了，形成了 24 年来钢铁产量持续上升的总趋势。表中的"总产量"是时距扩大后 4 年的总产量，这种表达只适用于时期数列；若对各个总产量再计算序时平均数，如表中的"平均年产量"，同样可以观察到事物发展的总趋势，而这种表达既适用于时期数列，也适用于时点数列。

2. 移动平均法

移动平均法是对原有的时间数列，按照事先规定的移动时期长度来扩大时距，采用逐项推移的方法，计算一系列的序时平均数，形成由序时平均数组成的新的时间数列。这种移动平均数形成的时间数列，消除了短期的偶然因素的影响，使长期趋势更加明显。

【例 7-17】 以表 7-15 中的资料为例，将时距扩大为 5 年，采用移动平均法来反映原数列的长期趋势，见表 7-17。

表 7-17　某钢铁企业 2001—2012 年钢铁产量及其移动平均计算表　　　　单位：万吨

年　份	钢铁产量	5 年移动平均	4 年移动平均	4 年移动平均后的二次移动平均
2001	135	—	—	—
2002	132	—	133.50	133.88
2003	133	134.4	134.25	134.75
2004	134	134.6	135.25	136.38
2005	138	136.6	137.50	138.25
2006	136	138.0	139.00	139.63
2007	142	139.8	140.25	141.25
2008	140	141.0	142.25	142.75
2009	143	143.0	143.25	144.25
2010	144	144.2	145.25	—
2011	146	—	—	—
2012	148	—	—	—

从表 7-17 可以看出，该企业钢铁产量呈逐年增加的趋势。

应用移动平均法测定长期趋势时，应注意以下问题。

（1）如果采用奇数项（3、5、7…）移动平均，则计算的移动平均数都置于与正中间时期所对应的位置上，如例 7-17 中的第 3 栏"5 年移动平均产量"。如果采用偶数项（2、4、6、8…）移动平均，则计算的移动平均数应放在中间两个时期的中间的位置上（如例 7-17 中的第 4 栏），然后再采用二项移动平均数，以便将移动平均数对正中间位置（如例 7-17 中的第 5 栏），这样才能得出对正原时间数列各时期的趋势值。因此，偶数项的移动平均法都需要经过两次平均的过程。

（2）经过移动平均后的新派生数列的项数，比原时间数列的项数要少，可利用的信息也就少了，而且移动时期的长度越长，新数列的项数就越少，丧失的信息就越多。同时，如果移动时期的长度太大，则不利于分析现象具体的发展趋势，而移动时期的长度过小，又可能使新数列出现起伏波动的情况，难以呈现出现象发展的长期趋势。因此，要根据资料的特点来确定时距扩大的倍数。

（3）对于存在季节变动或循环变动的时间数列，为消除季节变动或循环变动的影响，应采用与一个循环相应的时间长度来进行移动平均。如存在季节变动的时间数列一般采用 12 月移动平均或 4 季移动平均。

（4）时距扩大法和移动平均法的主要作用是把长期趋势以外的变动消除掉，以呈现出现象变动的长期趋势，但一般不能直接根据移动平均后的派生数列进行动态预测。

3．最小平方法

要对现象变动的长期趋势进行动态预测，就必须建立与长期趋势相适应的数学模型。长期趋势模型有直线趋势模型和曲线趋势模型两种，这里只介绍直线趋势模型。

最常用的配合直线趋势模型的方法是最小平方法，又称最小二乘法。这种方法的数学依据是 $\sum(y-y_c)^2=$ 最小值，即要求各个实际值与其相应的趋势值的离差平方和为最小。根据数学分析中的极限原理，用偏微分方法可以得出求取参数所需的两个标准方程：

$$\begin{cases} \sum y = na + b\sum t \\ \sum ty = a\sum t + b\sum t^2 \end{cases}$$

解此组方程,可得

$$b = \frac{n\sum ty - \sum t \sum y}{n\sum t^2 - (\sum t)^2}, \quad a = \frac{\sum y}{n} - b\frac{\sum t}{n} = \bar{y} - b\bar{t} \tag{7-24}$$

【例 7-18】 某企业 2006—2012 年某产品的销售量见表 7-18,试用最小平方法配合直线趋势方程,并预测 2013 年的销售量。

表 7-18 某企业某种产品销售量统计表

年　份	2006	2007	2008	2009	2010	2011	2012
销售量/万件	12.4	13.8	15.7	17.6	19.0	20.8	22.7

解:先建立最小平方法计算表,见表 7-19。

表 7-19 最小平方法计算表

年　份	序号 t	销售量 y	t^2	ty	y_c
2006	1	12.4	1	12.4	12.27
2007	2	13.8	4	27.6	13.99
2008	3	15.7	9	47.1	15.71
2009	4	17.6	16	70.4	17.43
2010	5	19.0	25	95.0	19.15
2011	6	20.8	36	124.8	20.87
2012	7	22.7	49	158.9	22.59
合　计	28	122.0	140	536.2	122.01

从上可知:$n=7$,$\sum t = 28$,$\sum t^2 = 140$,$\sum y = 122.0$,$\sum ty = 536.2$

将之代入方程组解之,得

$$b = \frac{n\sum ty - \sum t \sum y}{n\sum t^2 - (\sum t)^2} = \frac{7 \times 536.2 - 28 \times 122}{7 \times 140 - 28^2} = 1.72$$

$$a = \frac{\sum y}{n} - b\frac{\sum t}{n} = \bar{y} - b\bar{t} = \frac{122}{7} - 1.72 \times \frac{28}{7} = 10.55$$

于是得直线方程:$y_c = 10.55 + 1.72t$

将时间序号 t 的值代入该方程得各年的趋势值 y_c,并列入表 7-19 的最后一栏。如要预测 2013 年的销售量,只需将 $t=8$ 代入趋势方程,得

$$y_c = (10.55 + 1.72 \times 8) 万件 = 24.31 万件$$

例 7-17 运用最小平方法时,对 t 的排序采用 1、2、3…进行,时间原点设在 2006 年,但这样计算比较烦琐。为了简化,可将时间原点设在数列的中间项。

(1) 当数列为奇数项时,可取 $t = \cdots$、-4、-3、-2、-1、0、1、2、3、4、$\cdots$。

(2) 当数列为偶数项时,可取 $t = \cdots$、-7、-5、-3、-1、1、3、5、7、$\cdots$。

这样通过正值和负值相抵消,可使 $\sum t = 0$,从而使标准方程组简化为

$$\begin{cases} \sum y = na \\ \sum ty = b\sum t^2 \end{cases}$$

解得

$$a=\frac{\sum y}{n}, \quad b=\frac{\sum ty}{\sum t^2} \qquad (7\text{-}25)$$

这样将大大简化计算工作量。

7.4.3 季节变动分析

季节变动分析的目的在于掌握事物的变动周期、数量界限及其规律性,以便更好地安排生产,适应市场需求,满足人民的生活需要。

测定季节变动的最常用的方法是按月(季)平均法。它通过计算季节比率来反映现象季节变动的周期性规律。季节比率可以按月计算,也可以按季计算。

利用按月(季)平均法测定季节变动,需要根据若干年(至少为 3 年)的分月(季)资料,计算出同月(季)平均数和所有月(季)的总平均数,然后用各月(季)的平均数与所有月(季)的总平均数相对比,求得季节比率。其计算公式为

$$\text{季节比率}(\%)=\frac{\text{同月(季)平均数}}{\text{月(季)总平均水平}} \qquad (7\text{-}26)$$

【例 7-19】 某公司各月羊毛衫销售额见表 7-20,求该公司羊毛衫销售季节比率。

表 7-20 公司羊毛衫销售额季节比率计算表　　　　单位:万元

月 份	2009	2010	2011	2012	4 年合计	同月平均	季节比率
1	160	300	480	560	1 500	375	164.0
2	120	180	300	280	880	220	96.2
3	40	80	120	160	400	100	43.7
4	20	50	80	60	210	52.5	23.0
5	12	20	40	24	96	24	10.5
6	8	16	22	18	64	16	7.0
7	16	24	64	74	78	44.5	19.5
8	24	40	80	96	240	60	26.2
9	40	70	140	166	416	104	45.5
10	100	170	300	280	850	212.5	93.0
11	420	680	820	940	2 860	715	312.7
12	500	700	960	1 120	3 280	820	358.7
合　计	1 460	2 330	3 406	3 778	10 974	2 743.5	1 200.0
月平均	121.7	194.2	283.8	314.8	914.5	228.6	100.0

解:(1)计算各年的销售额合计和月平均销售额。
2009 年合计=(160+120+40+20+12+8+16+24+40+100+420+500)万元=1 460 万元
2009 年的平均数=1 460 万元/12=121.67 万元
其他年份以此类推,计算结果见表 7-20 最后两行。
(2)计算所有年份同月份的合计数和月平均数。
1 月的合计数=(160+300+480+560)万元=1 500 万元
1 月的平均数=1 500 万元/4=375 万元
其他月份平均数以此类推,计算结果见表 7-20 的第 5 栏和第 6 栏的各月数值。

（3）计算所有年份总合计数及总的月平均数。

计算所有年份的总合计数，可以通过各月合计的总和得到，也可以通过各年合计的总和得到，即总合计数＝第 5 栏 12 个月的数值之和＝10 974 万元，或总合计数＝（1 460＋2 330＋3 406＋3 778）＝10 974 万元。

计算总的月平均数，可以通过以下两种方法来计算，其计算结果应相等。

$$总的月平均数 = \frac{\sum 各月平均数}{12} = \frac{2743.5 万元}{12} = 228.63 万元$$

$$总的月平均数 = \frac{总合计数}{总月数} = \frac{10974 万元}{48} = 228.63 万元$$

（4）计算季节比率，即用同月的平均数与总的月平均数相对比。

$$1 月季节比率 = \frac{375 万元}{228.63 万元} = 164.02\%$$

其他月份的季节比率计算以此类推，计算结果见表 7-20 第 8 列季节比率。

12 个月的季节比率之和应为 1 200%，4 个季度的季节比率之和应等于 400%，如果不等，则是计算过程中的四舍五入造成的，应计算调整系数并加以调整。调整系数的计算公式为

$$调整系数 = \frac{1200（或400）\%}{\sum 各月(季)实际季节比率}$$

调整后的季节比率＝各月（季）实际季节比率×调整系数

季节比率大于或小于 100%，都说明存在季节变动。若大于 100%的幅度比较大，则表示现象在该月（季）的发展处于高峰期或旺季，若小于 100%的幅度比较大，则表示现象处于低谷期或淡季。等于 100%说明不受季节变动因素的影响。

从表 7-20 中可以看出，羊毛衫的销售情况呈现出比较明显的季节波动。在一年当中，1 月、2 月、10 月、11 月、12 月是销售旺季，12 月达到最高点，5 月、6 月、7 月为销售淡季，销售状况疲软，6 月达到销售量最低点。

【特别提示】

按月（季）平均法计算季节比率，简便易行，但这种方法没有考虑长期趋势的影响，因为计算过程中是将各年同月（季）的数值所起的作用同等看待了。实际上，在存在长期趋势的数列中，后期各月（季）的数值所起的作用要比前期同月（季）的作用大。如果时间数列中存在明显的长期趋势影响，则按月（季）平均法计算的季节比率是不准确的，应先剔除长期趋势的影响后，再计算季节比率。

7.5 Excel 在动态数列分析中的应用

7.5.1 应用 Excel 进行水平分析和速度分析

1．用 Excel 进行水平分析

时间数列的水平分析主要是计算平均发展水平（也称序时平均数或动态平均数）、增长量和平均增长量。

【例 7-20】 根据我国 1990—2010 年的 GDP 数据（单位：亿元）和人口数据（单位：万人），计算 GDP 的序时平均数、人口的序时平均数、人口逐期增长量、人口累积增长量和人口平均增长量。

解：具体操作过程如下，结果如图 7.1 所示。

	A	B	C	D	E	F	G	H
1	年份	GDP	年末人口	人口逐期增长量	人口累积增长量			
2	1990	18668	114333	—	—			
3	1991	21782	115823	1490	1490		GDP的序时平均数	
4	1992	26924	117171	1348	2838		137182.1429	
5	1993	35334	118517	1346	4184			
6	1994	48198	119850	1333	5517		人口的序时平均数	
7	1995	60794	121121	1271	6788		125795.375	
8	1996	71177	122389	1268	8056			
9	1997	78973	123626	1237	9293		人口的平均增长量	
10	1998	84402	124761	1135	10428		988.35	
11	1999	89677	125786	1025	11453			
12	2000	99215	126743	957	12410			
13	2001	109655	127627	884	13294			
14	2002	120333	128453	826	14120			
15	2003	135823	129227	774	14894			
16	2004	159878	129988	761	15655			
17	2005	184937	130756	768	16423			
18	2006	216314	131448	692	17115			
19	2007	265810	132129	681	17796			
20	2008	314045	132802	673	18469			
21	2009	340903	133474	672	19141			
22	2010	397983	134100	626	19767			

图 7.1 水平分析结果

1）计算平均发展水平

计算时间数列的平均数，首先要判断时间数列的类型，然后再使用对应的公式及 Excel 中的函数进行计算。

（1）时期数列的平均发展水平。图 7.1 的"GDP"为时期数列，采用简单算术平均法。可直接利用函数 AVERAGE 进行计算。单击任一空单元格（本例为 G4）输入"AVERAGE（B2：B22）"，按回车键后得结果"137182.1429"亿元。

（2）时点数列的平均发展水平。图 7.1 的"年末人口"为间隔相等的间断时点数列，故用"首末折半法"。在 G7 单元格中输入"＝SUM（C2/2，C3，C4，C5，C6，C7，C8，C9，C10，C11，C12，C13，C14，C15，C16，C17，C18，C19，C20，C21，C22/2）/（21-1）"按回车键后得到结果"125795.375"万人。

2）计算逐期增长量

在 D3 单元格中输入"C3－C2"，按回车键后得到结果；然后使用填充柄功能，按住鼠标左键向下拖至 D22 单元格，放开鼠标，可得到 D4～D22 结果，即 1992—2010 年的人口逐期增长量自动填入 D4～D22。

3）计算累积增长量

在 E3 单元格中输入"E3－114333"，按回车键后得到结果；然后使用填充柄功能，按住鼠标左键向下拖至 E22 单元格，放开鼠标，可得到 E4～E22 结果，即 1992—2010 年的人口累积增长量自动填入 E4～E22。

4）计算平均增长量

在任一空单元格（本例为 G10）输入"＝E22/（21-1）"或"＝SUM（D3：D22）/（21-1）"后按回车键，即可得人口平均增长量"988.35"万人。

2. 用 Excel 进行速度分析

时间数列的速度分析，主要是计算发展速度和增长速度，它们又各分为环比和定基两种情况。

【例 7-21】 根据我国 1990—2010 年的 GDP 数据（单位：亿元），计算 GDP 的环比发展速度、定基发展速递、环比增长速度和定基增长速度。

解：具体操作过程如下，结果如图 7.2 所示。

年份	GDP	发展速度 环比	发展速度 定基	增长速度 环比	增长速度 定基
1990	18668	—	—	—	—
1991	21782	116.68	116.68	16.68	16.68
1992	26924	123.61	144.23	23.61	44.23
1993	35334	131.24	189.28	31.24	89.28
1994	48198	136.41	258.19	36.41	158.19
1995	60794	126.13	325.66	26.13	225.66
1996	71177	117.08	381.28	17.08	281.28
1997	78973	110.95	423.04	10.95	323.04
1998	84402	106.87	452.12	6.87	352.12
1999	89677	106.25	480.38	6.25	380.38
2000	99215	110.64	531.47	10.64	431.47
2001	109655	110.52	587.4	10.52	487.4
2002	120333	109.74	644.6	9.74	544.6
2003	135823	112.87	727.57	12.87	627.57
2004	159878	117.71	856.43	17.71	756.43
2005	184937	115.67	990.66	15.67	890.66
2006	216314	116.97	1158.74	16.97	1058.74
2007	265810	122.88	1423.88	22.88	1323.88
2008	314045	118.15	1682.26	18.15	1582.26
2009	340903	108.55	1826.14	8.55	1726.14
2010	397983	116.74	2131.9	16.74	2031.9

图 7.2 速度分析结果

1）计算环比发展速度

在 C4 单元格中输入 "ROUND（B4/B3＊100，2）"，按回车键得结果；然后使用填充柄功能，按住鼠标左键拖至 C23 单元格，放开鼠标，可得 C5～C23 结果，即 1992—2010 年的环比发展速度。

2）计算定基发展速度

在 D4 单元格中输入 "ROUND（B4/18668＊100，2）"，按回车键得结果；然后使用填充柄功能，按住鼠标左键拖至 D23 单元格，放开鼠标，可得 D5～D23 结果，即 1992—2010 年的定基发展速度。

3）计算环比增长速度

计算增长速度，需要先计算发展速度，然后运用 "增长速度＝发展速度－1" 公式计得到相应的增长速度。故此操作有两步。

第一步：完成上述 "1）计算环比发展速度" 中的操作。

第二步：在 E4 单元格中输入 "＝C4－100"，按回车键得结果；然后使用填充柄功能，按住鼠标左键拖至 E23 单元格，放开鼠标，可得 E5～E23 结果，即 1992—2010 年的环比增长速度。

4)计算定基增长速度

第一步:完成上述"2)计算定基发展速度"中的操作。

第二步:在 F4 单元格中输入"=D4-100",按回车键得结果;然后,使用填充柄功能,按住鼠标左键拖至 F23 单元格,放开鼠标,可得 F5~F23 结果,即 1992—2010 年的定基增长速度。

7.5.2 应用 Excel 进行长期趋势分析

长期趋势分析常用的是移动平均法和最小平方法。而最小平方法有专门的分析工具——回归分析工具。回归分析工具在 9.3 节中有详细讲解,故这里不赘述。此处只详细讲解移动平均法。

【例 7-22】 根据我国 1990—2010 年的 GDP 数据(单位:亿元),用移动平均法分析我国国内生产总值的长期发展趋势。

解:具体操作过程如下。

第一步:单击【工具】菜单,选择【数据分析】选项;从【数据分析】对话框中的分析工具列表中选择【移动平均】;单击【确定】按钮,弹出如图 7.3 所示的【移动平均】对话框。

第二步:确定【输入区域】和【输出区域】,如图 7.3 所示。

输入:在【输入区域】中输入分析数据所在的单元格区域,在本例中,输入区域为 $B$3:$B$23。在【间隔】中输入移动平均的项数,本例为"3"。

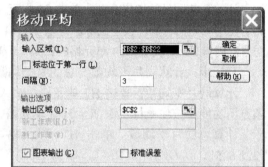

图 7.3 【移动平均】对话框

输出:在【输出区域】中输入"$C$2",并选择【图表输出】。

第三步:单击【确定】按钮,在指定位置给出了移动平均计算的结果,如图 7.4 所示。

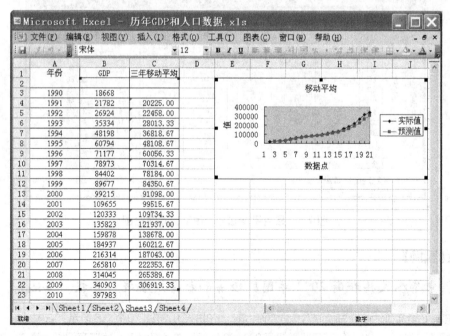

图 7.4 移动平均法计算结果

7.5.3 应用 Excel 进行季节变动分析

【例 7-23】 某公司 2009—2012 年各月羊毛衫销售额见表 7-20，求该公司羊毛衫销售季节比率。

解：具体操作过程如下，结果如图 7.5 所示。

第一步：按照同月数值在同一行的要求将已知数据排列好。

第二步：计算各年合计与各年同月合计。

计算每年的销售总额：单击 C14 单元格，输入“＝SUM（C2：C13）”，按回车键得结果；然后使用填充柄功能，按住鼠标左键拖至 F14 单元格，放开鼠标，可得 D14～F14 结果，即 2010—2012 年各年的销售总额。

计算各年同月的销售总额：单击 G2 单元格，输入“＝SUM（C2：F2）”，按回车键得结果；然后使用填充柄功能，按住鼠标左键拖至 G14 单元格，放开鼠标，可得 G3～G14 结果，即各年同月的销售总额；其中 G14 单元格的结果“10974”为 2010—2012 年各年共 48 个月的销售总额。

第三步：计算同月平均数与总的月平均数。

计算同月平均数：单击 H2 单元格，输入“＝G2/4”，按回车键得 1 月平均数；然后使用填充柄功能，按住鼠标左键拖至 H13 单元格，放开鼠标，可得 2～12 月同月平均数。

计算总的月平均数：单击 H14 单元格，输入“＝G14/48”，按回车键得总的月平均数“228.625”。

第四步：计算季节比率。单击 I2 单元格，输入“＝H2＊100/228.625”，按回车键得 1 月季节比率；然后使用填充柄功能，按住鼠标左键拖至 I13 单元格，放开鼠标，可得 2～12 月季节比率。单击 I14 单元格，输入“＝SUM（I2：I13）”，按回车键得季节比率之和为“1200”。

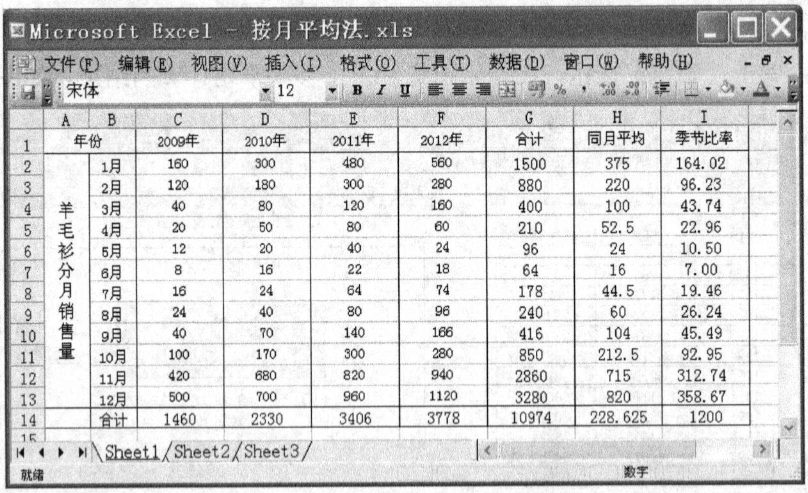

	A	B	C	D	E	F	G	H	I
1	年份		2009年	2010年	2011年	2012年	合计	同月平均	季节比率
2	羊毛衫分月销售量	1月	160	300	480	560	1500	375	164.02
3		2月	120	180	300	280	880	220	96.23
4		3月	40	80	120	160	400	100	43.74
5		4月	20	50	80	60	210	52.5	22.96
6		5月	12	20	40	24	96	24	10.50
7		6月	8	16	22	18	64	16	7.00
8		7月	16	24	64	74	178	44.5	19.46
9		8月	24	40	80	96	240	60	26.24
10		9月	40	70	140	166	416	104	45.49
11		10月	100	170	300	280	850	212.5	92.95
12		11月	420	680	820	940	2860	715	312.74
13		12月	500	700	960	1120	3280	820	358.67
14		合计	1460	2330	3406	3778	10974	228.625	1200

图 7.5 按月平均法分析季节变动数据图

【统计实例】

中华人民共和国 2011 年国民经济和社会发展统计公报（节选）

初步核算，全年国内生产总值[1]471 564 亿元，比上年增长 9.2%，如图 7.6 所示。其中，第一产业增加值 47 712 亿元，增长 4.5%；第二产业增加值 220 592 亿元，增长 10.6%；第三产业增加值 203 260 亿元，增长8.9%。第一产业增加值占国内生产总值的比重为10.1%，第二产业增加值比重为46.8%，第三产业增加值比重为43.1%。

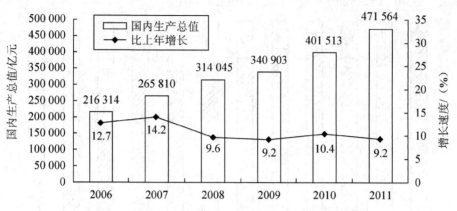

图7.6　2006—2011年国内生产总值及其增长速度

全年居民消费价格比上年上涨5.4%，如图7.7所示。其中食品价格上涨11.8%，固定资产投资价格上涨6.6%，工业生产者出厂价格上涨6.0%，工业生产者购进价格上涨9.1%，农产品生产价格[2]上涨16.5%，见表7-21。

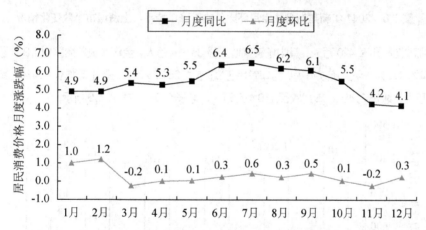

图7.7　2011年居民消费价格月度涨跌幅度

表7-21　2011年居民消费价格比上年涨跌幅度　　　　　　　　　　　　　　单位：%

指　　标	全国	城市	农村
居民消费价格	5.4	5.3	5.8
其中：食品	11.8	11.6	12.4
烟酒及用品	2.8	3.0	2.4
衣着	2.1	2.2	1.9
家庭设备用品及维修服务	2.4	2.7	1.5
医疗保健和个人用品	3.4	3.4	3.3
交通和通信	0.5	0.2	1.3
娱乐教育文化用品及服务	0.4	0.3	0.8
居住	5.3	5.1	5.7

70个大中城市新建商品住宅销售价格月环比下降的城市个数逐步增加,如图7.8所示。12月份,70个大中城市中,环比价格下降的城市为52个,比1月份增加49个。

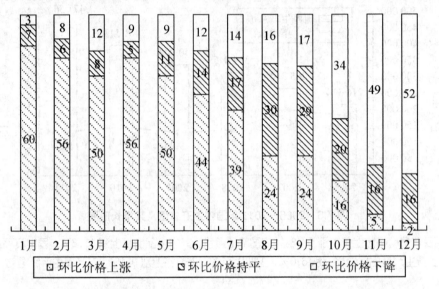

图7.8　2011年新建商品住宅月环比价格下降、持平、上涨城市个数变化情况

年末全国就业人员76 420万人,其中城镇就业人员35 914万人。全年城镇新增就业1 221万人。年末城镇登记失业率为4.1%,与上年末持平。全年农民工[3]总量为25 278万人,比上年增长4.4%。其中,外出农民工15 863万人,增长3.4%;本地农民工9 415万人,增长5.9%,如图7.9所示。

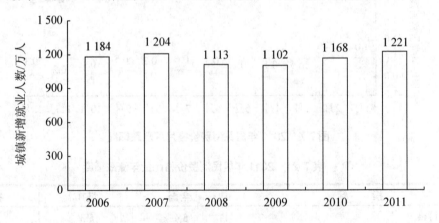

图7.9　2006—2011年城镇新增就业人数

年末国家外汇储备31 811亿美元,比上年末增加3 338亿美元。年末人民币汇率为1美元兑6.300 9元人民币,比上年末升值5.1%,如图7.10所示。

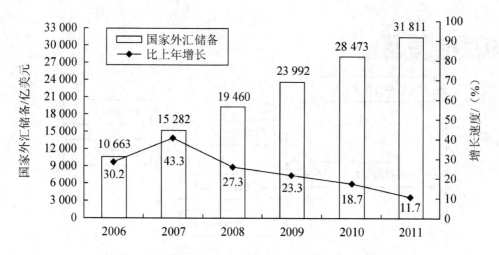

图 7.10 2006—2011 年年末国家外汇储备及其增长速度

全年公共财政收入[4]103 740 亿元，比上年增加 20 639 亿元，增长 24.8%；其中税收入 89 720 亿元，增加 16 510 亿元，增长 22.6%，如图 7.11 所示。

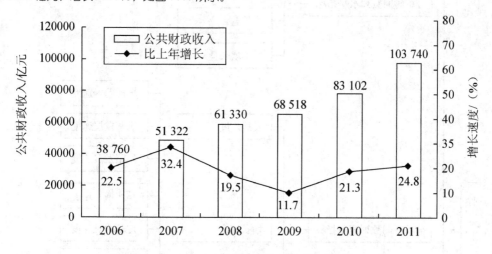

图 7.11 2006—2011 年公共财政收入[5]及其增长速度

注释：

[1] 国内生产总值、各产业增加值绝对数按现价计算、增长速度按不变价格计算。

[2] 农产品，生产价格是指农产品生产者直接出售其产品时的价格。

[3] 年度农民工数量包括年内在本乡镇以外从业 6 个月以上的外出农民工和在本乡镇内从事非农业产业 6 个月以上的本地农民工两部分。

[4] 公共财政收入是指政府凭借国家政治权力，以社会管理者身份筹集以税收为主体的财政收入，与以往年财政收入指标标口径一致。

[5] 图中 2006 年至 2010 年数据为公共财政收入决算数，2011 年为执行款。

（资料来源：中华人民共和国国家统计局，2012 年 2 月 22 日，有改动）

知识框架

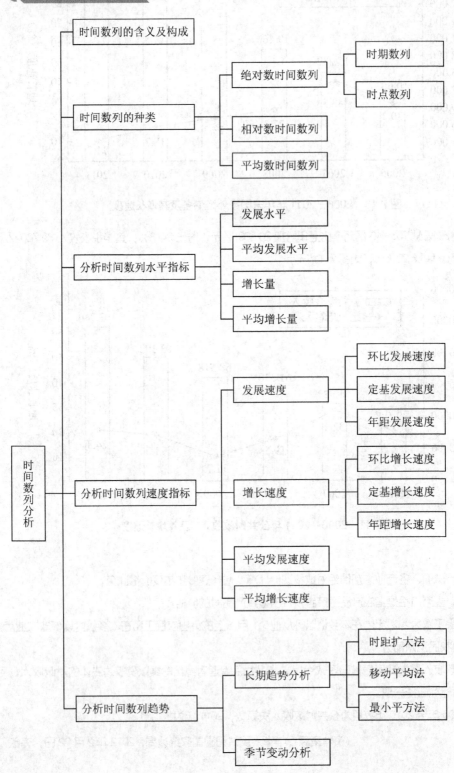

职业能力训练

一、填空题

1. 时间数列按其指标表现形式分为_____、_____和_____。
2. 总量指标时间数列按其反映的时间状况不同可分为_____和_____。
3. 社会经济现象的动态分析包括_____和_____。
4. 时间数列的两个构成要素为_____和_____。
5. 发展速度由于基期选择的不同,可分为_____和_____。
6. 平均发展速度是_____的平均数。
7. 影响时间数列的因素主要有_____、_____、_____和_____。
8. 静态平均数是根据_____计算的,而序时平均数是根据_____计算的。
9. 某企业产品产量 2010 年与 2009 年相比增长了 10%,2011 年与 2010 年相比增长了 8%,2012 年与 2011 年相比增长了 11%,那么 2012 年与 2009 年相比增长了_____。
10. 增长量根据基期选择不同可分为_____和_____;平均增长量是_____平均数。

二、判断题

1. 时间数列中的发展水平都是统计绝对数。 (   )
2. 相对数时间数列中的数值相加没有实际意义。 (   )
3. 由于时点数列和时期数列都是绝对数时间数列,所以,它们的特点是相同的。 (   )
4. 时期数列有连续时期数列和间断时期数列两种。 (   )
5. 发展速度可以为负值。 (   )
6. 只有增长速度大于 100%才能说明事物的变动是增长的。 (   )
7. 定基发展速度等于相应各个环比发展速度的连乘积,所以定基增长速度也等于相应各个环比增长速度的连乘积。 (   )
8. 年距发展速度=年距增长速度+1 (   )
9. 平均增长速度可以直接根据环比增长速度来计算。 (   )
10. 采用移动平均法测定长期趋势,主要是为了削弱随机因素的影响。 (   )

三、单项选择题

1. 下列数列中属于时间数列的是(   )。
   A. 学生按学习成绩分组形成的数列
   B. 工业企业按地区分组形成的数列
   C. 职工按工资水平高低排列形成的数列
   D. 出口额按时间先后顺序排列形成的数列
2. 某地区 2003—2012 年排列的每年年终人口数时间数列是(   )。
   A. 绝对数时期数列 B. 绝对数时点数列
   C. 相对数时间数列 D. 平均数时间数列

3. 某地区 2003—2012 年按年排列的每人分摊粮食产量的时间数列是（   ）。
   A. 绝对数时间数列　　　　　　　　　B. 绝对数时点数列
   C. 相对数时间数列　　　　　　　　　D. 平均数时间数列
4. 根据时期数列计算序时平均数应采用（   ）。
   A. 几何平均法　　B. 加权算术平均法　　C. 简单算术平均法　　D. 首末折半法
5. 2008 年 11 月某企业在册工作人员发生了如下的变化：11 月 1 日在册 919 人，11 月 6 日离开 29 人，11 月 21 日录用 15 人，则该企业 11 月日平均在册工作人员数为（   ）。
   A. 900　　　　　　B. 905　　　　　　C. 912　　　　　　D. 919
6. 某企业 4 月、5 月、6 月、7 月的平均职工人数分别为 290 人、295 人、293 人和 301 人，则该企业二季度的平均职工人数的计算方法为（   ）。
   A.（290＋295＋293＋301）/4
   B.（290＋295＋293）/3
   C.（290/2＋295＋293＋301/2）/（4－1）
   D.（290/2＋295＋293＋301/2）/4
7. 已知环比增长速度为 9.2%、8.6%、7.1%、7.5%，则定基增长速度为（   ）。
   A. 9.2%×8.6%×7.1%×7.5%
   B.（9.2%×8.6%×7.1%×7.5%）－100%
   C. 109.2%×108.6%×107.1%×107.5%
   D.（109.2%×108.6%×107.1%×107.5%）－100%
8. 下列等式中，不正确的是（   ）。
   A. 发展速度＝增长速度＋1
   B. 定基发展速度＝相应各环比发展速度的连乘积
   C. 定基增长速度＝相应各环比增长速度的连乘积
   D. 平均增长速度＝平均发展速度－1
9. 累计增长量与其相应的各个逐期增长量的关系表现为（   ）。
   A. 累计增长量等于相应的各个逐期增长量之积
   B. 累计增长量等于相应的各个逐期增长量之和
   C. 累计增长量等于相应的各个逐期增长量之差
   D. 以上都不对
10. 广东省第三产业增加值 2008 年比 2002 年增加了 219.67%，则广东省这几年第三产业增加值的平均发展速度为（   ）。
    A. $\sqrt[7]{219.67\%}$　　B. $\sqrt[6]{219.67\%}$　　C. $\sqrt[7]{319.67\%}$　　D. $\sqrt[6]{319.67\%}$
11. 某种股票的价格周二上涨了 10%，周三下跌了 2%，周四上涨了 5%，这 3 天累计涨幅为（   ）。
    A. 13%　　　　　　B. 13.19%　　　　C. 14.10%　　　　D. 17.81%
12. 某企业生产某种产品，其产量年年增加 5 万吨，则该产品产量的环比增长速度（   ）。
    A. 年年下降　　　　B. 年年增长　　　　C. 年年保持不变　　D. 无法做结论
13. 今年某月发展水平除以去年同期发展水平的指标是（   ）。
    A. 定基发展速度　　　　　　　　　　B. 环比发展速度
    C. 平均发展速度　　　　　　　　　　D. 年距发展速度
14. 若要观察现象在某一段时期内变动的基本趋势，需测定现象的（   ）。
    A. 长期趋势　　　　B. 季节变动　　　　C. 循环变动　　　　D. 不规则变动

15. 若无季节变动,则各季的季节指数为(   )。
    A. 0   B. 100%   C. 小于 100%   D. 大于 100%

四、多项选择题

1. 时间数列中,各项指标数值直接相加没有实际意义的有(   )。
    A. 时点数列   B. 时期数列   C. 相对数时间数列
    D. 平均数时间数列   E. 绝对数时间数列
2. 下列指标和时间构成的数列中,属于相对数时间数列的是(   )。
    A. 年末产品库存量   B. 产品合格率   C. 人口密度
    D. 职工工资水平   E. 人均国内生产总值
3. 用公式 $\bar{a} = \dfrac{\sum a}{n}$ 计算平均发展水平适用于(   )。
    A. 时期相等的时期数列   B. 时点数列
    C. 间断的时点数列   D. 连续的时点数列
    E. 间隔相等的连续时点数列
4. 下面属于时期数列的是(   )。
    A. 我国近几年的耕地总面积   B. 我国历年新增人口数
    C. 我国历年图书出版量   D. 我国历年的黄金储备
    E. 某地区国有企业历年资金利税率
5. 下列数列属于由两个时期数列对比构成的相对数或平均数时间数列的是(   )。
    A. 工业企业全员劳动生产率数列   B. 百元产值利润率时间数列
    C. 产品产量计划完成程度时间数列   D. 某单位人员构成时间数列
    E. 各种商品销售额所占比重时间数列
6. 分析时间数列的水平指标包括(   )。
    A. 发展水平   B. 发展速度   C. 增长量
    D. 平均发展水平   E. 平均增长量
7. 下列说法正确的有(   )。
    A. 平均增长速度大于平均发展速度   B. 平均增长速度小于平均发展速度
    C. 平均增长速度=平均发展速度-1   D. 平均发展速度=平均增长速度-1
    E. 平均发展速度×平均增长速度=1
8. 某水产公司 2001 年产值为 2000 万元,2008 年产值为 2001 年的 300%,则该公司产值的年平均增长量及年平均增长速度为(   )。
    A. 年平均增长量为 571.43 万元   B. 年平均增长量为 500.00 万元
    C. 年平均增长速度为 16.99%   D. 年平均增长速度为 14.72%
    E. 年平均增长速度为 20.09%
9. 长期趋势的测定方法有(   )。
    A. 季节比率法   B. 移动平均法   C. 最小平方法   D. 时距扩大法

五、简答题

1. 什么是时间数列?编制时间数列有何作用?

2. 时期数列与时点数列有何异同？
3. 时间数列水平分析和速度分析采用的分析指标各有哪些？
4. 测定长期趋势有哪些方法？他们各有什么不同的特点？
5. 什么是移动平均法？应用移动平均法要解决的问题是什么？

六、技能实训

1. 某企业 2012 年职工人数资料见表 7-22。

表 7-22　某企业 2012 年职工人数

日　　期	1月1日	4月1日	5月1日	11月1日	12月31日
职工人数/人	3 020	3 260	2 950	3 200	3 270

要求：计算该企业 2012 年全年平均职工人数。

2. 某企业 2012 年各季度实际完成利润和利润计划完成程度的资料见表 7-23。

表 7-23　某企业 2012 年各季度实际完成利润和利润计划完成程度

季度	一季度	二季度	三季度	四季度
实际利润/万元	860	887	875	898
利润计划完成程度/（%）	130	135	138	125

要求：试计算该企业年度利润计划平均完成百分比。

3. 某企业集团公司 2012 年第三季度职工人数及产值资料见表 7-24。

表 7-24　某企业集团公司 2012 年第三季度职工人数及产值

月　　份	7	8	9	10
销售产值/万元	8 000	8 400	9 000	9 300
月初人数/人	4 640	4 660	4 680	4 600

要求：
（1）计算第三季度的月平均劳动生产率。
（2）计算第三季度的劳动生产率。

4. 某企业 2007—2012 年某产品产量资料见表 7-25。

表 7-25　某企业 2007—2012 年某产品产量

年　　份	2007	2008	2009	2010	2011	2012
产量/万件	500					
逐期增长量/万件	—	50.00				
累计增长量/万件	—		44.00			
环比发展速度	—					
环比增长速度						5.00
定基发展速度				132.80		
定基增长速度						
增长 1%的绝对值/万件	—					7.00

要求：

（1）将表中空格数据填齐。

（2）计算 2007—2012 年该企业的年平均产量、年平均增长量和年平均增长速度。

5．2008 年末我国人口为 13.28 亿人，争取 2020 年年末我国人口控制在 15 亿人之内。

要求：

（1）计算年人口平均增长率；

（2）若从 2009 年起今后年人口平均增长率控制在 1%之内，试计算 2020 年末我国人口数。

6．某市制定城市社会发展十年规划，该市 10 年后人均绿化面积要在 2000 年的人均 4 平方米的基础上翻一番。

要求：

（1）若在 2010 年达到翻一番的目标，每年的平均发展速度是多少？

（2）如果希望提前两年达到翻一番的目标，每年的平均增长速度是多少？

（3）若 2001 年和 2002 年的平均发展速度为 110%，那么后 8 年应该以怎样的平均增长速度才能实现这一目标？

7．如果 2008—2012 年广东省国内生产总值环比增长速度依次为 14.8%、13.8%、14.6%、14.7%、12.7%，试计算广东省这几年国内生产总值的平均增长速度。若按照此速度发展，广东省需要多少时间可以实现国内生产总值翻两番？

8．某企业连续 6 年的销售额资料见表 7-26。

表 7-26　某企业连续 6 年的销售额

年　　份	销售额/万元
2007	85.6
2008	91.0
2009	96.1
2010	101.2
2011	107.0
2012	112.2

要求：

（1）试用最小平方法建立恰当的趋势方程。

（2）试预测该企业 2013 年和 2014 年的销售额。

9．某市 2010—2012 年水产品销售量情况见表 7-27。

表 7-27　某市 2010—2012 年水产品销售量

月　　份	2010 年销售量/千吨	2011 年销售量/千吨	2012 年销售量/千吨
1	0.80	1.70	2.40
2	0.70	1.56	2.06
3	0.60	1.40	1.96
4	0.52	1.26	1.70
5	0.54	0.90	1.90
6	0.64	1.38	2.10
7	1.10	2.16	3.70

续表

月　　份	2010 年销售量/千吨	2011 年销售量/千吨	2012 年销售量/千吨
8	1.42	3.26	4.26
9	1.54	3.50	4.70
10	1.36	2.64	4.16
11	0.84	1.90	2.90
12	0.76	1.80	2.54

要求：试用"按月（季）平均法"计算季节比率。

第8章

统计指数分析

TONGJI ZHISHU FENXI

【知识目标】

- 统计指数的意义和分类
- 总指数的形式和编制方法
- 运用指数体系进行因素分析

【技能目标】

- 培养学生数量指标综合指数和质量指标综合指数的计算分析能力
- 培养学生加权算术平均指数和加权调和平均指数的计算分析能力
- 熟练运用 Excel 软件进行指数分析

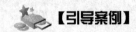【引导案例】

统计指数在企业管理工作中的应用

随着我国市场经济体制的逐步建立和国民经济的飞速发展，统计工作在企业经济决策和经营管理中的作用越来越突出。这就要求企业领导重视统计工作，更进一步发挥统计工作在企业经营管理中的重要作用，促进企业经济效益提高。统计工作要适应各方面的不同要求，及时提供有深度、有力度、有新意和操作性强的统计分析研究文章，预测经济发展趋势和提出决策性建议，推动企业科学发展，不断提高企业经营管理水平。城市公共交通统计指标有一个较完整的统计指标体系。为了进一步认识营运生产、技术、经济现象的发展变化及构成因素，还要进行统计分析。结合公交企业特点，常用的分析方法有统计指数因素分析法、结构变动分析法及相关分析法等。

分析：任何社会经济现象之间总是相互联系的，某一现象往往受到多种因素的影响，如客运收入的变动要受客运量和平均人次单价两个因素的影响。当对现象的变动做变化原因的定量分析时，人们可以先确定现象变动与其影响因素间的数量变动模式，然后再选择与数量变动模式相适应的方法分析各影响因素对现象变动产生的影响，进而确定出主要的影响因素。

在社会经济生活中，各种媒体都有许多关于指数的报道。例如，有反映股票价格变化的上证指数，有通过计算人体身高与体重比值大小判断是否发生肥胖的体重指数，有反映企业经营状态的景气指数及气象部门的空气污染指数、晨练指数等。与我们的经济和生活关系最密切的是居民消费价格指数。但是我们经常会感到自己对物价变化的感受与公布的物价指数有反差。到底什么是指数？如何计算？它表达怎样的含义，以及如何利用它来进行决策和分析？本章将对统计指数的有关理论与方法进行阐述。

8.1 统计指数

8.1.1 统计指数的概念

统计指数（index number）简称指数，它是对社会经济现象进行数量变动分析的一种特殊方法。指数的编制最早起源于物价指数。早在 1650 年，英国人赖斯·沃汉（Rice Voughan）首创物价指数，用于度量物价的变化情况。此后，指数的应用范围不断扩大，其含义也随之发生了变化。

从指数的含义上看，它有广义与狭义之分。广义指数是指任何两个数值对比形成的相对数。因此，前面章节中讨论过的计划完成程度相对数、比较相对数、动态相对数等都可以叫指数。狭义指数是指反映不能直接加总、对比的复杂经济现象总体综合变动的特殊的动态相对数。这种不能直接加总、对比的总体是指数理论着重研究的对象，称为复杂现象总体，反映复杂现象总体综合变动状况的指数称为总指数。本章所讨论的指数是狭义指数。

【例 8-1】 某出口公司 2010 年和 2011 年两年 3 种产品出口量和出口单价资料见表 8-1。根据表中资料，任何一种商品出口单价及出口量，其 2011 年和 2010 年相比变动的方向和程度都可以获得（利用普通的动态相对数，即广义的指数）。但从公司的角度进行分析时，此公司出口的 3 种产品"总体来说"（或者"平均来说"）2011 年比 2010 年出口单价及出口量分别是上升还是下降，其上升或是下降的程度如何。

表 8-1　公司 3 种产品出口量和出口单价资料

商品名称	计量单位	出口单价/元		出口量/万	
		2010 年 p_0	2011 年 p_1	2010 年 q_0	2011 年 q_1
甲产品	个	60	65	105	155
乙产品	套	70	74	118	160
丙产品	套	80	86	123	166

实际上,我们需要关注的是 2011 年与 2010 年比较的动态相对数,它能够反映 3 种不能直接加总的商品的综合变动,这个特殊的动态相对数就是我们所说的狭义指数。

8.1.2 统计指数的作用

正是因为统计指数所具有的上述特点,它在社会经济活动中可起到以下重要作用。

(1) 统计指数能反映复杂现象总体在数量上的变动方向和变动程度。统计指数一般是用百分比表示的相对指标,其比值大于或小于 100%,表示上升或下降的变动方向;具体数值则说明升降变动的相对程度。

(2) 统计指数能对现象的总体变动进行因素分析,其中包括现象总体总量指标、相对指标和平均指标受各个因素变动的影响程度。运用指数分析法,不仅可以从相对数方面分析各构成因素变动对现象总变动的影响程度,还可以从绝对数方面分析其影响的绝对值。

(3) 利用连续编制的指数数列,可以对复杂现象总体长时间发展变化趋势进行分析。这种方法尤其适用于对比分析那些性质不同却有联系的时间数列的变动关系。因为指数数列的对比能够克服不同性质现象不可比的问题。例如,编制零售物价指数数列,可反映一定时期内物价的变动情况;编制每天的股价指数,可反映股票价格的升与跌等。

8.1.3 统计指数的种类

统计指数按照不同的分类标准,可划分为不同的指数,见表 8-2。

表 8-2　统计指数的分类

标　准	类　别	特　点
按指数所反映的对象范围的不同	个体指数	个体指数是反映单个经济现象变动情况的相对数,属于广义指数。如个别产品的物量指数、个别商品的价格指数等。显然,个体指数在简单现象总体的条件下存在。常用的个体指数有以下几个:商品销售量个体指数 $k_q = q_1/q_0$;价格个体指数 $k_p = p_1/p_0$;成本个体指数 $k_z = z_1/z_0$,其中 k 是个体指数;q_1 是报告期销售量;q_0 是基期销售量;p_1 是报告期价格;p_0 是基期价格;z_1 是报告期成本;z_0 是基期成本
	总指数	总指数是反映复杂现象总体在数量上平均变动程度的相对数,用 $\bar{k}$ 表示。例如,综合反映多种产品产量平均变动程度的产品产量总指数 $\bar{k}_q$,综合反映多种产品成本平均变动程度的成本总指数 $\bar{k}_z$ 等。再如,工业产品总价值指数和零售商品物价总指数等总指数都是在复杂现象总体的条件下进行编制的
按指数所表明的指标性质的不同	数量指标指数	数量指标指数是反映研究对象总体总规模的变化程度,如工业产品产量指数、商品销售量指数等
	质量指标指数	质量指标指数是反映工作质量或成绩好坏、管理水平高低等变动情况,如产品价格指数、劳动生产率指数、产品成本指数等

续表

标　准	类　别	特　点
按指数采用基期的不同	定基指数	定基指数是指各个时期指数都是采用同一固定时期为基期计算的；定基指数的基期不依分析时期的变动而变化，用来反映现象在一个较长时期的变动情况
	环比指数	环比指数是依次以前一时期为基期计算的。环比指数的基期随报告期的变化而变化，用来反映被研究现象逐期变动的情况
按指数的编制方法不同	综合指数	综合指数是由两个总量指标对比而形成的指数
	平均数指数	平均数指数是以个体指数为基础，采用加权平均方法计算而成的指数
按指数所反映现象的时间不同	动态指数	动态指数是由两个不同时期的同一现象指标值对比而形成的指数
	静态指数	静态指数是指由同一时期不同空间同类现象指标值对比而形成的指数，以及同一空间范围内计划指标与实际指标对比而形成的指数
按指数在指数体系中所处的位置与作用不同	现象总体指数	现象总体指数是包括两个或两个以上因素同时变动的相对数，属于广义指数。例如，销售额指数，既有销售量的变动，同时也有价格的变动
	影响因素指数	影响因素指数是只有一个因素变动，并从属于某一现象总体指数的相对数，属于狭义指数。例如，销售量指数，只有销售量一个因素变动，并从属于销售额指数；价格指数，只有价格一个因素变动，也从属于销售额指数

【特别提示】

指数法的应用要与科学分组相结合，因而在编制总指数的同时，往往还要编制组指数或类指数，借以反映个体内部各部分现象数量上的变动程度。组（类）指数是反映某一组（类）指标变动情况的相对数；是相对于个体指数而言的，它实质上还是总指数。

现象总体指数与影响因素指数的关系不能随意形成，而是由现象的客观联系决定的。例如，"销售额＝销售量×价格"，由此形成了"销售额指数＝销售量指数×价格指数"的关系。这一概念是后述因素分析的重要理论基础。

8.2 综合指数

8.2.1 综合指数的含义

总指数的编制有综合指数和平均指数两类方法，综合指数是总指数计算的基本形式和出发点。下面利用例 8-1 中的数据说明综合指数的编制要点。

例 8-1 是一个简化和抽象了的仅由 3 种商品（实际中可能会有成千上万种商品）构成的复杂总体。按照指数的概念，可以得到商品出口量和出口单价两个方面的变动情况。例如，A 产品，可以根据资料计算得其个体出口量指数为 $k_q=q_1/q_0=155/105=147.62\%$；个体出口价格指数为 $k_p=p_1/p_0=65/60=108.33\%$。而对反映 3 种商品出口量和出口价格总的变动情况的相对数即总指数，出于商品的不同属性，使得我们既不能直接将商品的出口量或单价加总起来对比计算总指数，也不能取其个体指数的简单平均数计算总指数。综合指数的首要问题就是要使不能直接加总的各种商品的数量特征改变为能够加总，进而可以对比的现象总量。商品是使用价值与价值的统一体，商品出口数量总是和出口价格联系在一起的。若将两者结合起来就能把各种商品的不同使用价值形态变成相同形态的价值量，使得不同度量的总体量变为可以加总即可以同度量的总体量。

【特别提示】

在这里，两个时期的各种商品出口量有增有减，出口单价有涨有跌，但所研究的这两个特征的变动在总量上又无法直接加总对比得出，这种不能直接加总对比的复杂现象称为不同度量现象。

由此可知综合指数编制的两个要点。

（1）第一个要点是确定同度量因素，使复杂总体中不能直接加总的量过渡到能直接加总的量。所谓同度量因素，是指在总指数计算的过程中，为解决总体的构成单位及其数量特征不能加总（即不能同度量）的问题而使用的一个媒介因素或转化因素。它有两个作用：一是同度量作用；二是权数作用。

（2）第二个要点是需要将相应的同度量因素固定在某一个水平上。例如，为了反映各种商品销售数量总的变动情况，就需要将同度量因素——销售价格固定在某一水平（如基期价格、报告期价格或固定价格水平）上，以便进行对比。如果要反映各种商品销售价格总的变动情况，也需将对应的商品销售量固定在某一水平上。

由于研究社会经济现象有数量指标和质量指标之分，因此综合指数也就有数量指标指数和质量指标指数之别。这两种综合指数编制的基本原理相同，但在编制方法上略有差异，故分别阐述。

8.2.2 数量指标综合指数的编制

以商品出口量指数为例说明数量指标综合指数的编制方法和过程，资料数据见例 8-1，分析思路包括以下 3 个方面。

（1）3 种商品的计量单位不同，其商品出口量不能直接相加。

（2）利用出口价格作为同度量因素，使不能相加的出口量指标过渡到能够相加的出额指标。这样就可以将不同商品在两个时期的出口额分别加总，再将两个时期的出口总进行对比，于是得到出口额总指数公式，即

$$\bar{k}_{pq} = \frac{\sum q_1 p_1}{\sum q_0 p_0} \quad (8\text{-}1)$$

（3）为了说明出口量的总变动，同度量因素必须使用同一时期的，即假定不同时期的商品出口额是按照同一个时期的出口价格来计算的。

根据总指数的概念和前面 3 点分析思路，可以知道数量指标综合指数的一般公式为（下标 0、1 分别代表基期和报告期）

$$\bar{k}_q = \frac{\sum q_1 p}{\sum q_0 p} \quad (8\text{-}2)$$

在公式（8-2）中，综合指数是两个时期现象总量之比。这里是两期出口总额之比，不过其中只有商品出口量发生变化产生影响，故相比的结果可以说明出口量（即指数化因素）的总变动。这种计算方法总指数采用了一种必要的假定，即假定两个时期的价格相同（不变）来测定出口量的变动。落实使用这个一般公式，同度量因素就必须确定在某一时间上。虽然商品价格有基期价格、报告期价格和不变价格 3 种，但将商品价格这个同度量因素固定为其中任何一种时，出口量总指数都是成立的。下面分别用不同价格作为同度量因素予以分析。

1. 以基期价格作为同度量因素

以基期价格作为同度量因素时，其出口量总指数的计算公式为

$$\bar{k}_q = \frac{\sum q_1 p_0}{\sum q_0 p_0} \qquad (8\text{-}3)$$

公式（8-3）称为基期加权综合指数公式，由德国学者拉斯贝尔（Laspeyres）于 1864 年首次提出，因而也称拉氏公式。

【例 8-2】 利用公式（8-3）计算数量指标指数并进行相应分析。

根据表 8-1 所列的资料可以得到所需的对比指标值，见表 8-3。

表 8-3 商品出口量总指数计算表

商品名称	计量单位	出口单价/元		出口量/万		出口额/万元			
		2010 年 p_0	2011 年 p_1	2010 年 q_0	2011 年 q_1	2010 年实际 p_0q_0	2011 年实际 p_1q_1	假定出口额 p_1q_0	假定出口额 p_0q_1
甲产品	个	60	65	105	155	6 300	10 075	6 825	9 300
乙产品	套	70	74	118	160	8 260	11 840	8 732	11 200
丙产品	套	80	86	123	166	9 840	14 276	10 578	13 280
合　计	—	—	—	—	—	24 400	36 191	26 135	33 780

利用公式（8-3）计算商品出口量总指数，即

$$\bar{k}_q = \frac{\sum q_1 p_0}{\sum q_0 p_0} = \frac{33\,780 \text{万元}}{24\,400 \text{万元}} = 138.44\%$$

$$\sum q_1 p_0 - \sum q_0 p_0 = (33\,780 - 24\,400) \text{万元} = 9\,380 \text{万元}$$

公式（8-3）的计算结果说明以下 3 点。

（1）出口量综合变动的方向和程度，2011 年出口量比 2010 年增加了 38.44%。

（2）出口量变动对出口额的影响程度，即出口量变动使 2011 年商品出口额比 2010 年增加了 38.44%。

（3）出口量变动对出口额的绝对影响量，即

$$\sum q_1 p_0 - \sum q_0 p_0 = (33\,780 - 24\,400) \text{万元} = 9\,380 \text{（万元）}$$

对公司而言，是出口商品数量增加使出口额增加了 9 380 万元。

2. 以报告期作为同度量因素

当将报告期作为同度量因素时，其出口量总指数的计算公式为

$$\bar{k}_q = \frac{\sum q_1 p_1}{\sum q_0 p_1} \qquad (8\text{-}4)$$

公式（8-4）称为报告期加权综合指数公式，由德国学者派许（Passch）于 1874 年首先提出使用，因而也称派式公式。

【例 8-3】 利用公式（8-4）计算数量指标指数并进行相应分析。

用公式（8-4）算得的商品出口量总指数为

$$\bar{k}_q = \frac{\sum q_1 p_1}{\sum q_0 p_1} = \frac{36\,191 \text{万元}}{26\,135 \text{万元}} = 138.48\%$$

$$\sum q_1 p_1 - \sum q_0 p_1 = (36\,191 - 26\,135) \text{万元} = 10\,056 \text{万元}$$

公式（8-4）的计算结果说明以下 3 点。

（1）出口量综合变动的方向和程度，即总的说来，2007 年出口量比 2006 年增加了 38.48%。

（2）出口量变动对出口额的影响程度，即出口量变动使 2007 年商品出口额比 2006 年增加了 38.48%。

（3）出口量变动对出口额的绝对影响量，即
$$\sum q_1 p_1 - \sum q_0 p_1 = (36\,191 - 26\,135) \text{万元} = 10\,056 \text{万元}$$
对公司而言，是出口商品数量增加使出口额增加了 10 056 万元。

🔍【特别提示】

公式（8-3）和（8-4）所得结果存在的差别是，公式（8-3）表示假定价格不变时出口量总的变动情况，公式（8-4）表示假定价格已经变化为 2011 年水平时出口量总的变动情况，后者比前者多了一个影响因素。

3. 以某一固定基期作为同度量因素

当将某一固定基期（如不变价格）作为同度量因素时，其出口量总指数的计算公式为
$$\bar{k}_q = \frac{\sum q_1 p_n}{\sum q_0 p_n} \tag{8-5}$$

式中：p_n——某一特定年份 n 的价格水平。

公式（8-5）称为固定加权综合指数公式，由扬格（Young）于 1818 年提出，因而也称扬格公式，其特点是同度量因素一经选定，不因比较时期的改变而改变。

上述的计算分析说明：同一数量指标指数的同度量因素，固定在不同时期会得出不同的结果。那么，数量指标指数的同度量因素究竟固定在什么时期为宜呢？这是编制数量指标指数时应该解决的一个重要问题。

🔍【特别提示】

编制出口量总指数的目的在于综合反映多种商品的出口量变动情况，即从总体来说是增加了还是减少了、增加或减少的幅度有多大，以及由此带来的经济效果如何。

4. 拉氏公式、派式公式和扬格公式的关系

公式（8-3）（拉氏公式）是假定价格不变，报告期出口总额的计算不受价格变动的影响，因而对比的结果纯粹反映了出口量的变动方向和程度。可见，用基期价格作为同度量因素计算出口量总指数，符合研究目的。用这一指数公式编制定基指数数列时，由于各指数的分母 $\sum q_0 p_0$ 相同，指数间还可以相互比较，便于说明所研究现象变化的程度及其规律性。

公式（8-4）（派氏公式）计算的 3 种商品出口量指数，是报告期实际出口总额与基期出口量按报告期价格计算的假定出口总额的对比。观察这个指数可发现两个问题。第一，报告期价格 p_1 是由基期价格 p_0 变化而来，用 p_1 作为同度量因素，就把价格变化的影响带入到指数中，使得出口量增长幅度少了。因此，计算出口量总指数时将同度量因素固定在报告期是不太合理的。第二，指数公式中的分子是报告期出口量按报告期价格计算的出口额，既有随出口量变化而增减的出口额，又有随价格变化而增减的出口额；分母则是由基期出口量按报告期价格计算的假定出口总额。两者的差额除包含有因出口量变化而引起增减的出口额以外，还有受两个时期价格差额影响而增减的出口额。显然，用这一指数公式来分析因出口量变动所带来的实际经济效果是不合理的。

在应用公式（8-5）（扬格公式）计算商品出口量总指数时，需注意随着时间的推移，长期将某一时期质量指标作为同度量因素固定下来，可能会脱离客观实际。因此，每隔一段时期就需要调整一次权数，一般是 5 年或 10 年更换一次。

综上所述，编制数量指标指数，应以基期的质量指标作为同度量因素，即采用公式（8-3）进行计算，编制数量指标指数数列时，应以某一固定时期的质量指标作为同度量因素，即采用公式（8-5）进行计算。

8.2.3 质量指标综合指数的编制

质量指标综合指数是说明质量指标总变动情况的动态比较指标。商品价格综合指数、单位生产成本综合指数、劳动生产率综合指数、农作物单位面积产量综合指数等均属于质量指标综合指数。它们的编制原则和应注意解决的问题与数量指标综合指数基本相同，只是处理方法略有差异。下面以商品出口价格综合指数为例，具体说明质量指标综合指数计算公式的形成或编制方法。

按表 8-1 所列资料，测定甲、乙、丙 3 种商品的出口价格的个体指数很简单，只要将各种商品的报告期单价与基期单价对比就可得到，即 3 种商品出口价格的个体指数分别为

$$k_{甲产品} = \frac{p_1}{p_0} = \frac{65 个}{60 个} = 108.33\%$$

$$k_{乙产品} = \frac{p_1}{p_0} = \frac{74 套}{70 套} = 105.71\%$$

$$k_{丙产品} = \frac{p_1}{p_0} = \frac{86 套}{80 套} = 107.5\%$$

计算结果表明：甲产品的价格，2011 年与 2010 年相比较，上涨 8.33%，乙产品的价格上涨了 5.71%，丙产品的价格则上涨了 7.5%。

但是，要测定 3 种商品价格总的变动情况，就要计算价格总指数。那么如何编制 3 种商品的价格总指数呢？如前所述，由于各种商品的价格反映不同使用价值的实物量的水平，彼此直接相加汇总和对比毫无实际经济意义。但是，若将出口量乘以单价就变成商品的出口额，从而就可以加总对比了。因此，在计算价格总指数时，商品的出口量可以作为同度量因素，固定不变。根据这一原理建立起来的质量指标综合指数的一般公式为

$$\bar{k}_p = \frac{\sum qp_1}{\sum qp_0} \tag{8-6}$$

但是，应将商品出口量固定在基期、报告期还是某一固定期呢？

仿照前述出口量指数的分析思路和计算过程，可以推出质量指标综合指数的计算公式。

（1）将同度量因素（出口量）固定在基期上，则出口价格指数公式为

$$\bar{k}_p = \frac{\sum q_0 p_1}{\sum q_0 p_0} \tag{8-7}$$

公式（8-7）和公式（8-3）均属于基期加权综合指数公式，即拉氏公式。

【例 8-4】 利用公式（8-7）计算质量指标指数并进行相应分析。

根据表 8-3 所列资料算出出口价格总的变动为

$$\bar{k}_p = \frac{\sum q_0 p_1}{\sum q_0 p_0} = \frac{26\ 135 万元}{24\ 400 万元} = 107.11\%$$

$$\sum q_0 p_1 - \sum q_0 p_0 = 26\ 135 万元 - 24\ 400 万元 = 1\ 735 万元$$

计算结果表明，在假定基期出口量不变的情况下，报告期 3 种商品价格总水平比基期上升了 7.11%；由于价格总水平上升，出口额增加了 1 735 万元。

（2）将同度量因素固定在报告期上，则出口价格指数公式为

$$\bar{k}_p = \frac{\sum q_1 p_1}{\sum q_1 p_0} \tag{8-8}$$

公式（8-8）和公式（8-4）均属于报告期加权综合指数公式，即派氏公式。

【例 8-5】 利用公式（8-8）计算质量指标指数并进行相应分析。

根据表 8-3 所列资料算出出口价格总的变动为

$$\bar{k}_p = \frac{\sum q_1 p_1}{\sum q_1 p_0} = \frac{36\,191\,万元}{33\,780\,万元} = 107.14\%$$

$$\sum q_1 p_1 - \sum q_1 p_0 = 36\,191\,万元 - 33\,780\,万元 = 2\,411\,万元$$

计算结果表明，在假定报告期出口量不变的情况下，报告期 3 种商品价格总水平比基期上升了 7.14%；由于价格总水平上升，出口额增加了 2 411 万元。

（3）将同度量因素固定在某一特定时期上，则出口价格指数公式为

$$\bar{k}_p = \frac{\sum q_n p_1}{\sum q_n p_0} \tag{8-9}$$

公式（8-9）和公式（8-5）均属于固定加权综合指数公式，即扬格公式。在质量指标综合指数的编制中，作为同度量因素的数量指标往往依据特定的计划要求或某一数量标准来确定。

上述的计算分析说明了这样一个道理：同一质量指标指数的同度量因素，固定在不同时期会得出不同的结果。那么，质量指标指数的同度量因素究竟固定在什么时期为宜呢？这是编制质量指标指数时应该解决的又一重要问题。

实际统计工作中，一般是将报告期的出口量作为同度量因素。这主要是因为以报告期商品出口量作为同度量因素，才能正确反映当前全部商品价格的总变动，使物价指数具有现实的经济意义。如果用基期商品出口量作为同度量因素，就会脱离现实经济生活。

公式（8-9）在实际工作中主要用于质量指标的计划完成指数。例如，检查成本计划执行情况时，需要编制成本计划完成指数，其同度量因素是计划数量指标。主要目的在于维护企业计划的严肃性，避免实际情况脱离计划要求。

综上所述，编制价格指数，应将作为同度量因素的出口量固定在报告期。一般认为，编制质量指标指数，应以报告期的数量指标作为同度量因素；编制质量指标的计划完成指数，应以计划数量指标作为同度量因素。

【知识拓展】

1. PPI 的内涵

PPI（producer price index，生产者物价指数）亦称工业品出厂价格指数，是一个用来衡量制造商出厂价的平均变化的指数，它是统计部门收集和整理的若干个物价指数中的一个，市场敏感度非常高。如果生产物价指数比预期数值高时，表明有通货膨胀的风险。如果生产物价指数比预期数值低时，则表明有通货紧缩的风险。

PPI 主要的目的在衡量各种商品在不同的生产阶段的价格变化情形。一般而言，商品的生产分为 3 个阶段：①原始阶段，商品尚未做任何的加工；②中间阶段，商品尚需进行进一步的加工；③完成阶段，商品至此不再做任何加工手续。

PPI 是衡量工业企业产品出厂价格变动趋势和变动程度的指数，是反映某一时期生产领域价格变动情况的重要经济指标，也是制定有关经济政策和国民经济核算的重要依据。目前，我国 PPI 的调查产品有 4 000 多种（含规格品 9 500 多种），覆盖全部 39 个工业行业大类，涉及调查种类 186 个。

根据价格传导规律，PPI 对 CPI（consumer price index，居民消费价格指数）有一定的影响。PPI 反映生产环节价格水平，CPI 反映消费环节的价格水平。整体价格水平的波动一般首先出现在生产领域，然后通过产业链向下游产业扩散，最后波及消费品。产业链可以分为两条：一是以工业品为原材料的生产，存在原材料—生产资料—生活资料的传导；另一条是以农产品为原料的生产，存在农业生产资料—农产品—食品的传导。

2. PPI 的重用性

PPI 是测算价格变化的指标，该价格是制造商和批发商在生产的不同阶段为商品支付的价格。这里任何一点的通货膨胀都可能最终被传递到零售业。如果销售商不得不为商品支付更多，那么他们更乐于把更高的成本转嫁给消费者。

PPI 并不仅仅是一个指数，它是一族指数，是生产的 3 个渐进过程的每一个阶段的价格指数：原材料、中间品和产成品。占据所有的头条并对金融市场最有影响的是最后一个，即产成品的 PPI。它代表着这些商品被运到批发商和零售商之前的最终状态。在生产最后状态的价格常常由原材料和中间品过程中遇到的价格压力来决定。这就是为什么观察这所有的 3 个过程都很重要的原因。

8.3 平均数指数

8.3.1 平均数指数的含义

编制综合指数，既可以说明现象变动的方向和程度，又可以说明现象变动所产生的实际效果，其公式计算也比较简单，但编制时却需要具有全面的统计资料。以编制商品价格指数为例，在应用公式（8-8）时，要有各种商品基期、报告期的价格和报告期销售量的对应资料；在应用公式（8-3）时，要有各种商品基期、报告期的销售量和基期的价格的对应资料。因此，在某些原始资料不完备的情况下，就不能直接应用综合指数公式，而需要寻求另外方法计算总指数。平均数指数是用非全面资料计算总指数的好方法。

平均数指数也称平均指数，它是从个体指数出发，先计算质量指标和数量指标的个体指数，然后采用加权平均的方法编制总指数。平均数指数与综合指数既有区别又有联系。两者的联系在于，在一定的权数下，平均数指数是综合指数的一种变形。但是，作为一种独立的指数形式，平均数指数在实际中不仅作为综合指数的变形使用，而且它本身也具有独特的应用价值。

平均数指数的计算形式基本上分两种：一种是加权算术平均数指数；另一种是加权调和平均数指数。

8.3.2 加权算术平均数指数的编制

加权算术平均数指数是对个体指数按加权算术平均法加以计算，即以个体指数为变量值，以一定时期的总值资料为权数，加权算术平均以计算总指数的方法。

根据指数的定义，个体数量指数和个体质量指数可以分别表示为 $k_q = q_1/q_0$ 和 $k_p = p_1/p_0$。按照个体指数公式，显然有 $q_1 = k_q q_0$ 和 $p_1 = k_p p_0$。

由综合指数公式的编制原理与方法可知，总指数计算可按下列公式进行。

（1）使用基期同度量因素的数量指标指数，其公式为

$$\bar{k}_q = \frac{\sum k_q p_0 q_0}{\sum p_0 q_0}$$

（8-10）

（2）使用基期同度量因素的质量指标指数，其公式为

$$\bar{k}_p = \frac{\sum k_p p_0 q_0}{\sum p_0 q_0} \quad (8\text{-}11)$$

公式（8-10）和公式（8-11）中的 k_q 和 k_p 分别是单一商品的个体出口量和个体价格指数；$q_0 p_0$ 则是与个体指数相对应的基期产品出口额。而两个公式的形式类同加权算术平均数，即 k 是所要平均的变量，$q_0 p_0$ 是权数。因此，将这种计算总指数的方法称为加权算术平均数指数。

【**例 8-6**】 利用公式（8-10）计算数量指标指数并进行相应分析。

对 3 种商品的出口量变动情况进行分析，见表 8-4。

表 8-4 商品出口量指数计算表

商品名称	计量单位	出口单价/元		出口量/万		个体出口量指数 k_q	出口额/万元		个体指数 k_p
		2010 年 p_0	2011 年 p_1	2010 年 q_0	2011 年 q_1		2010 年实际 $p_0 q_0$	2011 年实际 $p_1 q_1$	与基期出口额的乘积
甲产品	个	60	65	105	155	147.62%	6 300	10 075	9 300
乙产品	套	70	74	118	160	135.59%	8 260	11 840	11 199.73
丙产品	套	80	86	123	166	134.96%	9 840	14 276	13 280.06
合　计	—	—	—	—	—	—	24 400	36 191	33 779.79

$$\bar{k}_q = \frac{\sum k_q p_0 q_0}{\sum p_0 q_0} = \frac{33\,779.79 \text{万元}}{24\,400 \text{万元}} = 138.44\%$$

$$\sum k_q q_1 p_0 - \sum q_0 p_0 = 33\,779.79 \text{万元} - 24\,400 \text{万元} = 93\,79.79 \text{万元}$$

计算结果表明，3 种商品出口量报告期比基期平均增长了 38.44%，由于出口量增加而增加的出口额为 9 379.79 万元。

【**特别提示**】

因为公式（8-10）是按综合指数原理设计的，它在同一资料下与公式（8-3）计算的结果完全一致，所以应注意以下两个问题。

（1）公式（8-10）和公式（8-11）均可使用现成的基期总值资料，以方便计算。

（2）现实中平均数指数计算使用的多为非全面的原始资料，即总体中一部分单位的 k 及对应的 qp。若是这样，由于资料范围的不同，它与综合指数计算的结果就会有出入。但如果代表性的个体（即商品、产品等）选择得好，则两者不会相差太大，仍可反映总的变动。

8.3.3 加权调和平均数指数的编制

如果仅从数学表达式上看，则任何综合指数都可以表达成加权算术平均数的形式。例如，可将公式（8-8）写成

$$\bar{k}_p = \frac{\sum q_1 p_1}{\sum q_1 p_0} = \frac{\sum k_p p_0 q_1}{\sum p_0 q_1} \quad (8\text{-}12)$$

显然，这种变换毫无意义，因为它仍未解决综合指数的资料困难，因此需要变换一种形式来分析。

由 $k_q = \dfrac{q_1}{q_0}$ 知 $q_0 = \dfrac{1}{k_q} \cdot q_1$，由 $k_p = \dfrac{p_1}{p_0}$ 知 $p_0 = \dfrac{1}{k_p} \cdot p_1$，因此有如下计算公式。

（1）使用报告期同度量因素 p 的数量指数，其计算公式为

$$\bar{k}_q = \frac{\sum q_1 p_1}{\sum q_0 p_1} = \frac{\sum p_1 q_1}{\sum \left(\dfrac{1}{k_q} \cdot p_1 q_1\right)} \tag{8-13}$$

（2）使用报告期同度量因素 q 的质量指数，其计算公式为

$$\bar{k}_p = \frac{\sum q_1 p_1}{\sum q_1 p_0} = \frac{\sum p_1 q_1}{\sum \left(\dfrac{1}{k_p} \cdot p_1 q_1\right)} \tag{8-14}$$

公式（8-13）和公式（8-14）与加权调和平均数的一般形式类似，故将这种总指数的计算方法称为加权调和平均数指数。

【例 8-7】 利用公式（8-14）计算数量指标指数并进行相应分析。

对 3 种产品的出口价格变动进行计算，见表 8-5。

表 8-5　商品出口价格指数计算表

商品名称	计量单位	出口单价/元		出口量/万		个体出口价格指数 k_p	出口额/万元		报告期出口额除以个体指数 $p_1 q_1 / k_p$
		2010年 p_0	2011年 p_1	2010年 q_0	2011年 q_1		2010年实际 $p_0 q_0$	2011年实际 $p_1 q_1$	
甲产品	个	60	65	105	155	108.33%	6 300	10 075	9 300.29
乙产品	套	70	74	118	160	105.71%	8 260	11 840	11 200.45
丙产品	套	80	86	123	166	107.5%	9 840	14 276	13 280
合计		—	—	—	—	—	24 400	36 191	33 780.74

$$\bar{K}_p = \frac{\sum p_1 q_1}{\sum \left(\dfrac{1}{k_p} \cdot p_1 q_1\right)} = \frac{36\,191 \text{万元}}{33\,780.74 \text{万元}} = 107.14\%$$

$$\sum p_1 q_1 - \sum \left(\dfrac{1}{k_p} p_1 q_1\right) = 36\,191 \text{万元} - 33\,780.74 \text{万元} = 2\,410.26 \text{万元}$$

计算结果表明，3 种商品出口价格报告期比基期平均增长了 7.14%，由于出口价格增加而增加的出口额为 2 410.26 万元。

🔍【特别提示】

因为公式（8-14）是按综合指数原理设计的，它在同一资料下与公式（8-8）计算的结果完全一致。

【知识拓展】

1. CPI 的内涵

CPI 是指城乡 CPI（consumer price index，居民消费价格指数），反映消费者购买支付生活消费品和服务项目的价格，是社会产品和服务项目的最终价格，同居民生活密切相关，在整个国民经济价格体系中具有极为重要的地位，也是一种度量通货膨胀水平的工具。

2011 年 2 月—2012 年 2 月全国居民消费价格涨幅如图 8.1 所示。

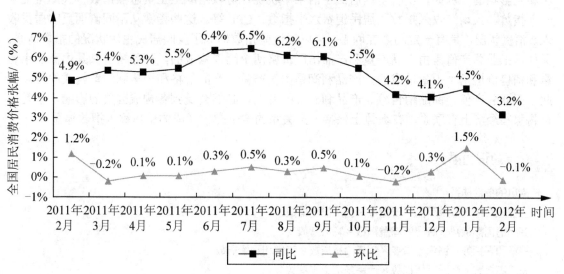

图 8.1　2011 年 2 月—2012 年 2 月全国居民消费价格涨幅

CPI 告诉人们的是，购买具有代表性的一组消费品，在今天要比过去某一时间多花费多少。如我国 2012 年 2 月 CPI 同比上涨 3.2%，意思就是说如果 2011 年 2 月我国普通家庭购买某一组商品的费用是 100 元，那么 2012 年 2 月购买同样商品大约需要 103.2 元。由于 CPI 具有极为重要的社会经济意义，CPI 稳定、就业充分及国内生产总值增长往往成为最重要的社会经济目标。

CPI 涵盖全国城乡居民生活消费的食品、烟酒及用品、衣着、家庭设备用品及维修服务、医疗保健和个人用品、交通和通信、娱乐教育文化用品及服务、居住八大类、262 个基本分类的商品与服务价格。数据来源于全国 31 个省（区、市）500 个市县、6.3 万家价格调查点，包括食杂店、百货店、超市、便利店、专业市场、专卖店、购物中心，以及农贸市场与服务消费单位等。

2. CPI 的作用意义

1）反映通货膨胀状况

通货膨胀的严重程度是用通货膨胀率来反映的，它说明了一定时期内商品价格持续上升的幅度。通货膨胀率一般以 CPI 来表示，即通货膨胀率＝（报告期 CPI－基期 CPI）/基期 CPI×100%

2）反映货币购买力变动

货币购买力是指单位货币能够购买到的消费品和服务的数量。CPI 上涨，货币购买力则下降；反之则上升。CPI 的倒数就是货币购买力指数，即货币购买力指数＝（1/CPI）×100%

3）反映对职工实际工资的影响

CPI 的提高意味着实际工资的减少，CPI 的下降意味着实际工资的提高。因此，可利用 CPI 将名义工资转化为实际工资，其计算公式为实际工资＝名义工资/CPI。

8.4 指数体系与因素分析

8.4.1 指数体系

社会经济现象的变动往往受多种因素的影响,各种因素不是孤立存在的,而是相互联系和相互影响的。例如,反映全国居民生活水平状况,可以用职工工资总额指数、人均可支配收入指数、人均纯收入指数、居民消费水平指数、CPI 等。这些指数从不同侧面反映居民收入、消费状况,具有一定的内在联系。可以说这些指数构成了反映居民生活状况的指数体系。又如,工业总产值是由产品产量和产品出厂价格两个因素构成的,商品销售额是由商品销售量和销售价格两个因素构成的,产品利润是由生产量、产品价格和销售利润率构成的等。因此,工业总产值、商品销售额、产品利润等的变动,必然会受到各构成因素的影响。于是,可将那些经济上有联系,在数量上保持一定关系的若干指数形成的整体称为指数体系。

【知识拓展】

常见的指数体系:
工业总产值指数=产品产量指数×出厂价格指数
商品销售额指数=商品销售量指数×物价指数
销售利润指数=销售量指数×销售价格指数×销售利润率指数
总成本指数=产品产量指数×产品单位成本指数

指数体系所反映的是客观事物本身的联系,因而在编制指数体系时,应以综合指数的一般原理为依据,即编制数量指标指数时,以基期质量指标作为同度量因素;编制质量指标指数时,则以报告期的数量指标作为同度量因素。

值得注意的是,组成指数体系的指数必须满足两个条件:一是各因素指数的乘积应等于总变动指数;二是各因素指数分子、分母差额总和应等于总量指标指数实际发生的总差额。

指数体系的主要作用表现在因素分析和指数间的推算两个方面。

1)因素分析

因素分析是利用指数体系从数量方面分析现象总变动中,各影响因素对其影响的方向、程度及绝对效果。为了更好地应用这一方法,在进行因素分析时,应注意以下几个问题。

(1)因素分析是以指数体系为基本依据的。在指数体系中,总变动指数与影响因素指数数量关系表现在两方面:一是从相对数上看,总变动指数等于各影响因素指数的乘积;二是从绝对数上看,总变动指数分子与分母的差额等于各影响因素分子与分母差额之和。

(2)当测定某一因素变动影响时,必须将其他因素固定下来,固定的方法以综合指数编制的一般原理为依据,即测定数量指标因素变动影响时,将作为同度量因素的质量指标固定在基期;测定质量指标因素变动影响时,将作为同度量因素的数量指标固定在报告期。

【特别提示】

需要注意的是,在进行多因素分析时,判断各影响因素指标是数量指标还是质量指标是两两相比较而言的。例如,有如下指数体系:
原材料费用总额指数=产品产量指数×单位产品原材料消耗量(单耗)指数×单位原材料价格指数(单价)。在这个指数体系中,产品产量与单位产品原材料消耗量比较,产品产量是数量指标,单位产品原材料消耗量是质量指标;而单位产品原材料消耗量与单位原材料价格指数比较,单位产品原材料消耗量又成了数量指标,单位原材料价格指数则是质量指标。

(3) 在进行多因素分析时,要注意各影响因素指数的合理排序问题。一般是数量指标指数在先,质量指标指数在后。

2) 指数间的推算

根据指数体系中各指数间的相互关系,当已掌握指数体系中若干个指数,对剩下的其中某个未知指数,就可运用指数体系的关系进行推算。例如,已知 2011 年与 2010 年相比,某地区物价综合上涨了 5%,销售额没变,则销售量指数为 100%/105%=95.24%,表明 2011 年与 2010 年相比销售量下降了 4.76%。

8.4.2 因素分析

因素分析是依据指数体系的理论,分析多因素影响的社会经济现象总变动中,各因素的影响方向和程度的方法。

进行因素分析一般有 4 个步骤。

(1) 分析被研究对象及其影响因素。这里的被研究对象是具体的统计指标,如商品销售额、流通费用额、原材料费用总额等。当明确了被研究现象是某个统计指标时,就要分析这个统计指标含有哪些影响因素,这是因素分析的基础。

(2) 建立指数体系。相对数关系式表现为现象总体指数等于各影响因素指数的乘积;绝对数关系式表现为现象总体指数分子与分母的差额等于各影响因素分子与分母差额之和。

(3) 搜集资料,计算指数体系两个关系式中各项数值。按公式内容和要求,搜集有关资料,并进行整理、计算。

(4) 根据计算结果,做出分析结论和简要的文字说明。

在利用指数体系进行因素分析时,依据分析对象的不同可将其分为对总量指标变动、相对指标变动和平均指标变动等因素的分析。

1. 总量指标变动的因素分析

总量指标变动的因素分析可按其影响因素的多少不同,分为两因素分析和多因素分析。

1) 两因素分析

总量指标的两因素分析包括相对数分析和绝对额分析,其计算公式分别为

$$\frac{\sum q_1 p_1}{\sum q_0 p_0} = \frac{\sum q_1 p_0}{\sum q_0 p_0} \times \frac{\sum q_1 p_1}{\sum q_1 p_0} \tag{8-15}$$

$$\sum q_1 p_1 - \sum q_0 p_0 = (\sum q_1 p_0 - \sum q_0 p_0) + (\sum q_1 p_1 - \sum q_1 p_0) \tag{8-16}$$

【例 8-8】 对销售额的变动进行因素分析,资料见表 8-6。

表 8-6 商品销售额变动的因素分析表

商品名称	计量单位	价格 p/元		销售量 q/万		出口额 pq/元		
		基期 p_0	报告期 p_1	基期 q_0	报告期 q_1	基期实际 $p_0 q_0$	报告期实际 $p_1 q_1$	假定销售额 $p_0 q_1$
面粉	斤	2.5	3	1 000	1 200	2 500	3 600	3 000
豆干	袋	1.5	2	600	750	900	1 500	1 125
糕点	个	3	3.5	500	680	1 500	2 380	2 040
合计	—	—	—	—	—	4 900	7 480	6 165

解：
第一步，列出分析对象。
报告期与基期相比较销售额的变化，即

$$\bar{k}_{qp} = \frac{\sum q_1 p_1}{\sum q_0 p_0} = \frac{7480 元}{4900 元} = 152.65\%$$

$$\sum q_1 p_1 - \sum q_0 p_0 = 7480 元 - 4900 元 = 2580 元$$

第二步，建立指数体系。

$$\frac{\sum q_1 p_1}{\sum q_0 p_0} = \frac{\sum q_1 p_0}{\sum q_0 p_0} \times \frac{\sum q_1 p_1}{\sum q_1 p_0}$$

$$\sum q_1 p_1 - \sum q_0 p_0 = (\sum q_1 p_0 - \sum q_0 p_0) + (\sum q_1 p_1 - \sum q_1 p_0)$$

第三步，进行因素分析。

销售量总指数：$\bar{k}_q = \frac{\sum q_1 p_0}{\sum q_0 p_0} = \frac{6165 元}{4900 元} = 125.82\%$

$$\sum q_1 p_0 - \sum q_0 p_0 = 6165 元 - 4900 元 = 1256 元$$

由于销售量的变化，销售额上升了 25.82%，绝对额增加了 1256 元。

销售价格总指数：$\bar{k}_p = \frac{\sum q_1 p_1}{\sum q_1 p_0} = \frac{7480 元}{6165 元} = 121.33\%$

$$\sum q_1 p_1 - \sum q_1 p_0 = 7480 元 - 6165 元 = 1315 元$$

由于价格的变化，销售额上升了 21.33%，绝对额增加了 1315 元。

第四步，综合影响分析。

$$152.65\% = 125.82\% \times 121.33\%$$

$$2580 元 = 1265 元 + 1315 元$$

计算结果表明，销售额增长 52.65% 是销售量上升 25.82% 与价格上升 21.33% 共同作用的结果；销售额增加 2580 元是销售量上升使销售额增加 1265 元、价格上升使销售额增加 1315 元这两种因素共同作用的结果。

【例 8-9】 某企业有关资料见表 8-7，分析该企业工资总额的变动受职工人数和平均工资变动的影响情况。

表 8-7 某企业工资及职工人数资料

指　　标	2010 年	2011 年
工资总额/万元	583.8	757.9
职工人数/人	556	583
平均工资/（万元/人）	1.05	1.3

解：用 x 表示平均工资，f 表示职工人数，则

工资总额指数 $= \frac{\bar{x}_1 f_1}{\bar{x}_0 f_0} = \frac{757.9 万元}{583.8 万元} = 129.82\%$

工资总额增加的绝对数额 $= \bar{x}_1 f_1 - \bar{x}_0 f_0 = 757.9 万元 - 583.8 万元 = 174.1 万元$

职工人数指数 $= \frac{f_1}{f_0} = \frac{583 万元}{556 万元} = 104.86\%$

职工人数增长使工资总额增加的绝对额 $= (f_1 - f_0)\bar{x}_0 = (583 - 556) 万元 \times 1.05 = 28.35 万元$

平均工资指数 $=\dfrac{\bar{x}_1}{\bar{x}_0}=\dfrac{1.3}{1.05}=123.81\%$

平均工资增长使工资总额增加的绝对额 $=(\bar{x}_1-\bar{x}_0)f_1=(1.3-1.05)\times 583$ 万元 $=145.75$ 万元

三个指数之间的关系为

$$129.82\%=104.86\%\times 123.81\%$$

$$174.1 \text{万元}=28.35\text{万元}+145.75\text{万元}$$

计算结果表明，2011 年与 2010 年相比较，该企业工资总额增长了 29.82%，增加的绝对数额为 174.1 元。其中，职工人数增长了 4.86%，由于职工人数增长使工资总额的绝对数增加了 28.35 万元；平均工资提高了 23.81%，由于平均工资提高，使工资总额的绝对数额增加了 145.75 万元。

2）多因素分析

以上运用指数体系对总量指标的变动进行了两因素分析，以下进行 3 个或 3 个以上的因素分析。例如，工业产品原材料支出总额变动可分解为产量、单位产品原材料消耗量和单位原材料价格 3 个因素的变动影响。因此就需要编制原材料支出额指数及其所包括的 3 个因素指数的指数体系，来进行多因素变动的联系分析。又如，工业总产值动态变动可以分解为对职工人数、工人数占职工人数比重和工人劳动生产率 3 个因素进行变动影响分析，利税可以分解为销售量、销售价和利税率 3 个因素等。

多因素的分析方法和两因素的分析方法基本原理是相同的，但由于多因素现象指数体系所包括的现象因素较多，指数的编制过程比较复杂。在编制多因素指标所组成的综合指数时，为了测定某一因素指标的变动影响，要把两个或两个以上因素固定不变。这里仍然利用综合指数编制的一般原理来确定固定因素所属时期，即在反映数量指标因素的变动影响时，应以基期的质量指标为同度量因素；而在反映质量指标因素的变动影响时，应以报告期数量指标为同度量因素。

【特别提示】

在进行多因素现象分析时，由于所包括的因素较多，还要考虑多因素的合理排列顺序来确定同度量因素。对综合指数中的多因素排列顺序，要具体分析现象总体的内容，依据现象因素的联系加以具体确定。

以工业产品原材料支出额的组成因素排列顺序为例，依据它们之间的联系，要按产量、单位产品原材料消耗量、单位原材料价格的顺序排列，即

原材料支出总额 = 产品产量 × 原材料单耗 × 原材料单价

（原材料单耗 = 原材料消耗量 / 单位产品原材料消耗）

这样，产品产量相对于单位产品原材料消耗额是数量指标，原材料单价相对于原材料消耗用量来说是质量指标，这与前面讲的两因素分析法一样了。这样，就可以编制多个因素指数，用于分析这些因素变动对现象总体变动的影响作用。

下面以工业产品原材料支出额分解为 3 个因素的资料为例进行说明。设 m 为原材料单位消耗量，q、p 为产量和原材料价格，则工业产品原材料支出额为 qmp，各因素指数所形成的指数体系（相对数）为

$$\underbrace{\frac{\sum q_1 m_1 p_1}{\sum q_0 m_0 p_0}}_{\text{I}} = \underbrace{\frac{\sum q_1 m_0 p_0}{\sum q_0 m_0 p_0}}_{\text{II}} \times \underbrace{\frac{\sum q_1 m_1 p_0}{\sum q_1 m_0 p_0}}_{\text{III}} \times \underbrace{\frac{\sum q_1 m_1 p_1}{\sum q_1 m_1 p_0}}_{\text{IV}} \qquad (8\text{-}17)$$

$$\sum q_1 m_1 p_1 - \sum q_0 m_0 p_0 = (\sum q_1 m_0 p_0 - \sum q_0 m_0 p_0) + (\sum q_1 m_1 p_0 - \sum q_1 m_0 p_0) + (\sum q_1 m_1 p_1 - \sum q_1 m_1 p_0) \qquad (8\text{-}18)$$

其中：Ⅰ对应于原材料支出总额指数；Ⅱ对应于产量指数；Ⅲ对应于单位产品原材料消耗指数；Ⅳ对应于单位原材料价格指数。

【例 8-10】 针对表 8-8 某企业生产 3 种产品的主要原材料的支出额及其分解因素资料，编制指数体系并进行多因素分析。

表 8-8 产品原材料费用额变动的因素分析表

商品名称	计量单位	产量 q		单耗 m		原材料单价/元		原材料费用额/元			
		q_0	q_1	m_0	m_1	p_0	p_1	$q_0 m_0 p_0$	$q_1 m_0 p_0$	$q_1 m_1 p_0$	$q_1 m_1 p_1$
面粉	千克	1 000	1 200	1.0	0.9	2.5	3	2 500	3 000	2 700	3 240
豆干	袋	600	750	1.5	1.3	1.5	2	1 350	1 687.5	1 462.5	1 950
糕点	个	500	680	2.0	1.8	3	3.5	3 000	4 080	3 672	4 284
合计	—	—	—	—	—	—	—	6 850	8 767.5	7 834.5	9 474

解：
（1）计算原材料费用总额指数。

$$\bar{k}_{qmp} = \frac{\sum q_1 m_1 p_1}{\sum q_0 m_0 p_0} = \frac{9\,474\text{元}}{6\,850\text{元}} = 138.31\%$$

$$\sum q_1 m_1 p_1 - \sum q_0 m_0 p_0 = 9\,474\text{元} - 6\,850\text{元} = 2\,624\text{元}$$

计算结果说明，该企业报告期生产的 3 种产品的 3 种原材料的费用额比基期增长了 38.31%，绝对数额增加了 2 624 元。

（2）分析各因素对总变动的影响情况，分别计算 3 个因素指数。

产量总指数：$\bar{k}_q = \dfrac{\sum q_1 m_0 p_0}{\sum q_0 m_0 p_0} = \dfrac{8\,767.5\text{元}}{6\,850\text{元}} = 127.99\%$

$$\sum q_1 m_0 p_0 - \sum q_0 m_0 p_0 = (8\,767.5 - 6\,850)\text{元} = 1\,917.5\text{（元）}$$

计算结果说明，由于报告期产量比基期增加，原材料总费用额上升了 27.99%，其绝对额增加了 1 917.5 元。

原材料单位消耗总指数：$\bar{k}_m = \dfrac{\sum q_1 m_1 p_0}{\sum q_1 m_0 p_0} = \dfrac{7\,834.5}{8\,767.5} = 89.36\%$

$$\sum q_1 m_1 p_0 - \sum q_1 m_0 p_0 = (7\,834.5 - 8\,767.5)\text{元} = -933\text{元}$$

计算结果说明，报告期产品原材料的单位消耗比基期下降了 10.64%，由于单耗减少，原材料费用额减少了 933 元。

原材料价格总指数：$\bar{k}_p = \dfrac{\sum q_1 m_1 p_1}{\sum q_1 m_1 p_0} = \dfrac{9\,474\text{元}}{7\,834.5\text{元}} = 120.93\%$

$$\sum q_1 m_1 p_1 - \sum q_1 m_1 p_0 = (9\,474 - 7\,834.5)\text{元} = 1\,639.5\text{元}$$

计算结果说明由于报告期原材料价格上涨，原材料费用支出额增加了 30.93%，支出费用增加了 1 639.5 元。

以上 4 种指数关系满足

$$\bar{k}_{qmp} = \bar{k}_q \times \bar{k}_m \times \bar{k}_p$$

$$\sum q_1 m_1 p_1 - \sum q_0 m_0 p_0 = (\sum q_1 m_0 p_0 - \sum q_0 m_0 p_0) + (\sum q_1 m_1 p_0 - \sum q_1 m_0 p_0) + (\sum q_1 m_1 p_1 - \sum q_1 m_1 p_0)$$

即

$$138.31\% = 127.99\% \times 89.36\% \times 120.93\%$$
$$2\,624\,元 = 1\,917.5\,元 + (-933)\,元 + 1\,639.5\,元$$

2. 相对指标变动的因素分析

相对数是由两个指标对比得到的，这两个指标的变动都会影响相对数的变动，故亦可进行因素分析。因为 $C = A/B$（设 A 为数量指标，B 为质量指标），所以

$$\frac{C_1}{C_0} = \frac{A_1/B_1}{A_0/B_0} = \frac{A_1/B_0}{A_0/B_0} \times \frac{A_1/B_1}{A_1/B_0} \tag{8-19}$$

$$A_1/B_1 - A_0/B_0 = (A_1/B_0 - A_0/B_0) + (A_1/B_1 - A_1/B_0) \tag{8-20}$$

3. 平均指标变动的因素分析

统计指数法还可用于平均指标的动态分析。平均指标指数就是用来反映总平均数变动及其原因的相对数，即同一经济内容两个不同时期的平均指标数值之比。它是对平均指标变动情况进行分析的一种方法。平均指标指数的一般计算公式为

$$k = \frac{\bar{x}_1}{\bar{x}_0} \tag{8-21}$$

式中：$\bar{x}_1$——报告期平均指标数值；

$\bar{x}_0$——基期平均指标数值。

常见的平均指标指数有劳动生产率指数、平均工资指数、平均单位成本指数等。下面以劳动生产率指数为例，进一步介绍平均指标指数的含义及基本原理。

劳动生产率指数的计算公式为

$$k = \frac{\bar{x}_1}{\bar{x}_0} = \frac{\dfrac{\sum x_1 f_1}{\sum f_1}}{\dfrac{\sum x_0 f_0}{\sum f_0}} = \frac{\sum x_1 \cdot \dfrac{f_1}{\sum f_1}}{\sum x_0 \cdot \dfrac{f_0}{\sum f_0}} \tag{8-22}$$

式中：$\sum f_0$、$\sum f_1$——分别代表基期和报告期的工人总人数；

$\sum x_0 f_0$、$\sum x_1 f_1$——分别代表基期和报告期的产量；

x_0、x_1——分别代表基期和报告期的劳动生产率；

$\bar{x}_0$、$\bar{x}_1$——分别代表基期和报告期的平均劳动生产率；

f 或 $\dfrac{f}{\sum f}$——一种结构相对数，简称结构。

由此可见，劳动生产率指数反映两个因素变动的影响，即各组工人劳动生产率变动的影响和各组工人人数在全部工人总数中所占比重变动的影响。这是因为加权算术平均数的大小取决于变量标志值和权数。因此，平均指标指数所反映的变动程度，也包括两个因素之间的影响。为了测定一个因素的变动情况，必须将另一个因素固定下来。

平均指标指数分析需要编制 3 种平均指标指数，它们是可变构成指数、固定构成指数和结构影响指数，且形成如下的指数体系：

可变构成指数＝固定构成指数×结构影响指数

1）可变构成指数

可变构成指数是报告期平均指标与基期平均指标之比。例如，在进行总平均工资变动的因素分析时，首先要计算总平均工资指数，而计算总平均工资指数的报告期和基期总平均工资，则是分别以各个时期的工人数为权数对各组工资水平进行平均计算的。所以两期总平均工资的变动，不仅反映了各组（类）工资水平的变动，而且受各组工人数结构变动的影响，这是平均工资可变构成指数，其计算公式为

$$k_{可变}=\frac{\bar{x}_1}{\bar{x}_0}=\frac{\sum x_1 f_1/\sum f_1}{\sum x_0 f_0/\sum f_0} \qquad (8\text{-}23)$$

2）固定构成指数

固定构成指数是假定结构不变（即 $\frac{f}{\sum f}$ 频率不变），纯粹反映组平均数变动的相对数。例如，在分析企业总平均工资变动中各组工资水平变动的影响关系时，依据综合指数编制的原理，为了消除结构因素的变动影响，反映各组工资水平的变动程度，要把工人数加以固定，并且固定在报告期上。

这种工人数结构固定的总平均工资指数称为平均工资的固定指数，其计算公式为

$$k_{固定}=\frac{\sum x_1 f_1/f_1}{\sum x_0 f_1/f_1} \qquad (8\text{-}24)$$

这一指数的经济含义是，分子指标是报告期企业实际平均工资，分母指标是假定工人结构保持不变的情况下，企业报告期平均工资。它们之间的差别是由两期各组工人工资水平变动所引起的。

3）结构影响指数

结构影响指数是指假定组平均数不变（即 x_0 不变），纯粹反映结构变动的相对数。分析工人结构变动影响指数，必须将各组工人工资水平因素固定起来，并将它固定在基期水平上，其计算公式为

$$k_{结构}=\frac{\sum x_0 f_1 \sum f_1}{\sum x_0 f_0 \sum f_0} \qquad (8\text{-}25)$$

这个指数的分子指标是假定各组工人工资水平保持不变的情况下，企业报告期的平均工资；分母指标是基期企业实际平均工资。它们的对比关系可以表明两期中各级工人数构成变动对企业平均工资变动的影响。

4）平均指标指数体系

通过以上分析，我们看到，平均指标变动的因素分析，实质上是现象结构的变动分析，因为分析所使用的指数都与结构有关。也就是说，可变指数是包含了结构变动因素的平均指标指数，固定指数是排除了结构变动影响的平均指标指数，而结构指数是纯粹考虑了结构变动影响的平均指标指数。

上述各种指数之间具有一定的内在联系，形成一个指数体系，即

相对数为

$$\frac{\sum x_1 f_1/\sum f_1}{\sum x_0 f_0/\sum f_0}=\frac{(\sum x_0 f_1/\sum f_1)}{(\sum x_0 f_0/\sum f_0)}\times\frac{(\sum x_1 f_1/\sum f_1)}{(\sum x_0 f_1/\sum f_1)} \qquad (8\text{-}26)$$

绝对数为

$$\frac{\sum x_1 f_1}{\sum f_1}-\frac{\sum x_0 f_0}{\sum f_0}=\left(\frac{\sum x_0 f_1}{\sum f_1}-\frac{\sum x_0 f_0}{\sum f_0}\right)+\left(\frac{\sum x_1 f_1}{\sum f_1}-\frac{\sum x_0 f_1}{\sum f_1}\right) \tag{8-27}$$

8.5 应用 Excel 进行因素分析

统计指数反应不能直接相加和对比的复杂社会经济现象总和变动程度的相对数，具有广泛、实用的意义。指数分析法是研究社会经济现象数量变动情况的一种统计分析方法。下面介绍如何利用 Excel 进行指数分析与因素分析。在 Excel 中，没有专门用于指数分析和因素分析的工具与统计函数，因此，只能利用公式和一般函数进行相应的分析。

1．指数分析

1）综合指数的计算

以例 8-11 作为范例，介绍利用 Excel 计算综合指数的操作方法。

【例 8-11】 根据某企业 3 种产品的单位成本和产量资料计算单位成本指数，原始数据及各步骤计算数据如图 8.2 所示。

	A	B	C	D	E	F	G	H
1	产品名称	计量单位	产品产量		单位成本（元）		总成本	
2			基期q_0	报告期q_1	基期p_0	报告期p_1	p_0*q_1	p_1*q_1
3	甲	件	90	120	25	22	3000	2640
4	乙	台	80	105	19	18	1995	1890
5	丙	套	60	70	16	17	1120	1190
6							6115	5720
7								
8		单位产品指数		0.9354				
9								

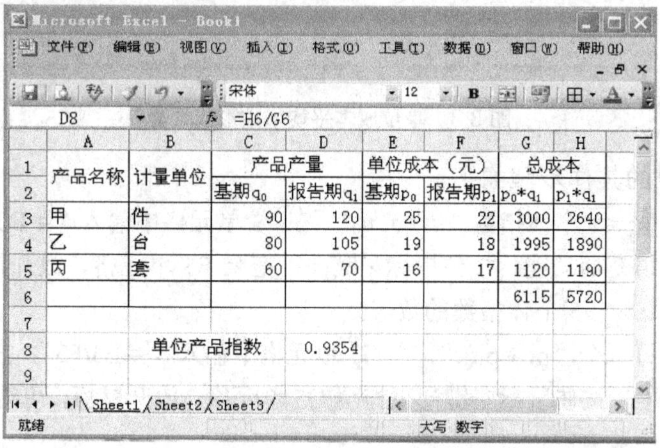

图 8.2 单位成本指数计算

计算综合指数的具体步骤如下。

第一步：计算每一个“p_0*q_1”。在 G3 单元格中输入“＝D3＊E3”，按回车键得到结果；然后使用填充柄功能，按住鼠标左键向下拖至 G5 单元格，放开鼠标，可得 G4～G5 结果，即自动填入 G4～G5 的数值。

第二步：计算每一个“p_1*q_1”。在 H3 单元格中输入“＝D3＊F3”，按回车键得到结果；然后使用填充柄功能，按住鼠标左键向下拖至 H5 单元格，放开鼠标，可得 H4～H5 结果，即自动填入 H4～H5 的数值。

第三步：计算“$\sum p_0*q_1$”和“$\sum p_1*q_1$”。选定 G3∶G5 区域，单击工具栏上的“$\sum$”按钮，在 G6 单元格出现该列的求和值。选定 H3∶H5 区域，单击工具栏上的“$\sum$”按钮，在 H6 单元格出现该列的求和值。

第四步：计算单位成本指数“$\sum p_1 * q_1/\sum p_0 * q_1$”。单击任一空单元格（本例中为 D8）输入“＝H6/G6”，按回车键可得单位产品指数“0.935 4”，即 93.54%。

数量指标综合指数与质量指标综合指数的计算方法类似。

2）平均指数的计算

以例 8-12 作为范例，介绍利用 Execl 计算平均指数的操作方法。

【例 8-12】 根据某企业 3 种产品的单位成本和报告期总成本资料，利用加权调和平均数指数计算单位成本指数，原始数据及各步骤计算数据如图 8.3 所示。

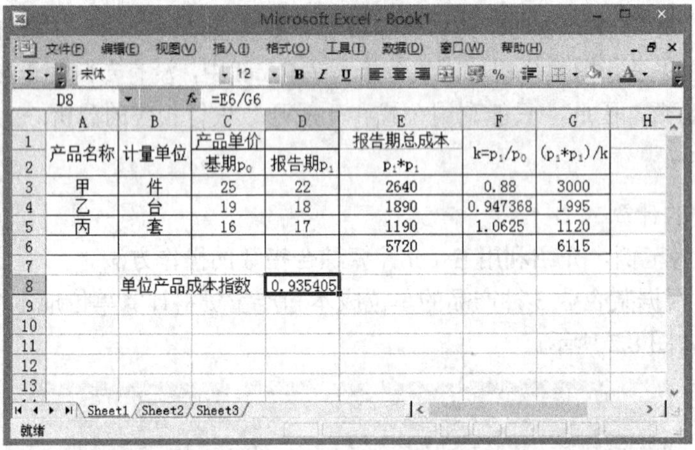

	A	B	C	D	E	F	G	H
1	产品名称	计量单位	产品单价		报告期总成本	k=p_1/p_0	(p_1*p_1)/k	
2			基期p_0	报告期p_1	p_1*p_1			
3	甲	件	25	22	2640	0.88	3000	
4	乙	台	19	18	1890	0.947368	1995	
5	丙	套	16	17	1190	1.0625	1120	
6					5720		6115	
7								
8		单位产品成本指数		0.935405				

图 8.3　单位成本平均指数形式计算

计算平均指数的具体步骤如下。

第一步：计算每一个个体指数“$k=p_1/p_0$”。在 F3 单元格中输入“＝D3/C3”，按回车键得到结果；然后使用填充柄功能，按住鼠标左键向下拖至 F5 单元格，放开鼠标，可得 F4～F5 结果，即自动填入 F4～F5 个体指数的数值。

第二步：计算每一个“$p_1 * p_1/k$”。在 G3 单元格中输入“＝E3/F3”，按回车键得到结果；然后使用填充柄功能，按住鼠标左键向下拖至 G5 单元格，放开鼠标，可得 G4～G5 结果，即自动填入 G4～G5 的数值。

第三步：计算“$\sum p_1 * p_1$”和“$\sum (p_1 * p_1/k)$”。选定 E3∶E5 区域，单击工具栏上的“∑”按钮，在 E6 单元格出现该列的求和值。选定 G3∶G5 区域，单击工具栏上的“∑”按钮，在 G6 单元格出现该列的求和值。

第四步：计算单位成本指数“$\sum p_1 * p_1/\sum (p_1 * p_1/k)$”。单击任一空单元格（本例中为 D8）输入“＝E6/G6”，按回车键可得单位产品指数“0.935 4”，即 93.54%。

加权算术平均指数与加权调和平均数指数的计算方法类似。

2．因素分析

指数的用途之一就是进行因素分析，分析所有因素在影响现象的总变动中，各个因素的影响程度。以例 8-13 作为范例，介绍利用 Execl 计算综合指数的操作方法。

【例 8-13】 根据某企业 3 种产品的单位成本和产量资料进行因素分析，原始数据及各步骤计算数据如图 8.4 所示。

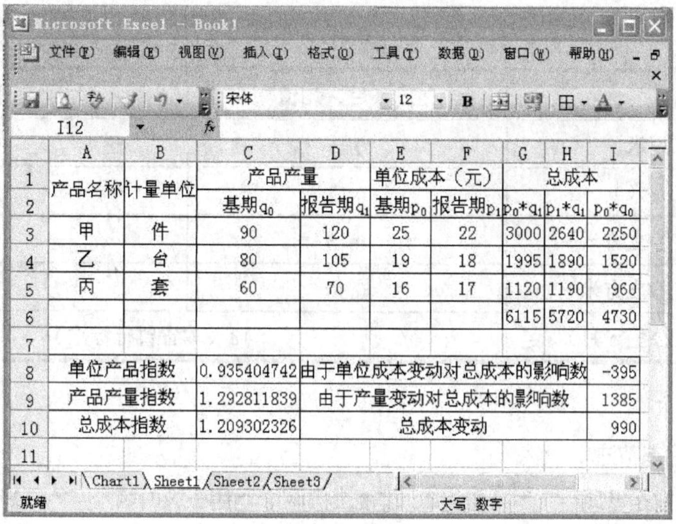

	A	B	C	D	E	F	G	H	I
1	产品名称	计量单位	产品产量		单位成本（元）		总成本		
2			基期q_0	报告期q_1	基期p_0	报告期p_1	p_0*q_1	p_1*q_1	p_0*q_0
3	甲	件	90	120	25	22	3000	2640	2250
4	乙	台	80	105	19	18	1995	1890	1520
5	丙	套	60	70	16	17	1120	1190	960
6							6115	5720	4730
7									
8	单位产品指数		0.935404742	由于单位成本变动对总成本的影响数					-395
9	产品产量指数		1.292811839	由于产量变动对总成本的影响数					1385
10	总成本指数		1.209302326	总成本变动					990
11									

图 8.4　因素分析

计算平均指数的具体步骤如下。

第一步：计算每一个“p_0*q_1和$\sum p_0*q_1$”。在 G3 单元格中输入“＝D3＊E3”，按回车键得到结果；然后使用填充柄功能，按住鼠标左键向下拖至 G5 单元格，放开鼠标，可得 G4～G5 结果。选定 G3：G5 区域，单击工具栏上的“∑”按钮，在 G6 出现该列的求和值。

第二步：计算每一个“p_1*q_1和$\sum p_1*q_1$”。在 H3 单元格中输入“＝G3＊F3”，按回车键得到结果；然后使用填充柄功能，按住鼠标左键向下拖至 H5 单元格，放开鼠标，可得 H4～H5 结果。选定 H3：H5 区域，单击工具栏上的“∑”按钮，在 H6 单元格出现该列的求和值。

第三步：计算“p_0*q_0”和“$\sum p_0*q_0$”。在 I3 单元格中输入“＝C3＊E3”，按回车键得到结果；然后使用填充柄功能，按住鼠标左键向下拖至 I5 单元格，放开鼠标，可得 I4～I5 结果。选定 I3：I5 区域，单击工具栏上的“∑”按钮，在 I6 单元格出现该列的求和值。

第四步：计算单位产品指数、产品产量指数和总成本指数。在 C8 单元格中输入“＝H6/G6”，按回车键得到单位产品指数；在 C9 单元格中输入“＝G6/I6”，求得产品产量指数；在 C10 单元格中输入“＝H6/I6”，按回车键得到总成本指数。

第五步：计算由于单位成本变动对总成本的影响数、由于产量变动对总成本的影响数和总成本变动（总数）。在 I8 单元格中输入“＝H6－G6”，求得由于单位成本变动对总成本的影响数；在 I9 中输入“＝G6－I6”，按回车键得到由于产量变动对总成本的影响数；在 I10 单元格中输入“＝H6－I6”，求得总成本变动（总数）。

【统计实例】

环境空气质量评价

1．评价标准

执行中华人民共和国国家标准《环境空气质量标准》（GB 3095—1996）和修改单（环发[2001]1 号）规定的浓度限值二级标准，降尘采用本省暂行标准。污染物评价标准表见表 8-9。

表 8-9 污染物评价标准表

评价项目	日（月）均值	年平均值
二氧化硫/（毫克/立方米）	0.15	0.06
二氧化氮/（毫克/立方米）	0.12	0.08
可吸入颗粒物/（毫克/立方米）	0.15	0.10
总悬浮颗粒物/（毫克/立方米）	0.30	0.20
自然降尘/（吨/平方公里·月）	18（本省暂行标准）	

2. 评价方法

1) 空气污染综合指数法

空气污染综合指数是各项空气污染物的单项指数的加和，可用于评价城市空气质量整体水平、年际及季节变化情况。空气污染综合指数数值越大，表示空气污染程度越严重，空气质量越差；反之，空气综合污染指数数值越小，表示空气污染程度较轻，空气质量较好。其数学表达式为

$$P=\sum_{i=1}^{n}P_i \quad 或 \quad P_i=\frac{C_i}{S_i}$$

式中：P 为空气污染综合指数；P_i 为 i 项空气污染物分指数；C_i 为 i 项空气污染物的季或年均浓度值；S_i 为 i 项空气污染物的环境质量标准限值；n 为计入空气污染综合指数的污染物项数。

根据各地空气污染的状况和特征，结合空气常规监测项目情况，计入空气污染综合指数的参数为空气质量常规监测的二氧化硫、二氧化氮、总悬浮颗粒物或可吸入颗粒物。

2) 空气质量达标评价

由单项污染物水平和级别，以及综合的空气质量级别进行评价，其中年均单项污染物级别由环境空气质量的年均值标准确定；综合的空气质量级别的确定为最差一个单项污染物级别即为空气质量级别。达到国家空气质量二级标准（一级和二级）为达标，超过二级标准（三级和劣三级）为超标。其中一级为空气接近良好背景水平的优级；二级为空气有一定程度的污染物存在但影响程度尚可接受的合格水平；三级为空气污染已经达到危害性程度；劣三级为空气污染相当严重。

3) 污染负荷系数法

计算各项污染物的分指数在综合指数中的构成比例，评价地区中的主要污染物，其数学表达式为

$$F_i=\frac{P_i}{P}\times 100\%$$

式中：F_i 为 i 项空气污染物的负荷系数。

4) 日均空气质量级别

日均空气质量级别根据大气 3 项综合确定的空气污染指数确定。空气污染指数的确定依据是《城市空气质量日报技术规定》。

知识框架

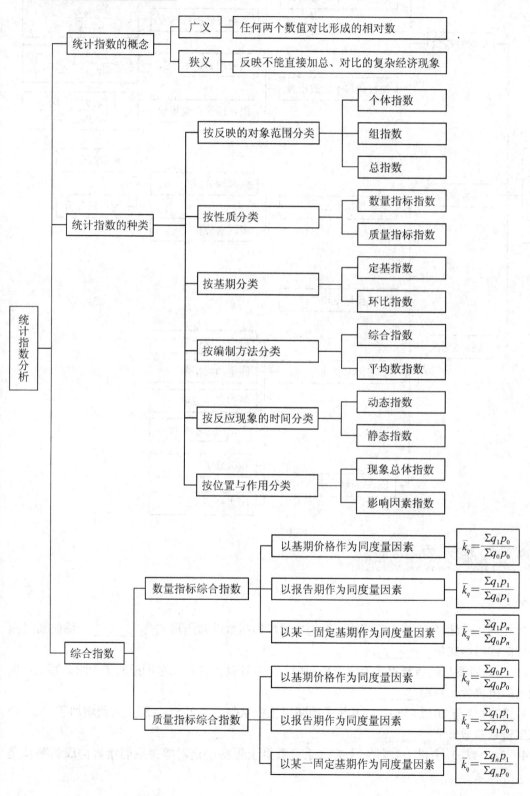

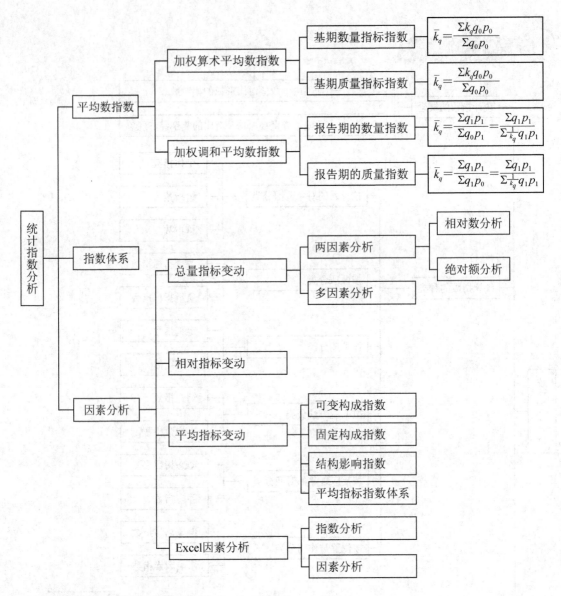

职业能力训练

一、填空题

1．在平均数指数的基本形式中，编制数量指标指数的常用形式是_____，编制质量指标指数的常用形式是_____。

2．某商店商品销售额报告期和基期相同，报告期商品价格比基期提高了10%，那么，报告期商品销售量比基期_____。

3．2013年与2012年相比，某机关的职工工资水平提高了5%，职工人数增加了1%，则职工工资总额增长了_____。

4．3个或3个以上在经济上有联系且数量上保持一定对等关系的指数构成的整体是_____体系。

5. 在编制数量指标指数时，一般以_____作为同度量因素，把它固定在_____期；在编制质量指标指数时，一般以_____作为同度量因素，把它固定在_____期。

6. 平均指数是_____的加权平均数。常用的基本形式有两种：一是加权_____平均数指数，二是加权_____平均数指数。

7. 单位成本指数 $= \sum z_1 q_1 / \sum z_0 q_1 = 97\%$，$\sum z_1 q_1 - \sum z_0 q_1 = -2\,200$ 元，则相对数的含义是_____，绝对数的含义是_____。

8. 用同样多的人民币，今年比去年少购买商品 5%，则物价指数是_____。

9. 职工平均工资增长了 3.5%，固定构成指数是 15%，则职工人数结构影响指数下降或提高了_____。

10. 某空调厂 2013 年 5 月与 2012 年 5 月相比，空调产量增长了 16%，总成本上升了 17.2%，则单位成本上升或下降_____。

二、判断题

1. 分析复杂现象总体的数量变动，只能采用综合指数的方法。（　　）
2. 在实际应用中，计算价格综合指数，需要采用基期数量指标为同度量因素。（　　）
3. 分析复杂现象总体的数量变动时，若研究的是数量指标的变动，则选择的同度量因素是数量指标。（　　）
4. 从指数化指标的性质来看，单位成本指数是数量指标指数。（　　）
5. 总指数有两种计算形式，即个体指数和综合指数。（　　）
6. 某企业的某种产品单位成本 2012 年 3 月与去年同期相比上升了 8%，而产量下降了 8%，则总成本没升也没降。（　　）
7. 可变构成指数＝固定构成指数/结构影响指数（　　）
8. 商品价格上涨 5%，商品销售量增长 3%，则商品销售额增长 15%。（　　）
9. 计算总指数时，为了解决总体各要素的量不能直接相加而使用的一个媒介因素，称为同度量因素。（　　）
10. 设 p 表示价格，q 表示销售量，则 $\sum p_0 q_1 - \sum p_0 q_0$ 表示由于商品价格的变动对商品总销售额的影响。（　　）

三、单项选择题

1. 统计指数按指数化指标的性质不同，可分为（　　）。
   A．总指数和个体指数　　　　　　B．数量指标指数和质量指标指数
   C．平均数指数和平均指标指数　　D．综合指数和平均数指数

2. 在下列指数中，（　　）是数量指标指数。
   A．商品物价指数　　B．平均工资指数　　C．单位成本指数　　D．销售量指数

3. 总销售量增加，销售额持平，则物价指数（　　）。
   A．降低　　　　　　B．增长　　　　　　C．不变　　　　　　D．无法确定

4. 总指数的两种计算基本形式是（　　）。
   A．个体指数和综合指数
   B．算术平均指数和调和平均指数

C．综合指数和平均指数
D．可变构成指数、固定构成指数和结构影响指数

5．某企业的职工工资水平比上年提高了 5%，职工人数增长了 2%，则该企业工资总额增长（   ）。

  A．11%   B．10%   C．7.1%   D．7%

6．如果 CPI 上涨 20%，则现在 1 元钱（   ）。

  A．只值原来的 0.8 元钱   B．只值原来的 0.83 元钱
  C．与原来的 1 元钱等值   D．无法与原来比较

7．价格下降后，花同样多的钱可多购买基期商品 10%，则物价指数为（   ）。

  A．90%   B．90.9%   C．110%   D．111.1%

8．某商店今年与去年相比，商品销售量指数下降了 10%，销售价格指数上涨 10%，则商品销售额将（   ）。

  A．不变   B．上升
  C．下降   D．可能上升也可能下降

9．已知某商场的商品销售量指数为 105%，由于销售量增长而增加的销售额为 10 万元；又知道销售价格指数为 110%，由于价格上涨而增加的销售额应为（   ）。

  A．30 万元   B．21 万元   C．20 万元   D．18 万元

10．当研究个级别工人工资的变动对全体工人平均工资变动的影响程度时，应计算（   ）。

  A．结构影响指数   B．可变构成指数
  C．固定构成指数   D．加权算术平均数指数

四、多项选择题

1．在下列指数中，（   ）是质量指标指数。

  A．商品价格指数   B．平均工资指数
  C．单位成本指数   D．职工人数指数
  E．商品销售量指数

2．同度量因素的作用有（   ）。

  A．平均作用   B．比较作用   C．权数作用
  D．稳定作用   E．同度量作用

3．某地区商业企业职工去年劳动生产率指数为 132%，这是（   ）。

  A．个体指数   B．总指数   C．平均指标指数
  D．数量指标指数   E．质量指标指数

4．平均指标变动因素分析的指数体系中所包括的指数有（   ）。

  A．可变构成指数   B．加权算术平均数指数
  C．固定构成指数   D．结构影响指数
  E．加权调和平均数指数

5．某企业及其产值为 100 万元，报告期产值比基期增长 14%，又知以基期价格计算的报告期假定产值为 112 万元，则经过计算可知（   ）。

  A．由于产量变化使产值增加 12 万元   B．产量增加 12%
  C．由于产量变化使产值增加 20 万元   D．价格增加 12%
  E．由于价格变化使产值增加 2 万元

6. 下列情况中,属于广义指数概念的有(　　)。
   A. 不同空间同类指标之比
   B. 同类指标实际数与计划数之比
   C. 一种指标与另一种有密切联系的指标之比
   D. 同一总体的部分指标与总量指标之比
   E. 同一总体的部分指标与另一部分指标之比
7. 在下列指数中,属于数量指标指数的有(　　)
   A. 工业生产指数　　　　　　　　　B. 劳动生产率指数
   C. 职工人数指数　　　　　　　　　D. 产品产量指数
   E. 产品单位成本指数
8. 编制综合指数的原则是(　　)。
   A. 质量指标指数以报告期的数量指标作为同度量因素
   B. 质量指标指数以基期的数量指标作为同度量因素
   C. 数量指标指数以基期的质量指标作为同度量因素
   D. 数量指标指数以报告期的数量指标作为同度量因素
   E. 数量指标指数以固定时期质量指标作为同度量因素
9. 若对商店某时期的商品销售额变动情况进行分析,其指数体系包括(　　)。
   A. 销售量指数　　B. 销售价格指数　　C. 总平均价格指数
   D. 销售额指数　　E. 个体指数
10. 在进行平均指标变动的因素分析时,应编制的指数有(　　)。
    A. 算术平均数指数　　　　　　　　B. 调和平均数指数
    C. 可变构成指数　　　　　　　　　D. 固定构成指数
    E. 结构影响指数

五、技能实训

1. 某公司商品的价格和销售量资料见表 8-10。

表 8-10　某公司商品的价格和销售量

商品名称	单位	商品价格/元		销售量	
		基期	报告期	基期	报告期
甲	件	2.5	2	1 000	1 050
乙	吨	6.5	60	180	200
丙	个	1.5	1.2	1 500	1 850

要求:
利用 Excel 软件完成下列计算。
(1) 计算甲、乙、丙 3 种商品的价格指数和销售量指数。
(2) 分析说明销售额总变动中个因素变动的影响程度和影响绝对数。

2．某管理局所属 3 个工厂生产同种产品，它们的单位产品成本和产量资料见表 8-11。

表 8-11　某管理局所属 3 个工厂生产的同样产品的单位成本和产量

厂　名	产量/件		每件成本/元	
	基期	报告期	基期	报告期
一厂	1 600	2 400	10.0	9.0
二厂	1 800	2 400	10.4	9.2
三厂	2 400	1 600	9.6	9.6

要求：
（1）利用 Excel 软件计算单位产品指数、产品产量指数和总成本指数。
（2）分别计算基期和报告期 3 个工厂生产各种产品的总平均成本。
（3）计算平均成本指数，分析由于平均成本下降而节约的总成本金额。

3．某商店商品的价格和销售量资料见表 8-12。

表 8-12　某商店商品的价格和销售量

商品名称	单　位	商品价格/元		销售量	
		基期	报告期	基期	报告期
甲	双	48	45	300	400
乙	件	30	32	400	500

要求：
（1）计算某商店几种商品的价格总指数和销售量总指数。
（2）指出在总销售额增长绝对值中，有多少绝对数是受价格因素影响的，有多少绝对数是受销售量因素影响的。

4．某企业某种产品生产总成本 2009 年为 12.9 万元，比 2008 年多 9 000 元，单位产品成本比 2008 年降低 3%。

要求：
（1）计算生产总成本指数。
（2）计算产品产量指数。
（3）计算由于单位成本降低而节约的绝对额。

5．某商场 3 种商品的实际销售额资料见表 8-13。

表 8-13　某商场 3 种商品的实际销售额

商品名称	单　位	实际销售额/万元		8 月销售量比 7 月同比增长的百分比
		7 月	8 月	
甲	件	1 000	1 200	5
乙	袋	2 000	2 000	0
丙	台	3 000	3 200	10

要求：
（1）计算各种商品的个体价格指数和个体销售量指数。
（2）计算 3 种商品的物价总指数和销售量总指数。
（3）计算 3 种商品的销售额总指数。
（4）从相对数和绝对数两方面分析销售额总指数与价格总指数、销售量总指数之间的经济关系。

6．阅读各种经济管理类的书籍、杂志、报纸，理解统计指数的应用和作用。

第 9 章

相关与回归分析

XIANGGUAN YU HUIGUI FENXI

【知识目标】
- 理解相关关系的含义、种类
- 掌握相关系数的计算与应用
- 理解回归分析与相关分析的关系
- 掌握简单线性回归方程的确定方法
- 理解回归系数及估计标准误差的计算和意义

【技能目标】
- 培养学生对客观事物内在联系的分析判断能力
- 培养学生运用回归分析进行估计和预测的能力
- 熟练运用 Excel 软件进行相关分析与回归分析的操作

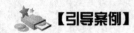
【引导案例】

相关回归分析在企业审计工作中的应用

在审计过程中，由于销售收入科目的重要性和复杂性，审计人员必须通过恰当的分析性复核程序，找准审计重点，从而在审计过程中做到有的放矢，提高审计质量和效率。而分析性复核程序将在很大程度上决定整个销售收入实质性测试的成败。传统的分析性复核程序以不同公司间数据的横比和同一公司不同时期数据的环比为基本方法，存在较大的局限性，因此，以代数方法为基础的传统分析性复核技术已经越来越不适应现代审计的要求，日益复杂的审计环境要求在销售收入等主要报表科目的审计过程中，引入以现代统计技术为基础的回归方法作为分析性复核的主要手段。

在销售收入的分析性复核时，审计人员通过公司销售收入的历史资料，可以确定若干与销售收入相关联的解释变量，建立揭示销售收入与各解释变量之间依赖关系的回归模型，从而对公司被审计年度的销售收入做出合理的预测。审计人员应当尽量选取与销售收入相关但相对独立于管理层控制的数据为主要的解释变量，而将管理层容易操控但与销售收入密切相关的数据作为辅助变量纳入到回归模型中。同时，在对销售收入科目的分析性复核过程中，审计人员也应当密切结合对行业、公司基本面和关联方交易的分析结果，以求得到客观允当的专业判断，合理降低自身所面临的审计风险。

如何确定现象之间存在哪些联系及联系的紧密程度如何？一个现象是如何影响另一个现象的？如何根据搜集到的大量数据分析现象之间的关系，对未来的发展进行预测，为决策提供科学的依据？通过本章的系统学习，利用相关回归分析的统计方法来解决上述问题。

9.1 相关分析

在自然界和人类社会中存在各种现象，现象之间相互关联、相互依存、相互制约。例如，商品价格的变化会引起商品销售量的变化；商品销售量的变化会影响企业经营利润的变化；直接材料、直接人工的价格变化对产品销售成本有直接的影响；家庭收入水平会影响其支出；企业广告费用的花费影响企业的利润等。

相关与回归分析是现代统计学中非常重要的内容，相关与回归分析就是专门分析现象之间相关关系，测定现象之间联系的紧密程度，揭示其变化的具体形式和规律性的统计分析方法，是构造各种经济模型，进行结构分析、决策评价、预测和控制的重要工具。目前，相关与回归分析已经广泛应用到企业管理、商业决策、金融分析，以及自然科学和社会科学等许多研究领域。

相关分析主要内容有狭义与广义之分。狭义地讲，相关分析的目的是判断现象之间是否存在相关关系，确定相关关系的密切程度和方向。广义地说，相关分析包括狭义相关分析和回归分析。通过相关分析，可以判断两个或两个以上的变量之间是否存在相关关系，以及相关关系的方向、形态及相关关系的密切程度；通过回归分析，可以对具有相关关系现象间数量变化的规律性进行测定，确立一个回归方程式，即经验公式，并对所建立的回归方程式的有效性进行分析、判断，以便进一步进行估计和预测。

【特别提示】

本书所讲的相关分析一般是指狭义的相关分析。

9.1.1 相关关系的概念

事物和现象在数量上的依存关系可以分为两种关系：相关关系和函数关系。

1. 相关关系

相关关系是指现象之间的非确定性的数量上的依存关系。相关关系的主要特征是现象之间在数量上存在着一定的依存关系，但数量依存关系是不完全确定的。其数学表达式为 $y=f(x)+\varepsilon$，其中 ε 代表随机因素。在相关关系中，对于某一现象的某一数值，另一现象可能存在大量的若干数值与之相对应。例如，成本的高低与利润的多少有密切关系，但某一确定的成本与相对应的利润却是不确定的，其原因在于影响利润的因素除了成本外，还有价格、供求平衡、消费嗜好、经营费用、税金等因素的影响。再如，家庭收入与其消费支出之间的关系，一般家庭收入越多，其消费支出也有增长的趋势，但是家庭收入与支出之间的依存关系的具体数值也不是唯一确定的，因为支出还会受到如家庭成员的消费习惯、家庭人员的数量等其他因素的共同影响。

2. 函数关系

函数关系是指现象之间存在的确定性的数量依存关系。函数关系是一种完全确定的数量关系。其数学表达式为 $y=f(x)$。在函数关系中，某个现象的数值发生变化，都有另一现象的确定值与它对应。这种关系可用数学函数式反映出来。例如，在销售价格（P）不变的情况下，销售额（y）与销售量（x）之间存在函数关系销售额=销售量×销售价格，表示为 $y=Px$，销售额是销售量的函数。再如，某种股票的成交额 y 与该股票的成交量 x、成交价格 P 之间的关系可以用 $y=Px$ 来表示，这都是函数关系。

3. 相关关系与函数关系的区别与联系

函数关系与相关关系的区别主要表现在数量之间的关系是否是确定性的依存关系。相关关系是不确定的依存关系，而函数关系是完全确定性的依存关系。相关关系与函数关系的联系体现在以下方面：由于观察和实验中的误差，函数关系在实际生活中往往通过相关关系表现出来，当对现象之间的内在联系和规律性了解得更加清楚的时候，相关关系又有可能转化为函数关系或通过函数关系的形式表现出来；而在研究现象之间的相关关系时，常常需要借用函数关系的形式近似的表达，以便找到相关关系的一般数量特征。

现实生活中，一般在对具有相关关系的现象进行分析时，利用相应的函数关系数学表达式来表明现象之间的相关方程式。相关关系是相关分析的研究对象，函数关系是相关分析的工具。

9.1.2 相关关系的种类

现象之间的相关关系依据不同的标志划分为若干个类型，不同的相关关系一般要用不同的方法进行分析。相关关系的种类见表 9-1。

表 9-1 相关关系的种类

划分标准	类别	特点
按影响因素的多少	单相关	两个变量之间的相关关系称为单相关。例如，广告费支出与产品销售量之间的相关关系
	复相关	3 个或 3 个以上变量的相关关系称为复相关。例如，经济增长率与进口增长率和出口增长率之间的关系

续表

划分标准	类别	特点
按相关的表现形式	线性相关	线性相关又称直线相关，是指当一个变量变动时，另一变量随之发生大致均等的变动。对两个具有相关关系的现象进行实际调查，能获得一系列成对的数据，每对数据在平面直角坐标系中确定一个点，如果这些点大致分布在一条直线周围，则这两种现象就构成线性相关。例如，人均消费水平与人均收入水平通常呈线性关系
	非线性相关	非线性相关又称曲线相关，一个变量变动时，另一变量也随之发生变动，但这种变动不是均等的。对两个具有相关关系的现象进行实际调查，能获得一系列成对的数据，每对数据在平面直角坐标系中确定一个点，若这些点的分布近似于某种曲线关系，如抛物线、指数曲线等，则这种关系就称为非线性相关。例如，工人加班时间在一定数量界限内，产量增加，但超过一定限度，产量反而可能下降，这就是一种非线性关系
按线性相关的变动方向	正相关	正相关是指相关变量的变化方向一致的相关关系，即当一个变量数值增加（或减少），另一变量的数值也相应地增加（或减少）。例如，居民的收入与居民的储蓄额之间的关系就是正相关
	负相关	负相关是指相关变量的变化方向相反的相关关系，即当一个变量数值增加（或减少），另一变量的数值相应地减少（或增加）。例如，出口货物的数量与单位运费成本之间的关系就是负相关
按相关的程度	完全相关	两种现象之间，当一个现象的数量确定时，另一现象的数量也随之确定，则这两种现象间的关系称为完全相关。例如，在价格不变的条件下，销售额与销售量之间的关系即为完全相关
	不相关	如果两个现象之间的数量变化相互独立，彼此互不影响，则这两种现象间的关系称为不相关。例如，学生的学习成绩与身高之间不存在相关关系
	不完全相关	如果两个现象之间的关系介于完全相关和不相关之间，则称为不完全相关。现实经济生活中大多数相关关系属于不完全相关，因此统计学中相关分析的主要研究对象是不完全相关

9.1.3 相关分析的主要内容

对现象之间的相关关系进行的研究称为相关分析。对现象具有的相关关系进行分析研究所采用的统计分析称为相关分析方法。

广义的相关分析的主要内容如下。

1．判断现象之间是否存在相关关系

判断现象之间是否存在相关关系是进行相关分析的基础环节。只有存在相互依存关系，才有必要做相关分析。判断现象之间的相关关系时可以利用散点图或其他工具。

2．判定相关关系的表现形式

判断清楚相关关系的表现形式才可以利用相应的相关分析方法进行研究。

3．测定相关程度的密切程度和方向

可以利用相关系数等工具来测定相关关系的方向和密切程度。

4．建立相关关系的数学模型

建立现象之间的数量变化关系的数学模型，进而分析数量之间变化的规律性。建立数学模型是进行推算和预测的前提条件。

5. 检验变量估计值的误差

根据建立的数学模型进行预测和推算是存在误差的,通过计算标准误差、计算预测值的置信区间,分析预测的可靠程度。

【特别提示】

一般将前3个方面的内容分析称相关分析,而后两个方面的内容分析称为回归分析。

9.1.4 简单相关分析

分析现象之间的相关关系时,要先做定性分析,然后做定量分析。

相关分析的起点是定性分析。定性分析是依据研究者的理论知识、专业知识和实践经验,对客观现象之间是否存在相关关系,以及有何种相关关系做出判断。然后在定性认识的基础上,编制相关表、绘制相关图,以便直观地判断现象之间相关的方向、形态及大致的密切程度,进而通过计算相关系数等来测定相关关系的程度。

1. 相关表与相关图

1)相关表

相关表是一种反映变量之间相关关系的统计表。具体做法:将一变量的若干变量值按从小到大的顺序排列,并将另一变量的值与之对应排列形成的相关表。通过分析相关表,可初步看出相关关系的表现形式、密切程度和相关方向。相关表是一种粗略的观察相关关系的有效工具,同时也是绘制相关图和测定相关系数的依据。

【例 9-1】 为了研究企业的广告投入与销售量之间的关系,市场分析人员搜集了近几年的广告投入费和销售量的数据,并编制成相关表,见表9-2。

表9-2 广告费支出与销售量相关表

年 度	广告费支出 x/万元	销售量 y/吨
2004	100	3 250
2005	105	3 300
2006	90	3 150
2007	125	3 350
2008	135	3 450
2009	140	3 500
2010	140	3 400
2011	150	3 600

从表中可以直观地看出,随着广告费支出的增加,销售量也增加,两者之间存在一定的正相关关系。

2)相关图

相关图又称散点图,它是以横轴表示自变量 x,纵轴表示因变量 y,将具有相关关系的两个变量的对应值在平面直角坐标系中用坐标点描绘出来,用以表明分布状况的统计图。

【例 9-2】 将表 9-2 的资料绘制成相关图（图 9.1）。

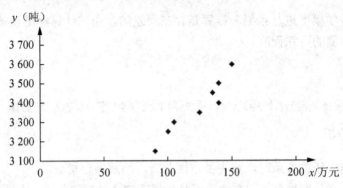

图 9.1 广告费支出与销售量的相关图

从图 9.1 可以直观地看出，年广告费支出与销售量之间相关密切，且有线性正相关关系。

2. 相关系数

相关表和相关图可以反映现象之间的相关关系及方向，但无法确切的表示变量之间的相关关系的密切程度。为了更精确地反映相关关系类型的特征，著名统计学家卡尔·皮尔逊（Karl Pearson）设计了测定相关关系密切程度的统计指标——相关系数。

相关系数是用以反映变量之间相关关系密切程度的统计指标。按照相关变量的个数和分析问题的角度不同，相关系数可以分为简单相关系数、偏相关系数和复相关系数。本章只讨论两个变量之间相关关系统计指标，即简单相关系数。

相关系数是在直线相关条件下，说明两个变量之间相关关系密切程度和方向的统计分析指标。通常用 r 表示。其表现形式为相对数，不受变量值水平和计量单位的影响。

相关系数的取值范围为 $-1 \leqslant r \leqslant +1$，其性质如下。

（1）当 $r>0$ 时，表示两变量正相关，$r<0$ 时，两变量为负相关。

（2）当 $|r|=1$ 时，表示两变量为完全线性相关，即为函数关系。

（3）当 $r=0$ 时，表示两变量间无线性相关关系。

（4）当 $0<|r|<1$ 时，表示两变量存在一定程度的线性相关。$|r|$ 越接近 1，两变量间线性关系越密切；$|r|$ 越接近于 0，表示两变量的线性相关越弱。

（5）为了判断相关程度的高低，一般社会经济现象分析中将相关系数划分为 4 个相关等级，即：$|r|<0.3$ 为微相关，$0.3 \leqslant |r|<0.5$ 为低度相关，$0.5 \leqslant |r|<0.8$ 为显著相关，$0.8 \leqslant |r|<1$ 为高度相关。

采用上述标准进行判断时，需要注意 r 只表示 x 和 y 的直线相关密切程度，当 $|r|$ 很小甚至等于 0 时，并不一定表示 x 与 y 之间就不存在其他非直线类型的关系。

🔍 **【特别提示】**

需要指出的是，相关系数有一个明显的缺点，即它接近于 1 的程度与数据组数 n 相关，这容易给人一种假象。因为当 n 较小时，相关系数的波动较大，对有些样本相关系数的绝对值易接近于 1；当 n 较大时，相关系数的绝对值容易偏小。因此在样本容量 n 较小时，我们仅凭相关系数较大就判定变量 x 与 y 之间有密切的线性关系是不妥当的。

相关系数的计算方法有若干种，这里讲解积差法。在直线相关的条件下，相关系数的定义公式是通过自变量和因变量的各个离差的乘积来表明相关关系的密切程度的。

相关系数的基本公式为

$$r=\frac{\sum(x-\bar{x})(y-\bar{y})}{\sqrt{\sum(x-\bar{x})^2}\sqrt{\sum(y-\bar{y})^2}} \qquad (9-1)$$

但在实际工作中利用它来计算相关系数非常烦琐，因此通过整理变形，简化为较简单公式：

$$r=\frac{n\sum xy-\sum x\sum y}{\sqrt{n\sum x^2-(\sum x)^2}\sqrt{n\sum y^2-(\sum y)^2}} \qquad (9-2)$$

式中：n——相关表中数据项数。

简化公式可直接用相关表中的原始数据计算，避免了平均数、离差等的直接计算，减少了计算的中间环节，提高了相关系数的准确性。

【例 9-3】 根据广告费与销售量的相关资料计算相关系数，具体见表 9-3。

表 9-3 相关系数计算表

年 度	广告费支出 x/万元	销售量 y/吨	xy	x^2	y^2
2004	100	3 250	325 000	10 000	10 562 500
2005	105	3 300	346 500	11 025	10 890 000
2006	90	3 150	283 500	8 100	9 922 500
2007	125	3 350	418 750	15 625	11 222 500
2008	135	3 450	465 750	18 225	11 902 500
2009	140	3 500	490 000	19 600	12 250 000
2010	140	3 400	476 000	19 600	11 560 000
2011	150	3 600	540 000	22 500	12 960 000
合 计	985	27 000	3 345 500	124 675	91 270 000

由表 9-3 可知，$n=8$，$\sum x=985$，$\sum y=27\,000$，$\sum xy=3\,345\,500$，$\sum x^2=124\,675$，$\sum y^2=91\,270\,000$，由此计算：

$$\begin{aligned}r&=\frac{n\sum xy-\sum x\sum y}{\sqrt{n\sum x^2-(\sum x)^2}\sqrt{n\sum y^2-(\sum y)^2}}\\&=\frac{8\times 3\,345\,500-985\times 27\,000}{\sqrt{8\times 124\,675-985^2}\sqrt{8\times 91\,270\,000-27\,000^2}}\\&=0.951\,86\end{aligned}$$

相关系数为 0.951 86，说明广告投入费与月平均销售额之间有高度的线性正相关关系。

9.2 回归分析

9.2.1 回归分析的概念

回归分析是在研究现象相关关系的基础上，由自变量和因变量的变动趋势拟合数学模型进行量的推算的一种统计分析方法。其主要内容和步骤：首先，根据理论和对问题的分析判断，以现象之间存在相关关系为前提，将变量分为自变量和因变量；其次，设法找出合适的数学方程式（即回归模型）描述变量间的关系；再次，对拟合的回归方程进行统计检验；最后，统计检验通过后，利用回归模型进行推算和预测。

回归模型有多种形式，按自变量个数分，有一元回归和多元回归。按回归线形状分，有线性回归和非线性回归。其中，线性回归是基本的，本书只介绍一元线性回归，即简单线性回归分析。

9.2.2 相关分析与回归分析的区别与联系

1. 相关分析与回归分析的区别

相关分析与回归分析的区别主要体现在以下 3 个方面。

（1）在相关分析中，变量之间的关系是对等的，变量不存在自变量和因变量的划分问题；而在回归分析中，变量之间的关系是不对等的，对变量必须进行自变量和因变量的划分。

（2）在相关分析中，所有的变量都必须是随机变量；而在回归分析中，自变量是给定的，因变量才是随机的。

（3）在相关分析中，主要是通过计算相关系数来反映变量之间相关程度的大小，由于变量之间是对等的，因此相关系数是唯一确定的；而在回归分析中，对于互为因果的两个变量则有可能存在多个回归方程。

2. 相关分析与回归分析的联系

（1）相关分析是回归分析的基础和前提。回归分析则需要依靠相关分析来表现变量之间数量变化的相关程度。只有当变量之间存在高度相关时，进行回归分析寻求其相关的具体形式才有意义。相关分析需要依靠回归分析来表现变量之间数量相关的具体形式，而如果在没有对变量之间是否相关，以及相关方向和程度做出正确判断之前，就进行回归分析，很容易造成"虚假回归"。

（2）回归分析是相关分析的深入和继续。相关分析只研究变量之间相关的方向和程度，不能推断变量之间相互关系的具体形式，也无法从一个变量的变化来推测另一个变量的变化情况，而通过回归分析，才可以进行深入的分析和预测，相关分析才能更有意义。因此，在具体应用过程中，只有把相关分析和回归分析结合起来，才能达到统计研究和分析的目的。

9.2.3 一元线性回归模型

一元线性回归模型又称简单直线回归模型，是分析两个变量之间相互关系的数学方程式，即一个自变量 x 与一个因变量 y 之间线性关系的数学方程。方程的基本形式为

$$y_c = a + bx \tag{9-3}$$

式中：y_c——因变量 y 的估计值；

x——自变量；

a、b——回归模型中的两个待定参数。

a、b 是需要根据相关表中的 x 和 y 的实际资料求解的数值。a 为直线的截距，作为因变量的经济现象的起点值；b 为直线的斜率，也称回归系数，表示自变量 x 每变动一个单位时，因变量 y 的平均变动量。a、b 的值确定了直线的位置，a、b 一旦确定，这条直线就被唯一确定了。但用于描述这 n 组数据的直线有很多条，究竟用哪条直线来代表两个变量之间的关系，需要一个明确的原则。最好选择距离散布点最近的一条直线来代表 x 与 y 之间的关系。根据这一思想，a、b 的求解方法通常是采用最小平方法，即使实际数值 y 同这条直线上的理论值 y_c 的离差平方和为最小值。其中 a、b 的计算公式为

$$b = \frac{n\sum xy - \sum x \sum y}{n\sum x^2 - (\sum x)^2} \tag{9-4}$$

$$a = \frac{\sum y}{n} - b\frac{\sum x}{n} = \bar{y} - b\bar{x} \tag{9-5}$$

当 a、b 求出后，一元线性回归方程 $y_c = a + bx$ 便可确定了。

【例 9-4】 根据某公司广告费用支出与销售量的数据资料进行回归分析。

根据制造费用对产量之间的数量关系建立回归方程为 $y_c = a + bx$，x 为销售量，y 为广告费用支出，计算结果见表 9-4。

表 9-4 回归分析计算表

年 度	广告费支出 x/万元	销售量 y/吨	xy	x^2
2004	100	3 250	325 000	10 000
2005	105	3 300	346 500	11 025
2006	90	3 150	283 500	8 100
2007	125	3 350	418 750	15 625
2008	135	3 450	465 750	18 225
2009	140	3 500	490 000	19 600
2010	140	3 400	476 000	19 600
2011	150	3 600	540 000	22 500
合 计	985	27 000	3 345 500	124 675

利用表 9-4 中的数据和公式（9-4）、公式（9-5）计算：

$$b = \frac{n\sum xy - \sum x \sum y}{n\sum x^2 - (\sum x)^2} = \frac{8 \times 3\,345\,500 - 985 \times 27\,000}{8 \times 124\,675 - (985)^2} = 6.22$$

$$a = \frac{\sum y - b\sum x}{n} = \frac{27\,000 - 6.22 \times 985}{8} = 2\,609.16$$

由此得出广告费用支出与销售量的回归方程 $y = 2\,609.16 + 6.22x$。

根据回归方程，可以进行推算和预测。例如，该公司 2012 年预计广告费支出 155 万元，将 a、b 带入公式，得出结果，即 2012 年的产品预测销售量为

$$y_c = a + bx = 2\,609.16 + 6.22x = (2\,609.16 + 6.22 \times 155) \text{吨} = 3\,573.26 \text{吨}$$

【知识拓展】

回归分析预测法是在分析市场现象自变量和因变量之间相关关系的基础上，建立变量之间的回归方程，并将回归方程作为预测模型，根据自变量在预测期的数量变化来预测因变量关系大多表现为相关关系，因此，回归分析预测法是一种重要的市场预测方法，当对市场现象未来发展状况和水平进行预测时，如果能将影响市场预测对象的主要因素找到，并且能够取得其数量资料，就可以采用回归分析预测法进行预测。它是一种具体的、行之有效的、实用价值很高的常用市场预测方法。

9.2.4 估计标准误差

回归方程的一个重要作用在于根据自变量的已知值估计因变量的理论值（估计值）。而理论值 y_c 与对应的实际观察值 y 存在着差距，如果差距小，说明推算结果的准确性高；反之，则低。统计上，一般是通过计算"估计标准误差"指标来反映回归方程的代表性的。因此通过计算估计标准误差来度量 y 的实际水平和估计值离差的一般水平。

1. 估计标准误差的计算

估计标准误差是理论值 y_c 与对应的实际观察值 y 的平均离差。它是衡量回归直线代表性大小的统计分析指标，说明观察值围绕着回归直线的变化程度或分散程度。若估计标准误差大，说明回归方程的代表性小，用它进行回归预测的准确性低；若估计标准误差小，则说明回归方程的准确性高，代表性大。

通常用 S_e 代表估计标准误差，其计算公式为

$$S_e = \sqrt{\frac{\sum(y-y_c)^2}{n-2}} \tag{9-6}$$

【例 9-5】 根据广告费与销售量的相关资料估计平均误差，结果见表 9-5。

表 9-5 估计平均误差计算表

年 度	广告费支出 x/万元	销售量 y/吨	y_c	$y-y_c$	$(y-y_c)^2$
2004	100	3 250	3 231.16	18.84	354.945 6
2005	105	3 300	3 262.26	37.74	1 424.307 6
2006	90	3 150	3 168.96	−18.96	359.481 6
2007	125	3 350	3 386.66	−36.66	1 343.955 6
2008	135	3 450	3 448.86	1.14	1.299 6
2009	140	3 500	3 479.96	20.04	401.601 6
2010	140	3 400	3 479.96	−79.96	6 393.601 6
2011	150	3 600	3 542.16	57.84	3 345.465 6
合 计	985	27 000	—	—	13 624.658 8

将计算表的有关资料代入公式（9-6）得

$$S_e = \sqrt{\frac{\sum(y-y_c)^2}{n-2}} = \sqrt{\frac{13\,624.658\,8}{6}} = 47.652\,7$$

结果表明估计标准误差是 47.652 7。

2. 回归估计标准差与一般标准差

回归估计标准差与第 5 章介绍的标准差的计算原理是一致的，两者都是反映平均差异程度和表明代表性的指标。一般标准差反映的是各变量值与其平均数的平均差异程度，表明其平均数对各变量值的代表性强弱；回归标准误差反映的是因变量各实际值与其估计值之间的平均差异程度，表明其估计值对各实际值的代表性强弱，其值越小，估计值 y_c（或回归方程）的代表性越强，用回归方程估计或预测的结果越准确。上述的计算结果 47.652 7 表明实际销售量与估计的销售量之间的平均误差是 47.652 7 吨。

9.3 Excel 在相关与回归分析中的应用

在 Excel 中，可以采用常规方法即采用公式和一般函数计算。针对相关分析和回归分析，Excel 提供了方便快捷的工具和统计函数以便于统计分析者进行相关与回归分析。

9.3.1 应用 Excel 进行相关分析

1. 相关图的绘制

【例 9-6】 根据广告费与销售量的相关资料建立 Excel 工作表，如图 9.2 所示。

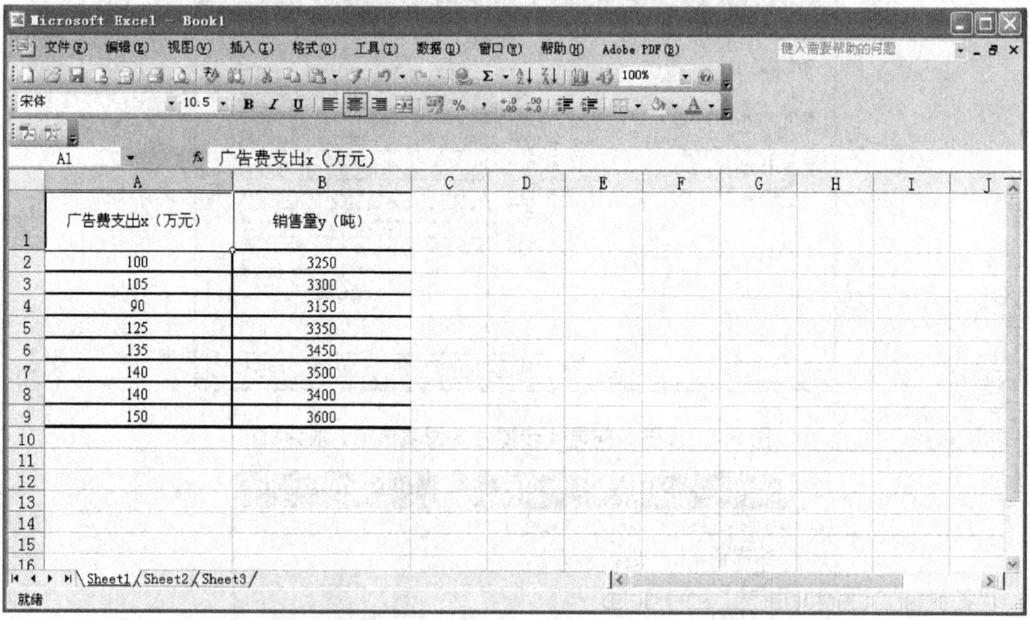

广告费支出x（万元）	销售量y（吨）
100	3250
105	3300
90	3150
125	3350
135	3450
140	3500
140	3400
150	3600

图 9.2　Excel 数据表

制作相关图的步骤如下。

第一步：选择区域 A1：B9。

第二步：单击【插入】菜单，选择【图表】选项，弹出【图表向导-4 步骤之 1-图表类型】对话框，在【图表类型】列表框中选择【XY 散点图】，如图 9.3 所示。

图 9.3　【图表类型】列表框

第三步：在【子图表类型】中选择第一种散点图，并单击【下一步】按钮，弹出如图 9.4 所示的对话框，可以对散点图进行设置。设置完全后单击【下一步】按钮，弹出如图 9.5 所示的对话框，在此确定输出位置。

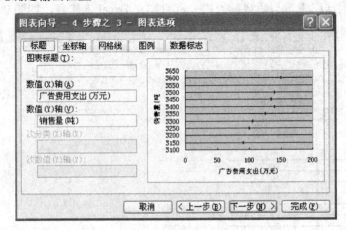

图 9.4 【图表向导-4 步骤之 3-图表选项】对话框

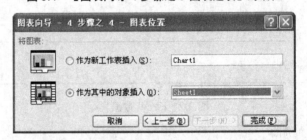

图 9.5 【图表向导-4 步骤之 4-图表位置】对话框

第四步：点击【完成】按钮，并对图形进行修饰编辑，获得需要的散点图如图 9.6 所示。

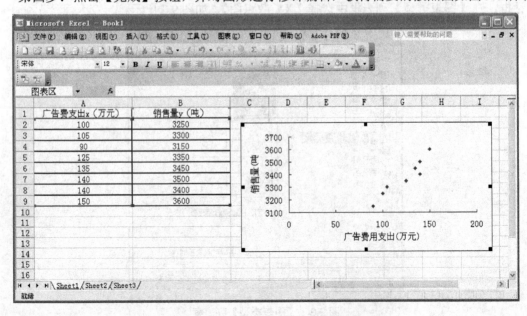

图 9.6 广告费用支出与销售量的散点图

2. 相关系数

在 Excel 中，测定相关系数有两种方法：函数法和相关系数工具。

【例 9-7】 根据广告费用支出与销售量之间的数据分别采用相关系数函数与相关系数工具进行二者之间的相关分析。

1）用函数求相关系数

在 Excel 中，函数是计算两个变量之间相关系数的 CORREL 函数。采用此函数计算相关系数的数据资料及计算结果如图 9.7 所示。

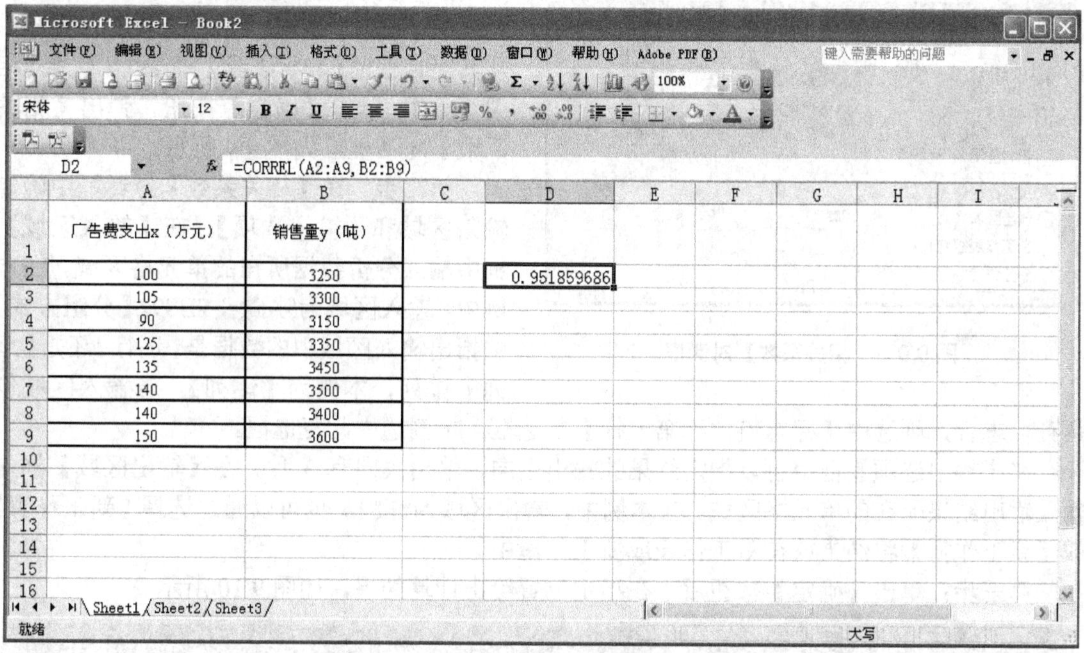

图 9.7 利用 CORREL 函数计算相关系数

第一步：单击任意一个空白单元格，本例中选定的单元格为 D2，单击【插入】菜单，选择【函数】选项，弹出【插入函数】对话框，在【选择类别】列表框中选择【统计】，在【选择函数】列表框中选择【CORREL】，单击【确定】按钮，弹出【函数参数】对话框，如图 9.8 所示。

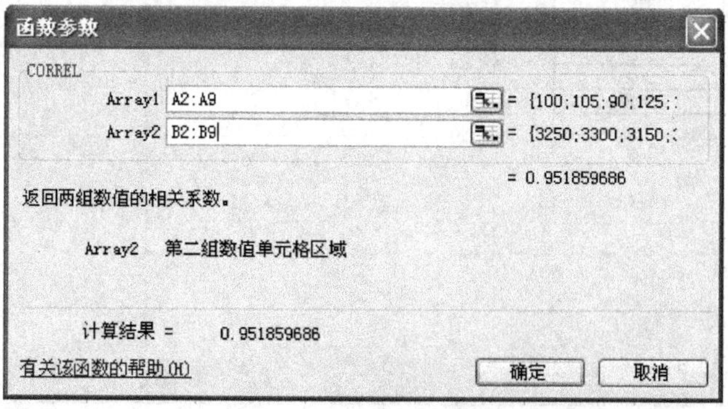

图 9.8 【函数参数】对话框

第二步：在【函数参数】对话框中的【Array1】和【Array2】框中分别输入用于计算相关系数的两组数据所在的单元格区域。本例中，在【Array1】中输入"A2：A9"，在【Array2】中输入"B2：B9"，即可在对话框下方显示出计算结果为"0.951859686"。

第三步：单击【确定】按钮，即可在选定的空白单元格显示出相关系数。本例在 D4 单元格显示相关系数。

2）相关系数工具

采用相关系数工具计算相关系数的操作步骤如下。

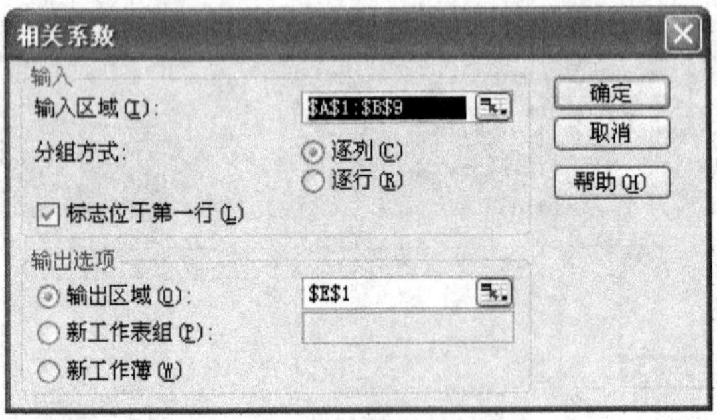

第一步：单击【工具】菜单，选择【数据分析】选项，弹出【数据分析】对话框，从其对话框的【分析工具】列表框中选择【相关系数】，单击【确定】按钮，弹出【相关系数】对话框，如图 9.9 所示。

第二步：在【相关系数】对话框中确定输入区域和【输出选项】。在【输入区域】框中输入分析数据所在的单元格区域。在本例中，输入区域为$A$1：$B$9。【分组方式】中指出输入区域中的数据是【逐行】还是【逐列】排列，本例为【逐列】。若输入区域包括列标志行，则选中【标志值位于第一行】复选框，本例选中此复选框。

在【输出选项】框中可以指定结果的输出去向，输出去向有 3 种。在【输出区域】框中输入输出结果所在的单元格区域。在本例中，输出区域为$E$1。也可以通过选择【新工作表】或【新工作簿】将结果放在新工作表或新工作簿中。

第三步：单击【确定】按钮后，在指定位置给出计算结果，如图 9.10 所示。

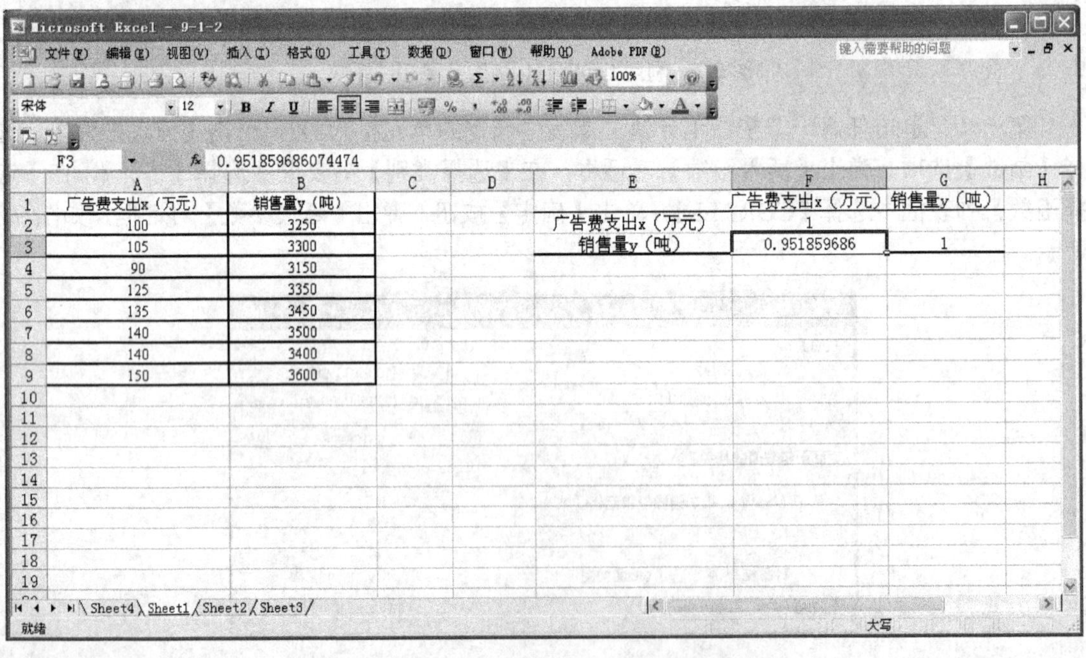

图 9.9 【相关系数】对话框

图 9.10 利用相关系数工具计算相关系数的结果

在图 9.10 的输出结果中，广告费用支出与销售量的自相关系数均为"1"，广告费用支出与销售量的相关系数为"0.951 86"，与用函数计算的结果完全相同。

9.3.2 应用 Excel 进行回归分析

通过相关分析，我们观察到变量之间存在的相关关系及紧密程度，如果想进一步确定它们之间的数量变化关系，就要借助于回归分析。以下通过一个线性回归实例来说明在 Excel 中利用回归分析工具进行回归分析的操作方法。

【例 9-8】 根据例 9-7 中的广告费用支出与销售量的资料利用 Excel 软件进行回归分析。采用相关系数工具计算相关系数的操作步骤如下。

第一步：单击【工具】菜单，选择【数据分析】选项，弹出【数据分析】对话框，从其对话框的【分析工具】列表框中选择【回归】，单击【确定】按钮，弹出【回归】对话框。

第二步：在【回归】对话框中确定输入区域和输出区域，如图 9.11 所示。

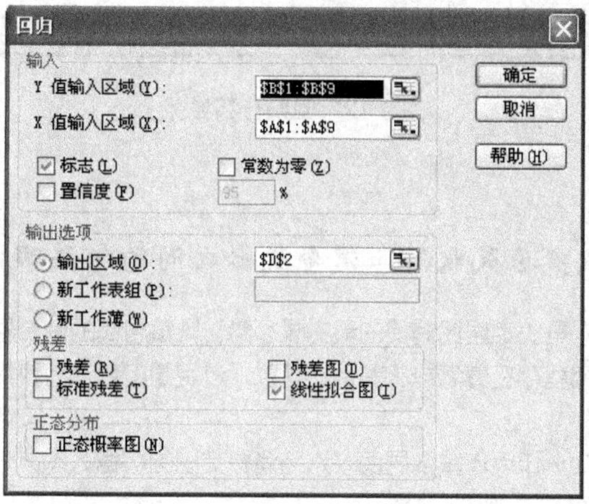

图 9.11 【回归】对话框

（1）确定输入区域。在【Y 值输入区域】框中输入因变量数据所在的单元格区域。本例中，输入区域为$B$1：$B$9。在【X 值输入区域】框中输入自变量数据所在的单元格区域。本例中，输入区域为$A$1：$A$9。

【输入】选项中其他复选框说明：如果有标志，则选中【标志】复选框；若要求回归直线通过原点，则选中【常数为零】复选框；若要求输出置信度，则选中【置信度】复选框。

（2）确定输出选项。在【输出选项】框中可以指定结果的输出去向，输出去向也有 3 种。在【输出区域】框中输入输出结果所在的单元格区域的左上角的单元格的行列号。在本例中，输出区域为$D$2。也可以通过选择【新工作表】或【新工作簿】将结果放在新工作表或新工作簿中。

输出选项中其他复选框说明：若要求输出残差表、标准残差、残差图、线性拟合图和正态概率图，则选中相应的复选框。本例中选中【线形拟合图】复选框。

第三步：单击【确定】按钮后，在指定位置给出计算结果，如图 9.12 所示：

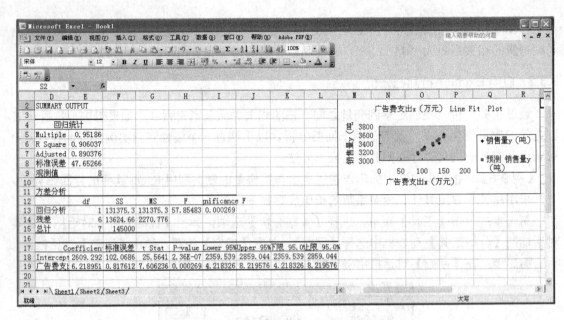

图 9.12 回归分析结果

🌐【统计实例】

我国城乡居民收入与消费支出之间的相关回归分析

在市场经济条件下,收入是决定居民消费的最主要因素,城镇居民的消费性支出与其收入之间有着内在的联系。但是这些变量之间究竟存在着怎样的关系,可以通过定量的统计分析揭示它们之间的关系,为经济决策提供科学的依据。

表 9-6 是我国 1990—2011 年历年城乡居民收入与消费支出的数据。

表 9-6　我国 1990—2011 年城乡居民收入与消费支出

年 份	城镇居民人均可支配收入/元	城镇居民家庭		农民人均纯收入/元	农村居民家庭	
		人均生活消费支出/元	恩格尔系数		人均生活消费支出/元	恩格尔系数
1990	1 510	1 279	54.2%	686	585	58.8%
1991	1 701	1 454	53.8%	709	620	57.6%
1992	2 027	1 672	53.0%	784	659	57.6%
1993	2 577	2 111	50.3%	922	770	58.1%
1994	3 496	2 851	50.0%	1 221	1 017	58.9%
1995	4 283	3 538	51.0%	1 578	1 310	58.6%
1996	4 839	3 919	48.8%	1 926	1 572	56.3%
1997	5 160	4 186	46.6%	2 090	1 617	55.1%
1998	5 425	4 332	44.7%	2 162	1 590	53.4%
1999	5 854	4 616	42.1%	2 210	1 577	52.6%
2000	6 280	4 998	39.4%	2 253	1 670	49.1%
2001	6 860	5 309	38.2%	2 366	1 741	47.7%
2002	7 703	6 030	37.7%	2 476	1 834	46.2%
2003	8 472	6 511	37.1%	2 622	1 943	45.6%

续表

年份	城镇居民人均可支配收入/元	城镇居民家庭		农民人均纯收入/元	农村居民家庭	
		人均生活消费支出/元	恩格尔系数		人均生活消费支出/元	恩格尔系数
2004	9 422	7 182	37.7%	2 936	2 185	47.2%
2005	10 493	7 943	36.7%	3 255	2 555	45.5%
2006	11 759	8 697	35.8%	3 587	2 829	43.0%
2007	13 786	9 997	36.3%	4 140	3 224	43.1%
2008	15 781	11 243	37.9%	4 761	3 661	43.7%
2009	17 175	11 265	36.5%	5 153	3 993	41.0%
2010	19 109	13 471	35.7%	5 919	4 382	41.1%
2011	21 810	15 161	36.3%	6 977	5 221	40.4%

通过绘制散点图及计算相关系数来判断收入与支出之间的变量之间是否存在关系形态及其强度。利用专门的统计软件建立了城镇居民人均可支配收入与城镇居民人均生活消费支出之间的散点图、城镇居民人均可支配收入与城镇居民恩格尔系数的散点图,如图 9.13 和图 9.14 所示。

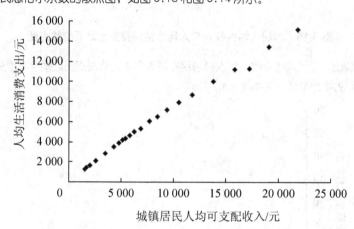

图 9.13 城镇居民人均可支配收入与人均生活消费支出及恩格尔系数的散点图

从图 9.13 可以看出,城镇居民人均可支配收入与城镇居民人均生活消费支出之间存在很强的正的相关关系。进一步计算出相关系数为 0.997 7,为高度相关。

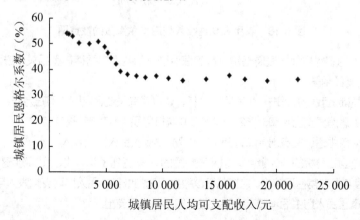

图 9.14 城镇居民人均可支配收入与恩格尔系数的散点图

城镇居民人均可支配收入与城镇居民恩格尔系数的散点图显示两者之间存在负相关,进而计算出相关系数为 -0.805 1,可以判断也是高度相关。

此外,还建立了农民人均纯收入与农村居民家庭人均生活消费支出之间的散点图、农民人均纯收入与农村居民家庭恩格尔系数的散点图,如图 9.15 和图 9.16 所示。

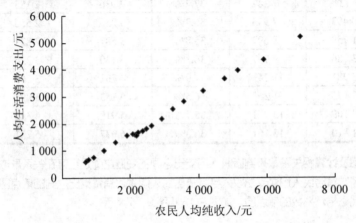

图 9.15 农民人均纯收入与人均生活消费支出之间的散点图

从图 9.15 可以看出,农民人均纯收入与农村居民家庭人均生活消费支出之间存在很强的正的相关关系。进一步计算出相关系数为 0.998 5,为高度正相关。

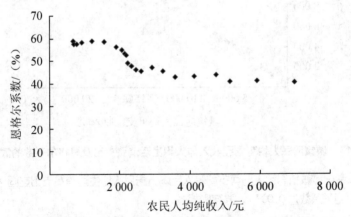

图 9.16 农民人均纯收入与恩格尔系数的散点图

农民人均纯收入与农村居民家庭恩格尔系数的散点图显示两者之间存在负相关,进而计算出相关系数为 -0.893 3,为高度负相关。

在相关分析的基础上我们进行进一步的回归分析,建立了有关变量之间的回归方程:

城镇居民人均生活消费支出 = 598.562 7 + 0.671 6 城镇居民人均可支配收入

农村居民家庭人均生活消费支出 = 62.185 15 + 0.744 026 农民人均纯收入

这两个模型通过回归分析的统计量 r^2,以及调整后的 r^2 都达到了 0.99 以上,说明这两个模型的拟合程度非常高,模型的建立是非常合理的中,这样就可以根据已知的城镇居民人均可支配收入与农民人均纯收入,来估计或预测出城镇居民人均生活消费支出与农民人均生活消费支出。

知识框架

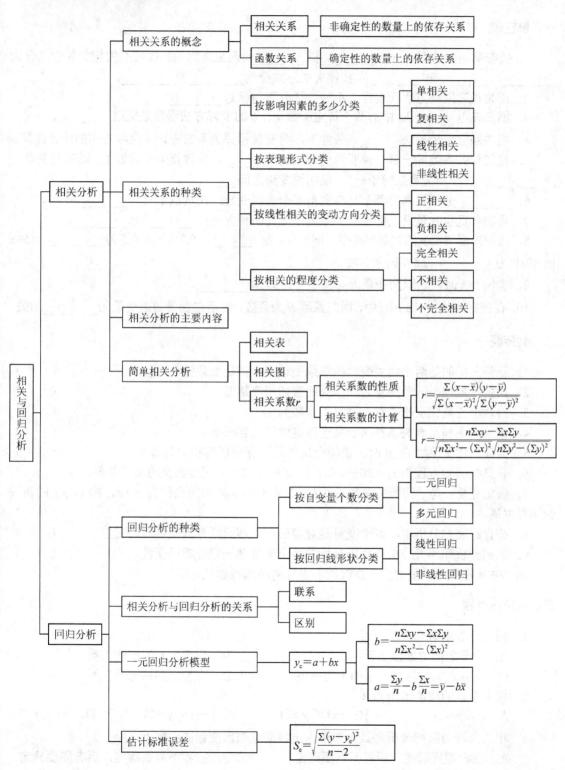

一、填空题

1. 按影响因素的多少分为_____和_____；现象之间的相关关系按相关的程度分为_____、_____和_____；按相关的形式分为_____和_____。
2. 用来说明回归方程代表性大小的统计分析指标是_____。
3. 回归模型 $y_c=a+bx$ 中的两个待定参数 a、b 的求解方法通常是采用_____。
4. 相关系数用于反映_____条件下，两变量相关关系的密切程度和方向的统计指标。
5. 直线相关系数等于零，说明两变量之间_____；直线相关系数等1，说明两变量之间_____；直线相关系数等于-1，说明两变量之间_____。
6. _____分析要确定哪个是自变量哪个是因变量，在这点上它与_____不同。
7. 事物和现象在数量上的依存关系可以分为两种关系：_____和_____。
8. 在相关密切程度的判断标准中，$|r|<0.3$ 为_____，$0.3\leqslant|r|<0.5$ 为_____，$0.5\leqslant|r|<0.8$ 为_____，$0.8\leqslant|r|<1$ 为_____。
9. 当 $|r|=1$ 时，表示两变量为_____，即为_____。
10. 在回归直线 $y_c=a+bx$ 中，回归系数 b 为负数，表示自变量与因变量为_____相关。

二、判断题

1. 正相关指的是两个相关变量的数量变动方向都是上升的。（   ）
2. 相关系数越小，两变量之间相关的密切程度越低。（   ）
3. 当两个变量完全相关时，则相关系数为1。（   ）
4. 相关关系和函数关系都属于完全确定性的依存关系。（   ）
5. 当直线相关系数 $r=0$ 时，说明变量之间不存在任何相关关系。（   ）
6. 若直线回归方程为 $y_c=80-9.6x$，则变量 x 与 y 之间存在负的相关关系。（   ）
7. 假定变量 x 与 y 的相关系数是 0.7，变量 m 与 n 的相关系数为 -0.8，则 x 与 y 的相关密切程度高。（   ）
8. 在直线回归分析中，两个变量是对等的，不需要区分因变量和自变量。（   ）
9. 回归分析和相关分析一样所分析的两个变量都一定是随机变量。（   ）
10. 估计标准误差值越大，直线回归方程的精确性越低。（   ）

三、单项选择题

1. 相关分析是研究（   ）。
   A．变量之间的数量关系   B．变量之间的变动关系
   C．变量之间的相互关系的密切程度   D．变量之间的因果关系
2. 相关系数的取值范围是（   ）。
   A．$0\leqslant\gamma\leqslant1$ B．$-1\leqslant\gamma\leqslant1$ C．$-1<\gamma<1$ D．$-1\leqslant\gamma\leqslant0$
3. 相关分析与回归分析在是否需要确定自变量与因变量的问题上（   ）。
   A．前者需要确定，后者不需要确定   B．前者不需要确定，后者需要确定
   C．两者均需要确定   D．两者均不需要

4. 如果相关系数 $r=-0.9068$，说明两个变量之间（　　）。
   A. 高度相关　　　　B. 不完全相关　　　　C. 完全相关　　　　D. 显著相关
5. 下面现象间的关系属于相关关系的是（　　）。
   A. 圆的周长和它的半径之间的关系
   B. 价格不变条件下，商品销售额与销售量之间的关系
   C. 家庭收入愈多，其消费支出也有增长的趋势
   D. 正方形面积和它的边长之间的关系
6. 回归系数和相关系数的符号是一致的，其符号均可用来判断现象（　　）。
   A. 线性相关还是非线性相关　　　　　　B. 正相关还是负相关
   C. 完全相关还是不完全相关　　　　　　D. 单相关还是复相关
7. 单位成本（元）依产量（千件）变动的回归方程为 $y_c=77.37-1.82x$，这意味着（　　）。
   A. 产量每增加 1 千件，单位成本增加 75.52 元
   B. 产量每增加 1 千件，单位成本减少 1.82 千元
   C. 产量每增加 1 千件，单位成本减少 1.82 元
   D. 如果产量增加 1 千件，则单位成本为 77.37 元
8. 估计标准误差说明回归直线的代表性，因此（　　）。
   A. 估计标准误差越大，说明回归直线的代表性越大
   B. 估计标准误差越小，说明回归直线的代表性越小
   C. 估计标准误差越大，说明回归直线的代表性越小
   D. 估计标准误差越小，说明回归直线的实用价值小
9. 当所有观察值 y 都落在回归直线 $y_c=a+bx$ 上，则 x 与 y 之间的相关系数（　　）。
   A. $r=1$　　　　B. $r=1$ 或 $r=-1$　　　　C. $-1<r<0$　　　　D. $0<r<1$
10. 在回归直线 $y_c=a+bx$ 中，b 表示（　　）。
    A. 当 x 增加一个单位，y 增加 a 的数量
    B. 当 y 增加一个单位时，x 增加 b 的数量
    C. 当 x 增加一个单位时，y 的均增加量
    D. 当 y 增加一个单位时，x 的平均增加量
11. 当相关系数 $r=0$ 时，表明（　　）。
    A. 现象之间完全无关　　　　　　　　B. 相关程度较小
    C. 现象之间完全相关　　　　　　　　D. 无直线相关关系
12. 估计标准误差是反映（　　）。
    A. 平均数代表性的指标　　　　　　　B. 相关关系的指标
    C. 序时平均数代表性指标　　　　　　D. 回归直线的代表性指标
13. 现象之间相互依存关系的程度越高，则相关系数值（　　）。
    A. 越接近于 ∞　　　　　　　　　B. 越接近于 -1
    C. 越接近于 1　　　　　　　　　　　D. 越接近于 -1 或 1
14. 已知变量 x 与 y 之间存在着负相关，下列回归方程中肯定错误的是（　　）。
    A. $y_c=-10-0.8x$　　　　　　　　B. $y_c=100-1.5x$
    C. $y_c=-150+0.9x$　　　　　　　D. $y_c=25-0.7x$

15. 下列现象的相关密切程度最高的是（　　）。
    A. 商品销售额与流通费用水平的相关系数为-0.83
    B. 流通费用水平与利润率之间的相关关系为-0.95
    C. 商品销售额与利润率之间的相关系数为 0.57
    D. 某商店的职工人数与商品销售额之间的相关系数 0.90

四、多项选择题

1. 下列属于正相关的现象是（　　）。
    A. 家庭收入越多，其消费支出也越多
    B. 某产品产量随工人劳动生产率的提高而增加
    C. 流通费用率随商品销售额的增加而减少
    D. 生产单位产品所耗工时随劳动生产率的提高而减少
    E. 产品产量随生产用固定资产价值的减少而减少
2. 销售额与流通费用率，在一定条件下存在相关关系，这种相关关系属于（　　）。
    A. 正相关　　　　B. 单相关　　　　C. 负相关
    D. 复相关　　　　E. 完全相关
3. 在直线相关和回归分析中（　　）。
    A. 据同一资料，相关系数只能计算一个
    B. 据同一资料，相关系数可以计算两个
    C. 据同一资料，回归方程只能配合一个
    D. 据同一资料，回归方程随自变量与因变量的确定不同，可能配合两个
    E. 回归方程和相关系数均与自变量和因变量的确定无关
4. 单位成本（元）依产量（千件）变化的回归方程为 $y_c=78-2x$，这表示（　　）。
    A. 产量为 1 千件时，单位成本为 76 元
    B. 产量为 1 千件时，单位成本为 78 元
    C. 产量每增加 1 千件时，单位成本下降 2 元
    D. 产量每增加 1 千件时，单位成本下降 78 元
    E. 当单位成本为 72 元时，产量为 3 千件
5. 直线回归方程 $y_c=a+bx$ 中的 b 称为回归系数，回归系数的作用是（　　）。
    A. 可确定两变量之间因果的数量关系
    B. 可确定两变量的相关方向
    C. 可确定两变量的实际值与估计值的变异程度
    D. 可确定两变量相关的密切程度
    E. 可确定当自变量的增加一个单位时，因变量的平均增加值
6. 相关关系与函数关系各有不同特点，主要表现在（　　）。
    A. 相关关系是一种不严格的相互依存关系
    B. 函数关系可以用一个数学表达式精确表达
    C. 函数关系中各现象均为确定性现象
    D. 相关关系是现象之间仍可以通过大量观察法来寻求其变化规律
    E. 相关关系是现象之间具有随机因素影响的依存关系

7. 从变量之间相互关系的方向看，相关关系可分为（　　）。
   A. 正相关　　　　　　B. 负相关　　　　　　C. 直线相关
   D. 曲线相关　　　　　E. 不相关和完全相关
8. 相关系数表明两个变量之间的（　　）。
   A. 线性关系　　　　　B. 因果关系　　　　　C. 变异程度
   D. 相关方向　　　　　E. 相关的密切程度
9. 当两个现象完全相关时，下列统计指标值可能为（　　）。
   A. $r=1$　　　　　　B. $r=0$　　　　　　C. $r=-1$
   D. $S_e=0$　　　　　E. $S_e=1$
10. 相关系数与回归系数的关系是（　　）。
    A. 回归系数大于零则相关系数大于零　　B. 回归系数小于零则相关系数小于零
    C. 回归系数大于零则相关系数小于零　　D. 回归系数小于零则相关系数大于零
    E. 回归系数等于零则相关系数等于零
11. 在回归分析中，确定直线回归方程的两个变量必须是（　　）。
    A. 一个自变量，一个因变量　　　　　　B. 均为随机变量
    C. 对等关系　　　　　　　　　　　　　D. 一个是随机变量，一个是可控变量
    E. 不对等关系
12. 对于一元线性回归分析来说（　　）。
    A. 两变量之间必须明确哪个是自变量，哪个是因变量
    B. 回归方程是据以利用自变量的给定值来估计和预测因变量的平均可能值
    C. 可能存在着 y 依 x 和 x 依 y 的两个回归方程
    D. 回归系数只有正号
    E. 确定回归方程时，尽管两个变量也都是随机的，但要求自变量是给定的
13. 判定现象之间有无相关关系的方法是（　　）。
    A. 编制相关表　　　　　　　　　　　　B. 绘制相关图
    C. 计算估计标准误差　　　　　　　　　D. 计算相关系数
    E. 对现象作定性分析
14. 相关分析特点有（　　）。
    A. 两变量不是对等的　　　　　　　　　B. 两变量只能算出一个相关系数
    C. 相关系数有正负号　　　　　　　　　D. 两变量都是随机的
    E. 相关系数的绝对值介于 0 和 1 之间
15. 确定直线回归方程必须满足的条件是（　　）。
    A. 现象间确实存在数量上的相互依存关系
    B. 相关系数 r 必须等于 1
    C. 相关现象必须均属于随机现象
    D. 现象间存在着较密切的直线相关关系
    E. 相关数列的项数必须足够多

五、简答题

1. 相关关系和函数关系有何联系与区别？
2. 相关分析和回归分析有何区别和联系？

3．相关分析的主要内容有哪些？
4．在直线回归方程中，参数 a 和 b 的几何意义和经济意义是什么？
5．什么是估计标准误差？其作用如何？

六、技能实训

1．从某市抽查 10 家百货商店得到销售额和利润率的资料见表 9-7。

表 9-7　某市 10 家百货商店的销售额和利润率

商店编号	每人月平均销售额/元	利润率
1	6 000	12.6%
2	5 000	10.4%
3	8 000	18.5%
4	1 000	3.0%
5	4 000	8.1%
6	7 000	16.3%
7	6 000	12.3%
8	3 000	6.2%
9	3 000	6.6%
10	7 000	16.8%

要求：

（1）应用 Excel 编制每人平均月销售额与利润率的相关表并绘制相关图，分析相关状态和类型。

（2）应用 Excel 计算每人月平均销售额与利润率的简单相关系数，并分析每人平均月销售额与利润率的相关方向与程度。

（3）推断利润率对每人月平均销售额的回归直线方程，并分析其参数的经济意义。

（4）若某商店每人月平均销售额为 2 000 元，试估计其利润率。

（5）计算估计标准误差，并分析方程的代表性。

2．某企业上半年产品产量与单位成本资料见表 9-8。

表 9-8　某企业上半年产品产量与单位成本

月　份	产量/件	单位成本/元
1	2 000	73
2	3 000	72
3	4 000	71
4	3 000	73
5	4 000	69
6	5 000	68

要求：

（1）利用公式计算产量与成本之间的相关系数，说明两个变量相关的密切程度。

（2）利用最小平方法配合一元直线回归方程，采用公式计算待定参数，指出产量每增加 1 000 件时，单位成本平均变动多少。

（3）假定产量为 6 000 件时，推算单位成本为多少元。

3. 对某学校某班大一女生的体重与肺活量进行调查，获取的相应数据资料见表 9-9。

表 9-9　某学校某班大一女生的体重与肺活量

体重/千克	肺活量/升
42	2.55
42	2.20
46	2.75
46	2.40
46	2.80
50	2.81
50	3.41
50	3.10
52	3.46
52	2.85
58	3.80
58	3.00

要求：
（1）利用 Excel 软件计算体重与肺活量之间的相关系数，分析两者之间的相关程度。
（2）利用 Excel 软件配合体重与肺活量的直线回归方程。

4. 某公司科研经费支出与公司利润资料见表 9-10。

表 9-10　某公司科研经费支出与公司利润

科研支出/万元	利润/万元
5	31
11	40
4	30
5	34
3	25
2	20

要求：
（1）计算科研经费支出与公司利润之间相关系数。
（2）确定利润 y 依科研经费支出 x 的直线回归方程。
（3）当科研经费支出为 120 万元时，利润估计为多少？
（4）当利润为 380 万元时，科研经费支出大概是多少？
（5）计算估计标准误差。

5. 某公司所属 8 个企业的产品销售资料见下表 9-11。

表 9-11　某公司所属 8 个企业的产品销售资料

企业编号	产品销售额/万元	销售利润/万元
1	170	8.1
2	220	12.5
3	390	18.0

续表

企业编号	产品销售额/万元	销售利润/万元
4	430	22.0
5	480	26.5
6	650	40.0
7	950	64.0
8	1 000	69.0

要求：

（1）应用 Excel 计算产品销售额与利润额之间的相关系数。

（2）应用 Excel 确定利润额对产品销售额的直线回归方程。

6．某公司制造一种零件，每月根据市场需求批量生产一次，在相似的生产条件下，最近 10 次的生产批量与耗用量见表 9-12。

表 9-12　某公司最近 10 次的生产批量与耗用量

序　号	生产批量/件	耗用工时/小时
1	30	73
2	20	50
3	60	128
4	80	170
5	40	87
6	50	108
7	60	135
8	30	69
9	70	148
10	60	132

要求：

（1）编制生产批量与耗用工时的相关表、绘制相关图，并分析相关状态和类型。

（2）计算生产批量与耗用工时的简单相关系数，并分析相关方向与程度。

（3）推断耗用工时对生产批量的回归直线方程，并分析其参数的经济意义。

（4）若下一次的生产批量是 75 件，试估计其耗用工时。

（5）计算估计标准误差，并分析方程的代表性。

7．根据统计调查与统计整理的技能实训所设计的技能实训进行深入统计分析，可以利用本章学习的相关分析和回归分析，分析调查现象之间的相关关系，建立有关现象之间的回归方程，对现象的发展进行预测和估计。

附表1 正态分布概率表

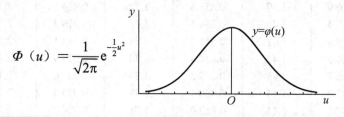

$$\Phi(u) = \frac{1}{\sqrt{2\pi}} e^{-\frac{1}{2}u^2}$$

t	F(t)	t	F(t)	t	F(t)	t	F(t)
0.00	0.000 0	0.23	0.181 9	0.46	0.354 5	0.69	0.509 8
0.01	0.008 0	0.24	0.189 7	0.47	0.361 6	0.70	0.516 1
0.02	0.016 0	0.25	0.197 4	0.48	0.368 8	0.71	0.522 3
0.03	0.023 9	0.26	0.205 1	0.49	0.375 9	0.72	0.528 5
0.04	0.031 9	0.27	0.212 8	0.50	0.382 9	0.73	0.534 6
0.05	0.039 9	0.28	0.220 5	0.51	0.389 9	0.74	0.540 7
0.06	0.047 8	0.29	0.228 2	0.52	0.396 9	0.75	0.546 7
0.07	0.055 8	0.30	0.235 8	0.53	0.403 9	0.76	0.552 7
0.08	0.063 8	0.31	0.243 4	0.54	0.410 8	0.77	0.558 7
0.09	0.071 7	0.32	0.251 0	0.55	0.417 7	0.78	0.564 6
0.10	0.079 7	0.33	0.258 6	0.56	0.424 5	0.79	0.570 5
0.11	0.087 6	0.34	0.266 1	0.57	0.431 3	0.80	0.576 3
0.12	0.095 5	0.35	0.273 7	0.58	0.438 1	0.81	0.582 1
0.13	0.103 4	0.36	0.281 2	0.59	0.444 8	0.82	0.587 8
0.14	0.111 3	0.37	0.288 6	0.60	0.451 5	0.83	0.593 5
0.15	0.119 2	0.38	0.296 1	0.61	0.458 1	0.84	0.599 1
0.16	0.127 1	0.39	0.303 5	0.62	0.464 7	0.85	0.604 7
0.17	0.135 0	0.40	0.310 8	0.63	0.471 3	0.86	0.610 2
0.18	0.142 8	0.41	0.318 2	0.64	0.477 8	0.87	0.615 7
0.19	0.150 7	0.42	0.325 5	0.65	0.484 3	0.88	0.621 1
0.20	0.158 5	0.43	0.332 8	0.66	0.490 7	0.89	0.626 5
0.21	0.166 3	0.44	0.340 1	0.67	0.497 1	0.90	0.631 9
0.22	0.174 1	0.45	0.347 3	0.68	0.503 5	0.91	0.637 2
0.92	0.642 4	1.25	0.788 7	1.58	0.885 9	1.91	0.943 9
0.93	0.647 6	1.26	0.792 3	1.59	0.888 2	1.92	0.945 1
0.94	0.652 8	1.27	0.795 9	1.60	0.890 4	1.93	0.946 4
0.95	0.657 9	1.28	0.799 5	1.61	0.892 6	1.94	0.947 6
0.96	0.662 9	1.29	0.803 0	1.62	0.894 8	1.95	0.948 8
0.97	0.668 0	1.30	0.806 4	1.63	0.896 9	1.96	0.950 0
0.98	0.672 9	1.31	0.809 8	1.64	0.899 0	1.97	0.951 2
0.99	0.677 8	1.32	0.813 2	1.65	0.901 1	1.98	0.952 3
1.00	0.682 7	1.33	0.816 5	1.66	0.903 1	1.99	0.953 4
1.01	0.687 5	1.34	0.819 8	1.67	0.905 1	2.00	0.954 5
1.02	0.692 3	1.35	0.823 0	1.68	0.907 0	2.02	0.956 6
1.03	0.697 0	1.36	0.826 2	1.69	0.909 9	2.04	0.958 7
1.04	0.701 7	1.37	0.829 3	1.70	0.910 9	2.06	0.960 6

续表

t	F(t)	t	F(t)	t	F(t)	t	F(t)
1.05	0.706 3	1.38	0.832 4	1.71	0.912 7	2.08	0.962 5
1.06	0.710 9	1.39	0.835 5	1.72	0.914 6	2.10	0.964 3
1.07	0.715 4	1.40	0.838 5	1.73	0.916 4	2.12	0.966 0
1.08	0.719 9	1.41	0.841 5	1.74	0.918 1	2.14	0.967 6
1.09	0.724 3	1.42	0.844 4	1.75	0.919 9	2.16	0.969 2
1.10	0.728 7	1.43	0.847 3	1.76	0.921 6	2.18	0.970 7
1.11	0.733 0	1.44	0.850 1	1.77	0.923 3	2.20	0.972 2
1.12	0.737 3	1.45	0.852 9	1.78	0.924 9	2.22	0.973 6
1.13	0.741 5	1.46	0.855 7	1.79	0.926 5	2.24	0.974 9
1.14	0.745 7	1.47	0.858 4	1.80	0.928 1	2.26	0.976 2
1.15	0.749 9	1.48	0.861 1	1.81	0.929 7	2.28	0.977 4
1.16	0.754 0	1.49	0.863 8	1.82	0.931 2	2.30	0.978 6
1.17	0.758 0	1.50	0.866 4	1.83	0.932 8	2.32	0.979 7
1.18	0.762 0	1.51	0.869 0	1.84	0.934 2	2.34	0.980 7
1.19	0.766 0	1.52	0.871 5	1.85	0.935 7	2.36	0.981 7
1.20	0.769 9	1.53	0.874 0	1.86	0.937 1	2.38	0.982 7
1.21	0.773 7	1.54	0.876 4	1.87	0.938 5	2.40	0.983 6
1.22	0.777 5	1.55	0.878 9	1.88	0.939 9	2.42	0.984 5
1.23	0.781 3	1.56	0.881 2	1.89	0.941 2	2.44	0.985 3
1.24	0.785 0	1.57	0.883 6	1.90	0.942 6	2.46	0.986 1
2.48	0.986 9	2.66	0.992 2	2.84	0.995 5	3.20	0.998 6
2.50	0.987 6	2.68	0.992 6	2.86	0.995 8	3.40	0.999 3
9.52	0.988 3	2.70	0.993 1	2.88	0.996 0	3.60	0.999 68
2.54	0.988 9	2.72	0.993 5	2.90	0.996 2	3.80	0.999 86
2.56	0.989 5	2.74	0.993 9	2.92	0.996 5	4.00	0.999 94
2.58	0.990 1	2.76	0.994 2	2.94	0.996 7	4.50	0.999 993
2.60	0.990 7	2.78	0.994 6	2.96	0.996 9	5.00	0.999 999
2.62	0.991 2	2.80	0.994 9	2.98	0.997 1		
2.64	0.991 7	2.82	0.995 2	3.00	0.997 3		

附表2 标准正态分布表

$$\Phi(x)=\int_{-\infty}^{x}\frac{1}{\sqrt{2\pi}}e^{-\frac{t^2}{2}}dt=p(X\leq x)$$

$$\phi(-x)=1-\phi(x)$$

x	0	0.01	0.02	0.03	0.04	0.05	0.06	0.07	0.08	0.09
0	0.5000	0.5040	0.5080	0.5120	0.5160	0.5199	0.5239	0.5279	0.5319	0.5359
0.1	0.5398	0.5438	0.5478	0.5517	0.5557	0.5596	0.5636	0.5675	0.5714	0.5753
0.2	0.5793	0.5832	0.5871	0.5910	0.5948	0.5987	0.6026	0.6064	0.6103	0.6141
0.3	0.6179	0.6217	0.6255	0.6293	0.6331	0.6368	0.6404	0.6443	0.6480	0.6517
0.4	0.6554	0.6591	0.6628	0.6664	0.6700	0.6736	0.6772	0.6808	0.6844	0.6879
0.5	0.6915	0.6950	0.6985	0.7019	0.7054	0.7088	0.7123	0.7157	0.7190	0.7224
0.6	0.7257	0.7291	0.7324	0.7357	0.7389	0.7422	0.7454	0.7486	0.7517	0.7549
0.7	0.7580	0.7611	0.7642	0.7673	0.7703	0.7734	0.7764	0.7794	0.7823	0.7852
0.8	0.7881	0.7910	0.7939	0.7967	0.7995	0.8023	0.8051	0.8078	0.8106	0.8133
0.9	0.8159	0.8186	0.8212	0.8238	0.8264	0.8289	0.8355	0.8340	0.8365	0.8389
1	0.8413	0.8438	0.8461	0.8485	0.8508	0.8531	0.8554	0.8577	0.8599	0.8621
1.1	0.8643	0.8665	0.8686	0.8708	0.8729	0.8749	0.8770	0.8790	0.8810	0.8830
1.2	0.8849	0.8869	0.8888	0.8907	0.8925	0.8944	0.8962	0.8980	0.8997	0.9015
1.3	0.9032	0.9049	0.9066	0.9082	0.9099	0.9115	0.9131	0.9147	0.9162	0.9177
1.4	0.9192	0.9207	0.9222	0.9236	0.9251	0.9265	0.9279	0.9292	0.9306	0.9319
1.5	0.9332	0.9345	0.9357	0.9370	0.9382	0.9394	0.9406	0.9418	0.9430	0.9441
1.6	0.9452	0.9463	0.9474	0.9484	0.9495	0.9505	0.9515	0.9525	0.9535	0.9535
1.7	0.9554	0.9564	0.9573	0.9582	0.9591	0.9599	0.9608	0.9616	0.9625	0.9633
1.8	0.9641	0.9648	0.9656	0.9664	0.9672	0.9678	0.9686	0.9693	0.9700	0.9706
1.9	0.9713	0.9719	0.9726	0.9732	0.9738	0.9744	0.9750	0.9756	0.9762	0.9767
2	0.9772	0.9778	0.9783	0.9788	0.9793	0.9798	0.9803	0.9808	0.9812	0.9817
2.1	0.9821	0.9826	0.9830	0.9834	0.9838	0.9842	0.9846	0.9850	0.9854	0.9857
2.2	0.9861	0.9864	0.9868	0.9871	0.9874	0.9878	0.9881	0.9884	0.9887	0.9890
2.3	0.9893	0.9896	0.9898	0.9901	0.9904	0.9906	0.9909	0.9911	0.9913	0.9916
2.4	0.9918	0.9920	0.9922	0.9925	0.9927	0.9929	0.9931	0.9932	0.9934	0.9936
2.5	0.9938	0.9940	0.9941	0.9943	0.9945	0.9946	0.9948	0.9949	0.9951	0.9952
2.6	0.9953	0.9955	0.9956	0.9957	0.9959	0.9960	0.9961	0.9962	0.9963	0.9964
2.7	0.9965	0.9966	0.9967	0.9968	0.9969	0.9970	0.9971	0.9972	0.9973	0.9974
2.8	0.9974	0.9975	0.9976	0.9977	0.9977	0.9978	0.9979	0.9979	0.9980	0.9981
2.9	0.9981	0.9982	0.9982	0.9983	0.9984	0.9984	0.9985	0.9985	0.9986	0.9986
x	0	0.1	0.2	0.3	0.4	0.5	0.6	0.7	0.8	0.9
3	0.9987	0.9990	0.9993	0.9995	0.9997	0.9998	0.9998	0.9999	0.9999	1.0000

附表3 t分布临界值表

(查表时注意：V是指自由度，并分单侧和双侧两种类型）
（左侧的示意图是单侧检验的情形）

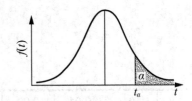

单侧 双侧	$\alpha=0.10$ $\alpha=0.20$	0.05 0.10	0.025 0.05	0.01 0.02	0.005 0.01
$V=1$	3.078	6.314	12.706	31.821	63.657
2	1.886	2.920	4.303	6.965	9.925
3	1.638	2.353	3.182	4.541	5.841
4	1.533	2.132	2.776	3.747	4.604
5	1.476	2.015	2.571	3.365	4.032
6	1.440	1.943	2.447	3.143	3.707
7	1.415	1.895	2.365	2.998	3.499
8	1.397	1.860	2.306	2.896	2.355
9	1.383	1.833	2.262	2.821	3.250
10	1.372	1.812	2.228	2.764	3.169
11	1.363	1.796	2.201	2.718	3.106
12	1.356	1.782	2.179	2.681	3.055
13	1.350	1.771	2.160	2.650	3.012
14	1.345	1.761	2.145	2.624	2.977
15	1.341	1.753	2.131	2.602	2.947
16	1.337	1.746	2.120	2.583	2.921
17	1333	1.740	2.110	2.567	2.898
18	1.330	1.734	2.101	2.552	2.878
19	1.328	1.729	2.093	2.539	2.861
20	1.325	1.725	2.086	2.528	2.845
21	1.323	1.721	2.080	2.518	2.831
22	1.321	1.717	2.074	2.508	2.819
23	1.319	1.714	2.069	2.500	2.807
24	1.318	1.711	2.064	2.492	2.797
25	1.316	1.708	2.060	2.485	2.787
26	1.315	1.706	2.056	2.479	2.779
27	1.314	1.703	2.052	2.473	2.771
28	1.313	1.701	2.048	2.467	2.763
29	1.311	1.699	2.045	2.462	2.756
30	1.310	1.697	2.042	2.457	2.750
40	1.303	1.684	2.021	2.423	2.704
50	1.299	1.676	2.009	2.403	2.678
60	1.296	1.671	2.000	2.390	2.660
70	1.294	1.667	1.994	2.381	2.648
80	1.292	1.664	1.990	2.374	2.639
90	1.291	1.662	1.987	2.368	2.632
100	1.290	1.660	1.984	2.364	2.626
125	1.288	1.657	1.979	2.357	2.616
150	1.287	1.655	1.976	2.351	2.609
200	1.286	1.653	1.972	2.345	2.601

参 考 文 献

[1] 袁卫,等. 统计学[M]. 3版. 北京:高等教育出版社,2009.
[2] 陈平. 应用统计方法[M]. 广州:中山大学出版社,2008.
[3] 李洁明,等. 统计学原理[M]. 5版. 上海:复旦大学出版社,2010.
[4] 梁前德. 基础统计[M]. 3版. 北京:高等教育出版社,2009.
[5] 阮红伟. 统计学基础[M]. 2版. 北京:电子工业出版社,2008.
[6] 袁卫,等. 统计学习题与案例[M]. 北京:高等教育出版社,2006.
[7] [美]戴维·R. 安德森,等. 商务与经济统计[M]. 9版. 张建华,等译. 北京:机械工业出版社,2006.
[8] 李侠,等. 新编统计基础教参与实战[M]. 3版. 大连:大连理工大学出版社,2007.
[9] 陈华福. 最新统计电算化教程:Excel 2000在统计中的应用[M]. 北京:冶金工业出版社,2001.
[10] 安维默. 统计电算化——Excel在统计中的应用[M]. 北京:中国统计出版社,2000.
[11] 张翠菊. 统计学[M]. 北京:机械工业出版社,2010.
[12] 唐五湘. Excel在统计中的应用[M]. 北京:电子工业出版社,2002.
[13] 王维鸿. Excel在统计中的应用[M]. 2版. 北京:中国水利水电出版社,2012.
[14] 刘雅漫. 新编统计基础[M]. 5版. 大连:大连理工大学出版社,2009.
[15] 黄思霞. 统计学原理解题思路与方法[M]. 3版. 广州:中山大学出版社,2009.
[16] 杜树靖. 统计学基础[M]. 2版. 北京:对外经济贸易大学出版社,2009.
[17] 宋文光,等. 实战统计技术与应用[M]. 大连:大连理工大学出版社,2009.

北京大学出版社第六事业部高职高专经管系列教材目录

书 名	书 号	主编	定价
财经法规与会计职业道德	978-7-301-26948-0	胡玲玲,等	35.00
财经英语阅读（第2版）	978-7-301-28943-3	朱 琳	42.00
公共关系实务（第2版）	978-7-301-25190-4	李 东,等	32.00
管理心理学	978-7-301-23314-6	蒋爱先,等	31.00
管理学实务教程（第2版）	978-7-301-28657-9	杨清华	35.00
管理学原理与应用（第2版）	978-7-301-27349-4	秦 虹	33.00
经济法原理与实务（第2版）	978-7-301-26098-2	柳国华	38.00
经济学基础	978-7-301-22536-3	王 平	32.00
经济学基础	978-7-301-21034-5	陈守强	34.00
人力资源管理实务（第2版）	978-7-301-25680-0	赵国忻,等	31.00
Excel在财务和管理中的应用（第2版）	978-7-301-28433-9	陈跃安,等	35.00
财务管理（第2版）	978-7-301-25725-8	翟其红	35.00
财务管理	978-7-301-17843-0	林 琳,等	35.00
财务管理实务教程	978-7-301-21945-4	包忠明,等	30.00
财务会计	978-7-301-20951-6	张严心,等	32.00
财务会计实务	978-7-301-22005-4	管玲芳	36.00
成本会计	978-7-301-21561-6	潘素琼	27.00
成本会计（第2版）	978-7-301-26207-8	平 音,等	30.00
成本会计实务	978-7-301-19308-2	王书果,等	36.00
初级会计实务	978-7-301-23586-7	史新浩,等	40.00
初级会计实务学习指南	978-7-301-23511-9	史新浩,等	30.00
管理会计	978-7-301-22822-7	王红珠,等	34.00
会计电算化技能实训	978-7-301-23966-7	李 焱	40.00
会计电算化项目教程（即将第2版）	978-7-301-22104-4	亓文会,等	34.00
会计基本技能	978-7-5655-0067-1	高东升,等	26.00
会计基础实务	978-7-301-21145-8	刘素菊,等	27.00
会计基础实训（第2版）	978-7-301-28318-9	刘春才	30.00
基础会计教程与实训（第3版）	978-7-301-27309-8	李 洁,等	34.00
基础会计实务	978-7-301-23843-1	郭武燕	30.00
基础会计实训教程	978-7-301-27730-0	张同法,边建文	33.00
企业会计基础	978-7-301-20460-3	徐炳炎	33.00
税务会计实用教程	978-7-301-26295-5	周常青,等	37.00
商务统计实务（即将第2版）	978-7-301-21293-6	陈晔武	29.00
审计实务	978-7-301-25971-9	涂申清	37.00
审计业务实训教程	978-7-301-18480-6	涂申清	35.00
实用统计基础与案例（第2版）	978-7-301-27286-2	黄彬红	38.00
统计基础理论与实务	978-7-301-22862-3	康燕燕,等	34.00
统计学原理	978-7-301-21924-9	吴思莹,等	36.00
预算会计	978-7-301-20440-5	冯 萍	39.00
中小企业财务管理教程	978-7-301-19936-7	周 兵	28.00

个人理财规划实务	978-7-301-26669-4	王建花，等	33.00
保险实务	978-7-301-20952-3	朱丽莎	30.00
货币银行学	978-7-301-21181-6	王　菲，等	37.00
纳税申报与筹划	978-7-301-20921-9	李英艳，等	38.00
企业纳税计算与申报	978-7-301-21327-8	傅凤阳	30.00
企业纳税与筹划实务	978-7-301-20193-0	郭武燕	38.00
商业银行会计实务	978-7-301-21132-8	王启姣	35.00
商业银行经营管理	978-7-301-21294-3	胡良琼，等	27.00
商业银行综合柜台业务	978-7-301-23146-3	曹俊勇，等	30.00
税务代理实务	978-7-301-22848-7	侯荣新，等	34.00
新编纳税筹划	978-7-301-22770-1	李　丹	30.00
报关实务（第2版）	978-7-301-28785-9	橐云婷，等	35.00
报关与报检实务（第2版）	978-7-301-28784-2	农晓丹	39.00
报检报关业务	978-7-301-28281-6	姜　维	38.00
国际海上货运代理实务	978-7-301-22629-2	肖　旭	27.00
国际金融	978-7-301-21097-0	张艳清	26.00
国际金融实务（即将第2版）	978-7-301-21813-6	付玉丹	36.00
国际贸易结算	978-7-301-20980-6	罗俊勤	31.00
国际贸易实务	978-7-301-22739-8	刘笑诵	33.00
国际贸易实务	978-7-301-20929-5	夏新燕	30.00
国际贸易实务（第2版）（即将第3版）	978-7-301-26328-0	刘　慧，等	30.00
国际贸易实务	978-7-301-19393-8	李湘滇，等	34.00
国际贸易实务	978-7-301-16838-7	尚　洁，等	26.00
国际贸易实务操作	978-7-301-19962-6	王言炉，等	37.00
国际贸易与国际金融教程（即将第2版）	978-7-301-22738-1	蒋　晶，等	31.00
国际商务单证	978-7-301-20974-5	刘　慧，等	29.00
国际商务谈判（第2版）	978-7-301-19705-9	刘金波，等	35.00
国际市场营销项目教程	978-7-301-21724-5	李湘滇	38.00
国际投资	978-7-301-21041-3	高田歌	33.00
互联网贸易实务	978-7-301-23297-2	符静波	37.00
商务谈判	978-7-301-23296-5	吴湘频	35.00
商务谈判（第2版）	978-7-301-28734-7	祝拥军	30.00
商务谈判实训	978-7-301-22628-5	夏美英，等	23.00
商务英语学习情境教程	978-7-301-18626-8	孙晓娟	27.00
外贸英语函电	978-7-301-21847-1	倪　华	28.00
外贸综合业务项目教程	978-7-301-24070-0	李浩妍	38.00
新编外贸单证实务	978-7-301-21048-2	柳国华	30.00
ERP沙盘模拟实训教程	978-7-301-22697-1	钮立新	25.00
连锁经营与管理（第2版）	978-7-301-26213-9	宋之苓	39.00
连锁门店管理实务	978-7-301-23347-4	姜义平，等	36.00
连锁门店开发与设计	978-7-301-23770-0	马凤棋	34.00
连锁门店主管岗位操作实务	978-7-301-26640-3	吴　哲	35.00
连锁企业促销技巧	978-7-301-27350-0	李　英，等	25.00

书名	ISBN	作者	定价
秘书与人力资源管理	978-7-301-21298-1	肖云林，等	25.00
企业管理实务	978-7-301-20657-7	关善勇	28.00
企业经营ERP沙盘实训教程	978-7-301-21723-8	葛颖波，等	29.00
企业经营管理模拟训练（含记录手册）	978-7-301-21033-8	叶 萍，等	29.00
企业行政工作实训	978-7-301-23105-0	楼淑君	32.00
企业行政管理（第2版）	978-7-301-27962-5	张秋埜	31.00
商务沟通实务（第2版）	978-7-301-25684-8	郑兰先，等	36.00
商务礼仪	978-7-5655-0176-0	金丽娟	29.00
推销与洽谈	978-7-301-21278-3	岳贤平	25.00
现代企业管理（第2版）（即将第3版）	978-7-301-24054-0	刘 磊	35.00
职场沟通实务（第2版）	978-7-301-27307-4	吕宏程，等	32.00
中小企业管理（第3版）	978-7-301-25016-7	吕宏程，等	38.00
采购管理实务（第2版）	978-7-301-17917-8	李方峻	30.00
采购实务（第2版）	978-7-301-27931-1	罗振华，等	36.00
采购与仓储管理实务（第2版）	978-7-301-28697-5	耿 波	37.00
采购与供应管理实务（第2版）	978-7-301-29293-8	熊 伟，等	37.00
采购作业与管理实务	978-7-301-22035-1	李陶然	30.00
仓储管理实务（第2版）	978-7-301-25328-1	李怀湘	37.00
仓储配送技术与实务	978-7-301-22673-5	张建奇	38.00
仓储与配送管理（第2版）	978-7-301-24598-9	吉 亮	36.00
仓储与配送管理实务（第2版）	978-7-301-24597-2	李陶然	37.00
仓储与配送管理实训教程（第2版）	978-7-301-24283-4	杨叶勇，等	35.00
仓储与配送管理项目式教程	978-7-301-20656-0	王 瑜	38.00
第三方物流综合运营（第2版）	978-7-301-27150-6	施学良，高晓英	33.00
电子商务物流基础与实训（第2版）	978-7-301-24034-2	邓之宏	33.00
供应链管理（第2版）	978-7-301-26290-0	李陶然	33.00
进出口商品通关	978-7-301-23079-4	王 巾，等	25.00
企业物流管理（第2版）	978-7-301-28569-5	傅莉萍	39.00
物流案例与实训（第2版）（即将第3版）	978-7-301-24372-5	申纲领	35.00
物流成本管理	978-7-301-20880-9	傅莉萍，等	28.00
物流成本实务	978-7-301-27487-3	吉 亮	34.00
物流经济地理（即将第2版）	978-7-301-21963-8	葛颖波，等	29.00
物流商品养护技术（第2版）	978-7-301-27961-8	李燕东	30.00
物流设施与设备	978-7-301-22823-4	傅莉萍，等	28.00
物流市场营销	978-7-301-21249-3	张 勤	36.00
物流信息技术与应用（第2版）（即将第3版）	978-7-301-24080-9	谢金龙，等	34.00
物流信息系统	978-7-81117-827-2	傅莉萍	40.00
物流营销管理	978-7-81117-949-1	李小叶	36.00
物流运输管理（第2版）	978-7-301-24971-0	申纲领	35.00
物流运输实务（第2版）	978-7-301-26165-1	黄 河	38.00
物流专业英语（第2版）	978-7-301-27881-9	仲 颖，等	34.00
现代生产运作管理实务（即将第2版）	978-7-301-17980-2	李陶然	39.00

书名	ISBN	作者	定价
现代物流管理（第 2 版）	978-7-301-26482-9	申纲领	38.00
现代物流概论	978-7-301-20922-6	钮立新	39.00
现代物流基础	978-7-301-23501-0	张建奇	32.00
物流基础理论与技能	978-7-301-25697-8	周晓利	33.00
新编仓储与配送实务	978-7-301-23594-2	傅莉萍	32.00
药品物流基础	978-7-301-22863-0	钟秀英	30.00
运输管理项目式教程（第 2 版）	978-7-301-24241-4	钮立新	32.00
运输组织与管理项目式教程	978-7-301-21946-1	苏玲利	26.00
运输管理实务	978-7-301-22824-1	黄友文	32.00
国际货运代理实务（即将第 2 版）	978-7-301-21968-3	张建奇	38.00
生产型企业物流运营实务	978-7-301-24159-2	陈鸿雁	38.00
电子商务实用教程	978-7-301-18513-1	卢忠敏，等	33.00
电子商务项目式教程	978-7-301-20976-9	胡 雷	25.00
电子商务英语（第 2 版）（即将第 3 版）	978-7-301-24585-9	陈晓鸣，等	27.00
广告实务	978-7-301-21207-3	夏美英	29.00
市场调查与统计（第 2 版）	978-7-301-28116-1	陈惠源	30.00
市场调查与预测	978-7-301-23505-8	王水清	34.00
市场调查与预测	978-7-301-19904-6	熊衍红	31.00
市场营销策划（即将第 2 版）	978-7-301-22384-0	冯志强	36.00
市场营销项目驱动教程	978-7-301-20750-5	肖 飞	34.00
市场营销学	978-7-301-22046-7	饶国霞，等	33.00
网络营销理论与实务	978-7-301-26257-3	纪幼玲	35.00
现代推销技术	978-7-301-20088-9	尤凤翔，等	32.00
消费心理与行为分析（第 2 版）	978-7-301-27781-2	王水清，等	36.00
营销策划（第 2 版）	978-7-301-25682-4	许建民	36.00
营销渠道开发与管理（第 2 版）	978-7-301-26403-4	王水清	38.00
创业实务	978-7-301-27293-0	施让龙	30.00

如您需要浏览更多专业教材，请扫下面的二维码，关注北京大学出版社第六事业部官方微信（微信号：pup6book），随时查询专业教材、浏览教材目录、内容简介等信息，并可在线申请纸质样书用于教学。

感谢您使用我们的教材，欢迎您随时与我们联系，我们将及时做好全方位的服务。联系方式：010-62750667，ywat716@126.com，pup_6@163.com，lihu80@163.com，欢迎来电来信。客户服务 QQ 号：1292552107，欢迎随时咨询。